Jutta Arrenberg, Manfred Kiy, Ralf Knobloch, Winfried Lange
Vorkurs in Wirtschaftsmathematik

Jutta Arrenberg, Manfred Kiy, Ralf Knobloch,
Winfried Lange

Vorkurs in Wirtschaftsmathematik

6., erweiterte und vollständig überarbeitete Auflage

DE GRUYTER
OLDENBOURG

Mathematics Subject Classification 2010
35-02, 65-02, 65C30, 65C05, 65N35, 65N75, 65N80

ISBN 978-3-11-072686-2
e-ISBN (PDF) 978-3-11-072688-6
e-ISBN (EPUB) 978-3-11-072650-3

Library of Congress Control Number: 2021935838

Bibliografische Information der Deutschen Nationalbibliothek
Die Deutsche Nationalbibliothek verzeichnet diese Publikation in der Deutschen Nationalbiblio-
grafie; detaillierte bibliografische Daten sind im Internet über http://dnb.dnb.de abrufbar.

© 2021 Walter de Gruyter GmbH, Berlin/Boston
Umschlagabbildung: diane555 / DigitalVision Vectors / gettyimages
Druck und Bindung: CPI books GmbH, Leck

www.degruyter.com

Vorwort

Vorwort zur sechsten Auflage

Seit über zwei Jahrzehnten bieten wir unseren Erstsemestern an der Technischen Hochschule Köln diesen Vorkurs in Wirtschaftsmathematik an. Unsere Studienanfängerinnen und Studienanfänger zeigen großes Interesse an diesen Kurs. Erfreulich ist auch, ihre Aha-Erlebnisse zu sehen.

Die sechste Auflage haben wir erweitert um ein Kapitel zur Zinsrechnung, da mittlerweile elementare finanzmathematische Berechnungen zum Schulstoff gehören.

Wir wünschen allen Studierenden, dass Sie durch die Lektüre dieses Buches gut vorbereitet ins Studium starten können.

Unser besonderer Dank gilt Herrn Dr. Stefan Giesen und Herrn André Horn vom Verlag De Gruyter für die gute Zusammenarbeit.

Vorwort zur fünften Auflage

Dieses Buch ist geschrieben worden für den Einstieg in einen wirtschaftswissenschaftlichen Studiengang. Es dient als „Brücke" zum Studium. Mittlerweile sind über diese „Brücke" viele Studienanfängerinnen und Studienanfänger auch weiterer Studiengänge mit großem Erfolg gegangen. Diese Nachfrage hat bewirkt, dass eine Neuauflage erforderlich wurde. Die Neuauflage haben wir neu durchgesehen, aktualisiert und durch weitere Übungen ergänzt.

Wir bedanken uns ganz herzlich bei unseren Leserinnen und Lesern für ihre Anregungen und bei Herrn Dr. Stefan Giesen vom Verlag De Gruyter Oldenbourg für die gute Zusammenarbeit.

Vorwort zur vierten Auflage

Das Wissen dieses Buches ebnet Erstsemestern den Einstieg in ein wirtschaftswissenschaftliches Studium. Das vorliegende Buch legt besonderen Wert darauf, das Anschauungsvermögen des Lernenden zu wecken und zu vertiefen, denn nur so ist nachhaltiges Anreichern von Wissen möglich.

Insbesondere die Potenzrechnung ist verständlicher, wenn Praxisbeispiele aufgeführt werden. Deshalb wurde in der vierten Auflage das sechste Kapitel über Potenzen durch Beispiele aus der Finanzmathematik angereichert.

Wir bedanken uns ganz herzlich bei unseren Leserinnen und Lesern für ihre Anregungen und bei Frau Anne Lennartz vom Oldenbourg-Verlag für die gute Zusammenarbeit.

https://doi.org/10.1515/9783110726886-201

Vorwort zur dritten Auflage

Der in diesem Buch präsentierte Zugang zur Mathematik hat immer mehr Lernende und Lehrende begeistert. Das hat wiederum eine Neuauflage bewirkt. Nach der gründlichen Überarbeitung für die zweite Auflage haben wir der vorliegenden dritten Auflage ein neues Kapitel über Abzählmethoden der Kombinatorik hinzugefügt. Darin werden die elementaren Grundlagen für das Fach Statistik vermittelt. Bei unseren Leserinnen und Lesern bedanken wir uns ausdrücklich.

Vorwort zur ersten Auflage

Das vorliegende Buch ist aus einem „Brückenkurs Mathematik" entstanden, der seit mehreren Jahren den Studierenden der Fakultät für Wirtschaftswissenschaften der Fachhochschule Köln zu Beginn des ersten Semesters angeboten wird.

Ein großer Teil der Studienanfängerinnen und Studienanfänger weist leider starke Defizite in den Grundlagen der Mathematik auf. Dies liegt einerseits daran, dass die Studierenden unterschiedliche schulische Vorbildungen aufweisen (Abitur, Fachhochschulreife in Verbindung mit einer abgeschlossenen Berufsausbildung u. a.). Mathematik war nicht unbedingt schulischer Schwerpunkt, oder der entsprechende Unterricht liegt schon lange Jahre zurück.

Ein weiterer Grund sind die noch nicht ausgeprägten Vorstellungen über das Studium der Wirtschaftswissenschaften. Vielen Studierenden ist zu Beginn nicht bewusst, dass die Wirtschaftsmathematik und die Wirtschaftsstatistik wichtige Grundlagenfächer darstellen, die genauso beherrscht und in Prüfungen bestanden werden müssen wie Rechnungswesen, Allgemeine BWL u. a.

Das vorliegende Buch hilft, die existierenden Lücken zwischen dem vorhandenen Schulwissen und den Anforderungen der Hochschule zu überbrücken. Es beruht auf den langjährigen Erfahrungen der Autoren und ist didaktisch so angelegt, dass es auch Studierende mit einem geringen Grundwissen erreicht.

Auch diejenigen, die Mathematik in der Schule nicht sehr gemocht haben, können durch entsprechenden Arbeitsaufwand ihre Wissenslücken füllen. Dazu ist es nötig, Disziplin und Ausdauer mitzubringen.

Wir danken Frau Sonja Dieckmann und Herrn Daniel Mahnke für ihre tatkräftigen Hilfeleistungen beim Erstellen der TEX-Manuskripte. Besonderer Dank geht an den Verein der Freunde und Förderer der Fakultät für Wirtschaftswissenschaften für seine Unterstützung dieses Projekts, an Herrn Martin Weigert vom Oldenbourg-Verlag und an seinen Nachfolger Dr. Jürgen Schechler für die gute Zusammenarbeit.

Jutta Arrenberg, Manfred Kiy, Köln, im April 2021
Ralf Knobloch, Winfried Lange

Inhalt

1 Lern- und Arbeitsanleitung

Das Buch richtet sich an Studierende der Wirtschaftswissenschaften und anderer wirtschaftsbezogener Studiengänge. Die Mathematik ist in diesen Studiengängen ein unverzichtbares Instrument, das es ermöglicht, ökonomische Entscheidungsprobleme zu formulieren und zu lösen. Darüber hinaus fördert die Beschäftigung mit der Mathematik das analytische Denken, das Abstraktionsvermögen und das logische Denken. Sie führt zu selbständigem Lernen und planvollem Arbeiten. Mathematische Anwendungen gibt es in nahezu allen Gebieten der Wirtschaftswissenschaften, insbesondere im Rechnungswesen, im Marketing, in der Finanzwirtschaft, in der Unternehmensplanung und der Informationstechnologie.

Ziel des Buches ist es, den Einstieg ins Studium zu erleichtern. Im Wesentlichen besteht das Buch aus Schulwissen, das aufgefrischt werden muss, um den Vorlesungen in Wirtschaftsmathematik und Statistik folgen zu können. Deshalb haben wir diejenigen mathematischen Inhalte ausgewählt, die für ein wirtschaftswissenschaftliches Studium unverzichtbares Basiswissen darstellen.

Das Buch ist in **dreizehn Kapitel** aufgeteilt, die inhaltlich verschiedene Fachgebiete abdecken. Im Anschluss an die Lern- und Arbeitsanleitung wird im zweiten Kapitel das Rechnen mit reellen Zahlen behandelt. Danach beschäftigen wir uns mit dem grundlegenden Wissen aus der Aussagenlogik. Anschließend erläutern wir das Arbeiten mit Mengen. Im Kapitel fünf werden mit den Abzählmethoden die Grundlagen der Kombinatorik erarbeitet. In den Kapiteln sechs bis acht wird das Rechnen mit Potenzen, Wurzeln und Logarithmen vorgestellt und geübt. Grundlagen der Zinsrechnung werden im Kapitel neun gelegt. Die Kapitel über Terme, Gleichungen und Ungleichungen schulen den Umgang mit allgemeinen mathematischen Ausdrücken. In diesen Ausdrücken kommen neben Zahlen auch Platzhalter – sogenannte Variablen – vor. Im zwölften Kapitel wird der Begriff der Funktion eingeführt. Den Abschluss bildet ein umfassender Nachtest im Kapitel dreizehn. Wenn man sein mathematisches Grundwissen vollständig aufarbeiten will, sollte diese Reihenfolge der Kapitel beim Lesen eingehalten werden. Darüber hinaus bietet das Buch auch die Möglichkeit, einzelne Kapitel zu überspringen und nur spezielle mathematische Themen durchzuarbeiten. Diese Vorgehensweise empfiehlt sich jedoch nur für Leserinnen und Leser, die über mathematische Grundkenntnisse verfügen.

Zu jedem Kapitel gibt es Beispiele, Übungen und Aufgaben. Zweck der **Beispiele** ist es, neue Sachverhalte nachvollziehbar zu machen. Deshalb sind sämtliche Beispiele mit Lösungen versehen. Erst nach dem Durcharbeiten von Beispielen sollte das Lesen fortgesetzt werden. Dabei bedeutet Durcharbeiten, zunächst die Fragestellung zu verstehen und danach jeden Rechenschritt gedanklich nachzuvollziehen. Das Lösen der **Übungen** eines Kapitels soll von Leserinnen und Lesern ohne Nachschlagen des angegebenen Lösungswegs selbständig bearbeitet werden. Hier soll also das Wissen unmittelbar vor dem Weiterlesen reflektiert und vertieft werden. So erhält man eine

https://doi.org/10.1515/9783110726886-001

Selbstkontrolle. Die Lösungen bzw. Lösungswege zu den Übungen sind am Ende der jeweiligen Kapitel angegeben. Die **Aufgaben** im letzten Kapitel dreizehn des Buches sind als umfassende Überprüfung des Lernerfolges gedacht. Jetzt ist nämlich alles gesagt und die Leserinnen und Leser sollten sich vergewissern, ob der Sachverhalt auch wirklich verstanden wurde. Die angegebenen Lösungen zu den Aufgaben dienen lediglich als Kontrolle.

Als Arbeitsmittel brauchen Sie genügend **Papier**, **Schreibzeug** und einen **Taschenrechner**. Der Taschenrechner sollte außer den vier Grundrechenarten $\boxed{+}$, $\boxed{-}$, $\boxed{\cdot}$ bzw. $\boxed{\times}$, $\boxed{:}$ bzw. $\boxed{/}$ auch die Berechnung von Wurzeln $\boxed{\sqrt{}}$, Logarithmen $\boxed{\ln}$ bzw. $\boxed{\log}$, Fakultäten $\boxed{x!}$, Binomialkoeffizienten $\boxed{nCr}$, der Eulerschen Zahl $\boxed{e}$, und von Ausdrücken der Form $\boxed{y^x}$ bzw. $\boxed{x^y}$ bzw. $\boxed{\wedge}$ erlauben.

Erst viel Übung führt zur Fähigkeit, sicher mit dem vorgestellten Stoff umgehen zu können. Misserfolge sollten Sie nicht entmutigen. Es ist nicht wichtig, dass Sie keine Fehler machen, sondern dass Sie lernen, Fehler schnell zu verbessern.

Wir wünschen Ihnen viel Erfolg.

2 Rechnen mit reellen Zahlen

Ziel dieses Kapitels ist es, das Grundlagenwissen für den Umgang mit dem in den Wirtschaftswissenschaften gebräuchlichen Zahlensystem, den reellen Zahlen, aufzuarbeiten. Dazu gehören das Grundverständnis zum Aufbau und zu den Anwendungsmöglichkeiten des Zahlensystems, die elementaren Kenntnisse der Bruchrechnung, das Distributivgesetz sowie der Umgang mit dem Summen- und Produktzeichen, dem Fakultätsbegriff und dem Binomialkoeffizienten.

2.1 Aufbau des Zahlensystems

Das einfachste Zahlensystem, das im täglichen Leben genutzt wird, sind die **natürlichen** Zahlen:

$$1, 2, 3, 4, 5, \ldots$$

Bereits dieser Zahlenmenge gehören unendlich viele Elemente an. Sie dient grundlegenden Anwendungen wie der Durchnummerierung von Objekten und der Bestimmung von Anzahlen. Uneingeschränkt sind in den natürlichen Zahlen die Rechenoperationen „Addition" und „Multiplikation" möglich, d. h. die Summe und das Produkt zweier natürlicher Zahlen ist immer eine natürliche Zahl.

Erweitert man die natürlichen Zahlen durch die Zahl Null und die negativen Zahlen, erhält man das System der **ganzen** Zahlen:

$$\ldots, -4, -3, -2, -1, 0, 1, 2, 3, 4, \ldots$$

Innerhalb dieses Zahlensystems sind die Rechenoperationen „Addition", „Subtraktion" und „Multiplikation" uneingeschränkt anwendbar. Die Notwendigkeit der Existenz von ganzen Zahlen in den Wirtschaftswissenschaften ist offensichtlich; man denke beispielsweise an die Darstellung von Gewinnen, die positiv, negativ oder null sein können.

Das Zahlensystem, in dem alle vier Grundrechenarten (Addition, Subtraktion, Multiplikation, Division) durchgeführt werden können, sind die **rationalen** Zahlen. Eine rationale Zahl x kann dargestellt werden als Quotient $\frac{m}{n}$, wobei m eine ganze Zahl und n eine natürliche Zahl ist.

Anmerkungen

(a) Die rationalen Zahlen enthalten die natürlichen und die ganzen Zahlen; beispielsweise gilt:

(1) Die Zahl 2 kann dargestellt werden als $\frac{2}{1}$ oder $\frac{4}{2}$ usw.

(2) Die Zahl -3 kann dargestellt werden als $\frac{-3}{1}$ oder $\frac{-6}{2}$ usw.

Dabei haben die Ausdrücke $2, \frac{2}{1}, \frac{4}{2}$ bzw. $-3, \frac{-3}{1}, \frac{-6}{2}$ zwar unterschiedliche Darstellungsweisen, repräsentieren aber jeweils den gleichen Zahlenwert.

https://doi.org/10.1515/9783110726886-002

(b) Jede rationale Zahl kann dargestellt werden als Dezimalzahl mit endlich oder unendlich vielen Nachkommastellen, die einem Bildungsgesetz gehorchen, z. B.

(1) $\frac{1}{2} = 0{,}5$

(2) $\frac{1}{8} = 0{,}125$

(3) $\frac{1}{3} = 0{,}333333\ldots = 0{,}\overline{3}$

(4) $\frac{1}{6} = 0{,}166666\ldots = 0{,}1\overline{6}$

(5) $\frac{16}{99} = 0{,}161616\ldots = 0{,}\overline{16}$

Das Umrechnen von Brüchen in Dezimalzahlen ist mit jedem Taschenrechner problemlos möglich.

(c) Das Umrechnen von Dezimalzahlen in Brüche ist häufig für die Vereinfachung von Rechengängen nützlich. Bei Dezimalzahlen mit endlich vielen Nachkommastellen werden die Ziffern hinter dem Komma in den Zähler geschrieben; im Nenner steht eine Zehnerpotenz (vgl. auch Kapitel 6) mit so vielen Nullen wie die Anzahl der Nachkommastellen, z. B.

$$0{,}125 = \frac{125}{1\,000} = \frac{1}{8}$$

(d) Beispiele für das Umrechnen von Dezimalzahlen mit unendlich vielen Nachkommastellen sind:

(1) $0{,}\overline{3} = \frac{3}{9} = \frac{1}{3}$

(2) $0{,}\overline{8} = \frac{8}{9}$

(3) $0{,}\overline{9} = \frac{9}{9} = 1$ (!)

(4) $0{,}\overline{15} = \frac{15}{99}$

(5) $0{,}\overline{367} = \frac{367}{999}$

In der betriebswirtschaftlichen Anwendung ist es wichtig, periodische Dezimalzahlen der obigen Form in Brüche umwandeln zu können.

(e) Will man komplizierter aufgebaute Dezimalzahlen mit unendlich vielen Nachkommastellen in Brüche umformen, kann man nach folgendem Schema vorgehen:

(1) $0{,}a\overline{b} = \frac{9 \cdot a + b}{90}$

z. B. $0,1\overline{6} = \dfrac{9 \cdot 1 + 6}{90} = \dfrac{15}{90} = \dfrac{1}{6}$

(2) $0,ab\overline{c} = \dfrac{9 \cdot (ab) + c}{900}$

z. B. $0,22\overline{6} = \dfrac{9 \cdot 22 + 6}{900} = \dfrac{204}{900} = \dfrac{51}{225}$

Dabei ist zu beachten, dass hier mit ab nicht das Produkt a · b, sondern die zweistellige Zahl mit den Ziffern a und b gemeint ist.

(3) $0,ab\overline{cd} = \dfrac{99 \cdot (ab) + cd}{9900}$

z. B. $0,21\overline{34} = \dfrac{99 \cdot 21 + 34}{9900} = \dfrac{2113}{9900}$

Die Probe kann jeweils mit dem Taschenrechner erfolgen.

Das System der rationalen Zahlen erlaubt zwar die uneingeschränkte Anwendung der vier Grundrechenarten, für die Anwendung in der (wirtschaftswissenschaftlichen) Praxis reicht dies allerdings nicht aus. Dies sollen die drei folgenden Beispiele verdeutlichen.

Beispiele
(a) Will man den Umfang oder die Fläche eines Kreises bestimmen, erfolgt dies unter Vorgabe des Radius r mit den Formeln $2 \cdot \pi \cdot r$ (Umfang) und $\pi \cdot r^2$ (Fläche). Die Zahl π hat den Wert:

$$\pi = 3,141592654\ldots$$

Hinter dem Komma stehen unendlich viele Ziffern, die allerdings keinem Bildungsgesetz folgen, d. h. π kann nicht als Bruch geschrieben werden und ist somit keine rationale, sondern eine **irrationale** Zahl.
(b) Zur Beschreibung von Wachstumsprozessen wird häufig die sogenannte Exponentialfunktion verwendet. Wesentlicher Bestandteil solcher Funktionen ist die **Eulersche Zahl**

$$e = 2,718281828\ldots$$

Diese hat wiederum unendlich viele, keinem Bildungsgesetz folgende Nachkommastellen und ist deshalb wie die Zahl π eine irrationale Zahl.
(c) Ökonomische Sachverhalte werden häufig durch Gleichungen beschrieben. Selbst eine einfache quadratische Gleichung wie:

$$x^2 = 2$$

hat keine Lösung in den rationalen Zahlen; vielmehr ist die Lösung $x = \sqrt{2}$ (vgl. auch Kapitel 7) wiederum eine irrationale Zahl.

Die rationalen und die irrationalen Zahlen bilden zusammen die **reellen** Zahlen. Dabei sollte man sich über die Anzahl der irrationalen Zahlen im Klaren sein. Mit π ist auch jedes Produkt von π mit einer rationalen Zahl (z. B. 2π, -7π, $\frac{1}{9}\pi$ usw.) eine irrationale Zahl. Somit haben wir allein durch diese Verknüpfung unendlich viele irrationale Zahlen. Entsprechendes gilt natürlich auch für e, $\sqrt{2}$, $\sqrt{3}$ usw.

Dadurch sind die reellen Zahlen eine so dichte Zahlenmenge, dass man sie problemlos, ohne jegliche Lücken, auf dem Zahlenstrahl darstellen kann:

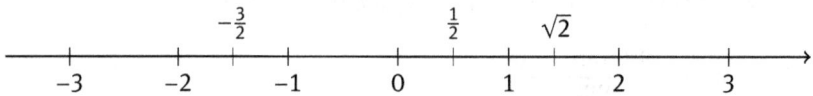

Zwischen zwei beliebigen Zahlen gibt es unendlich viele weitere Zahlen. Diese Eigenschaft der reellen Zahlen ist für ökonomische Anwendungen in der Analysis äußerst hilfreich.

Für zwei reelle Zahlen a und b kann man stets die Beziehungen größer, kleiner oder gleich unterscheiden. In der Mathematik werden dafür folgende Bezeichnungen verwendet:

Tab. 2.1: Gleichheits- und Vergleichszeichen

Bezeichnung	Bedeutung
$a < b$	a ist kleiner als b
$a > b$	a ist größer als b
$a \leq b$	a ist kleiner oder gleich b
$a \geq b$	a ist größer oder gleich b
$a = b$	a ist gleich b
$a \neq b$	a ist ungleich b

Übung 2.1
Schreiben Sie als Bruch bzw. als Dezimalzahl:

(a) $3\frac{1}{8}$ (c) $4\frac{1}{6}$ (e) $0,1374$ (g) $0,4\overline{3}$ (i) $0,94\overline{37}$

(b) $2\frac{1}{3}$ (d) $7\frac{1}{16}$ (f) $0,625$ (h) $0,\overline{57}$ (j) $0,23\overline{423}$

2.2 Regeln für das Rechnen mit reellen Zahlen

Für die Multiplikation und Addition von reellen Zahlen gelten gewisse Grundregeln (Axiome), die gleichzeitig auch die Subtraktion und Division innerhalb dieses Zahlensystems einschließen. Die Regeln erscheinen normalerweise so klar und einfach, dass sie häufig nur kurz überflogen werden. Dabei wird oft außer Acht gelassen, dass sie wichtige Hinweise auf den Umgang mit reellen Zahlen enthalten.

Regel 1

(a) Zu zwei reellen Zahlen a und b existiert genau eine reelle Zahl s mit:

$$a + b = s \quad \text{(Summe)}$$

(b) Zu zwei reellen Zahlen a und b existiert genau eine reelle Zahl p mit:

$$a \cdot b = p \quad \text{(Produkt)}$$

Anmerkung

Obwohl die Regel 1 offensichtlich erscheint, sollte man sich trotzdem Folgendes verdeutlichen: Es gibt immer ein Ergebnis bei der Addition und Multiplikation von reellen Zahlen, und es gibt immer nur ein Ergebnis.

Regel 2 (Assoziativgesetze)

Für drei beliebige reelle Zahlen a, b und c gilt:
(a) $a + b + c = (a + b) + c = a + (b + c)$
(b) $a \cdot b \cdot c = (a \cdot b) \cdot c = a \cdot (b \cdot c)$

Anmerkung

Die Assoziativgesetze der Addition und Multiplikation (Regel 2 ermöglichen häufig die Durchführung von längeren Rechenoperationen durch geschicktes Zusammenfassen. Zudem lassen sich viele Rechnungen dadurch ohne größeren Aufwand im Kopf durchführen, z. B.:
(a) $137 \cdot 25 \cdot 4 = 137 \cdot (25 \cdot 4) = 137 \cdot 100 = 13\,700$
(b) $0{,}97 + 1{,}85 + 0{,}15 = 0{,}97 + (1{,}85 + 0{,}15) = 0{,}97 + 2{,}00 = 2{,}97$

Regel 3 (Kommutativgesetze)
Für beliebige reelle Zahlen a und b gilt:
(a) $a + b = b + a$
(b) $a \cdot b = b \cdot a$

Anmerkung
In Verbindung mit dem Assoziativgesetz Regel 2 bietet das Kommutativgesetz Regel 3
eine Vielzahl von Möglichkeiten, Rechenwege zu vereinfachen, z. B.:
(a) $37 + 168 + 13 + 32 = (37 + 13) + (168 + 32) = 50 + 200 = 250$
(b) $8 \cdot 37 \cdot 5 \cdot 25 = (8 \cdot 25) \cdot 5 \cdot 37 = (200 \cdot 5) \cdot 37 = 1\,000 \cdot 37 = 37\,000$

Natürlich kann man die obigen Rechenbeispiele auch mit dem Taschenrechner bewälti-
gen. Allerdings sollte man die Gültigkeit der Ergebnisse abschätzen können, da immer
die Gefahr von Eingabefehlern besteht.

Regel 4 (Neutrale Elemente)
(a) Es gibt genau eine reelle Zahl 0 (Null) mit:

$$a + 0 = 0 + a = a$$

(b) Es gibt genau eine reelle Zahl 1 (Eins) mit:

$$a \cdot 1 = 1 \cdot a = a$$

Anmerkung
Neutrale Elemente sind u. a. hilfreich, umfassende Rechenausdrücke durch geschicktes
Erweitern und Zusammenfassen zu lösen (vgl. auch Kapitel 2.3).

Regel 5 (Inverse Elemente)
(a) Zu jeder reellen Zahl a gibt es genau eine reelle Zahl $-a$ (inverses Element der
Addition) mit:
$$a + (-a) = (-a) + a = 0$$

(b) Zu jeder reellen Zahl a (ungleich Null) gibt es genau eine reelle Zahl a^{-1} (inverses
Element der Multiplikation) mit:

$$a \cdot a^{-1} = a^{-1} \cdot a = 1$$

Anmerkungen

(a) Die Subtraktion einer reellen Zahl ist somit gleichbedeutend mit der Addition des entsprechenden inversen Elementes, also:

$$a - b = a + (-b)$$

(b) Die Zahl a^{-1} kann auch als $\frac{1}{a}$ geschrieben werden (vgl. Kapitel 6).

(c) Die Division durch eine reelle Zahl (ungleich Null) ist somit gleichbedeutend mit der Multiplikation des entsprechenden inversen Elementes, also:

$$a : b = a \cdot b^{-1} = a \cdot \frac{1}{b}$$

(d) Es gilt für jede reelle Zahl a:

$$a \cdot 0 = 0 \cdot a = 0$$

(d. h. ist in einem Produkt ein Faktor null, so ist auch das Produkt null).

(e) Zu der Zahl 0 existiert kein inverses Element der Multiplikation, somit darf durch die Zahl 0 nicht dividiert werden.

Übung 2.2

Berechnen Sie im Kopf und anschließend mit dem Taschenrechner:

(a) $59 + 87 + 413$

(b) $1{,}67 + 1{,}96 + 0{,}04$

(c) $198 \cdot 5 \cdot 20$

(d) $68 \cdot 25 \cdot 4$

(e) $84 + 127 + 16 - 90$

(f) $20 \cdot 47 \cdot 5$

Übung 2.3

Formen Sie geschickt um und berechnen Sie im Kopf:

(a) $1{,}67 + 4{,}96$

(b) $25 \cdot 24$

(c) $16{,}37 + 2{,}19 - 0{,}37 + 0{,}81$

(d) $2{,}43 - 1{,}88$

(e) $35 \cdot 14$

Übung 2.4

Richtig oder falsch?

(a) $3 \cdot 9 + 2 \cdot 4 = 27 + 8 = 35$

(b) $\dfrac{0}{0} = 0 \cdot 0^{-1} = 1$

(c) $3 \cdot 9 + 2 \cdot 4 = 3 \cdot 11 \cdot 4 = 132$

(d) $\dfrac{0}{0} = 0 \cdot 0^{-1} = 0$

2.3 Rechnen mit Brüchen

Bruchrechnen ist eine der elementaren Grundlagen der Mathematik. Leider stellt man in den ersten Mathematikvorlesungen und -übungen häufig fest, dass viele Studierende diese Grundkenntnisse nicht umfassend beherrschen. Ein Indiz dafür ist die beim Rechnen häufig beobachtbare Vorgehensweise, Brüche zunächst mit dem Taschenrechner in Dezimalzahlen umzuwandeln und dann weiterzurechnen. Bei Brüchen wie $\frac{1}{2} = 0,5$ und $\frac{1}{5} = 0,2$ mag dies noch ohne Probleme möglich sein, bei $\frac{3}{7} = 0,4285714\ldots$ wird die weitere Rechnung mühsamer, es sei denn, man rundet aus Bequemlichkeit, was aber die Genauigkeit der Ergebnisse maßgeblich beeinträchtigen kann. Dies bedeutet: Bruchrechnen muss beherrscht werden! Deshalb werden in diesem Abschnitt die elementaren Regeln des Bruchrechnens wiederholt und einige Übungen zur Selbstüberprüfung angeboten. Wer hier noch erhebliche Defizite aufweist, sollte diese anhand von Schulbüchern und durch viel Üben ausgleichen.

Für das Addieren, Subtrahieren, Multiplizieren und Dividieren von Brüchen ist die Methode des Erweiterns und Kürzens von Brüchen hilfreich.

Erweitern bedeutet, sowohl den Zähler als auch den Nenner eines Bruches mit der gleichen Zahl zu multiplizieren. Man erhält den gleichen Zahlenwert in einer anderen Darstellungsweise, z. B.:

$$\frac{1}{2} = \frac{1 \cdot 3}{2 \cdot 3} = \frac{3}{6} \qquad \text{oder} \qquad \frac{2}{3} = \frac{2 \cdot 5}{3 \cdot 5} = \frac{10}{15}$$

Im Grunde wird beim Erweitern nur mit der Zahl 1, dem neutralen Element der Multiplikation, malgenommen, d. h. der Wert ändert sich nicht.

Kürzen bedeutet, sowohl den Zähler als auch den Nenner durch die gleiche Zahl zu teilen. Auch dadurch erhält man den gleichen Zahlenwert in einer anderen Darstellungsweise, z. B.:

$$\frac{12}{16} = \frac{6}{8} = \frac{3}{4} \qquad \text{oder} \qquad \frac{14}{21} = \frac{2}{3}$$

Mit Erweitern und Kürzen können Rechenausdrücke so dargestellt werden (ohne den Wert zu ändern), dass sie den weiteren Rechengang vereinfachen.

Regel 6 (Addition und Subtraktion von Brüchen mit gleichem Nenner)
Für beliebige reelle Zahlen a, b und c ($c \neq 0$) gilt:

$$\frac{a}{c} \pm \frac{b}{c} = \frac{a \pm b}{c}$$

Beispiele

(a) $\dfrac{3}{7} + \dfrac{2}{7} = \dfrac{5}{7}$
 (b) $\dfrac{14}{5} - \dfrac{11}{5} = \dfrac{3}{5}$

Regel 7 (Addition und Subtraktion von Brüchen mit verschiedenen Nennern)
Für alle reellen Zahlen a, b, c und d (c, $d \neq 0$) gilt:

$$\frac{a}{c} \pm \frac{b}{d} = \frac{a \cdot d}{c \cdot d} \pm \frac{b \cdot c}{c \cdot d} = \frac{ad \pm bc}{cd}$$

Anmerkung
Es macht keinen Sinn, die obige Formel auswendig zu lernen. Vielmehr sollte man folgende Vorgehensweise wählen. Im ersten Schritt werden die beiden Nenner durch entsprechendes Erweitern der Brüche gleichnamig gemacht. Eine Möglichkeit dafür ist in der Regel 7 beschrieben, nämlich als neuen gemeinsamen Nenner das Produkt der beiden Nenner zu wählen und die Brüche dementsprechend zu erweitern. Es können aber auch kleinere gemeinsame Vielfache der beiden Nenner gesucht werden. Im zweiten Schritt werden die Brüche entsprechend Regel 6 addiert oder subtrahiert.

Beispiele

(a) $\dfrac{1}{2} + \dfrac{1}{4} = \dfrac{4}{8} + \dfrac{2}{8} = \dfrac{6}{8} = \dfrac{3}{4}$ oder $\dfrac{1}{2} + \dfrac{1}{4} = \dfrac{2}{4} + \dfrac{1}{4} = \dfrac{3}{4}$

(b) $\dfrac{4}{9} + \dfrac{6}{7} = \dfrac{28}{63} + \dfrac{54}{63} = \dfrac{82}{63} = 1\dfrac{19}{63}$

Regel 8 (Multiplikation von Brüchen)
Für alle reellen Zahlen a, b, c und d (c, $d \neq 0$) gilt:

$$\frac{a}{c} \cdot \frac{b}{d} = \frac{a \cdot b}{c \cdot d}$$

Beispiele

(a) $\dfrac{2}{3} \cdot \dfrac{4}{5} = \dfrac{8}{15}$

(b) $\dfrac{9}{7} \cdot \dfrac{14}{3} = \dfrac{9 \cdot 14}{7 \cdot 3} = \dfrac{3 \cdot 2}{1 \cdot 1} = 6$

(c) $\dfrac{2}{3} \cdot 4 = \dfrac{2}{3} \cdot \dfrac{4}{1} = \dfrac{8}{3}$ oder $\dfrac{2}{3} \cdot 4 = \dfrac{2 \cdot 4}{3} = \dfrac{8}{3}$

Regel 9 (Division von Brüchen)

Für alle reellen Zahlen a, b, c und d (b, c, $d \neq 0$) gilt:

$$\frac{a}{c} : \frac{b}{d} = \frac{a}{c} \cdot \frac{d}{b} = \frac{a \cdot d}{c \cdot b}$$

Anmerkungen

(a) Der Merksatz „Man teilt durch einen Bruch, indem man mit seinem Kehrwert multipliziert" ist für Regel 9 sehr hilfreich.

(b) Doppelbrüche entsprechen der Division von Brüchen, z. B.:

$$\frac{3/8}{4/7} = \frac{3}{8} : \frac{4}{7} = \frac{3}{8} \cdot \frac{7}{4} = \frac{21}{32}$$

(c) Für die Division eines Bruches durch eine Zahl gilt entsprechend Regel 9:

$$\frac{a}{c} : b = \frac{a}{c} : \frac{b}{1} = \frac{a}{c} \cdot \frac{1}{b} = \frac{a}{c \cdot b}$$

Dabei ist zu beachten, dass die Zahl b gleichbedeutend mit $\frac{b}{1}$ ist, z. B. gilt:

$$\frac{7}{8} : 2 = \frac{7}{8} : \frac{2}{1} = \frac{7}{8} \cdot \frac{1}{2} = \frac{7}{16}$$

(d) Für die Division einer Zahl durch einen Bruch gilt entsprechend Regel 9:

$$a : \frac{b}{d} = \frac{a}{1} : \frac{b}{d} = \frac{a}{1} \cdot \frac{d}{b} = \frac{a \cdot d}{b}$$

z. B. gilt:

$$4 : \frac{3}{8} = \frac{4}{1} \cdot \frac{8}{3} = \frac{32}{3} = 10\frac{2}{3}$$

Übung 2.5

Kürzen Sie soweit wie möglich:

(a) $\dfrac{236}{88}$ (b) $\dfrac{75}{250}$ (c) $\dfrac{512}{332}$ (d) $\dfrac{81}{45}$

Übung 2.6
Finden Sie die kleinsten gemeinsamen Vielfachen von:
(a) 6 und 4   (b) 3 und 5   (c) 9 und 6   (d) 9 und 7

Übung 2.7
Addieren bzw. subtrahieren Sie folgende Brüche:

(a) $\dfrac{3}{8} + \dfrac{4}{6}$

(b) $\dfrac{6}{7} + \dfrac{3}{5}$

(c) $\dfrac{8}{9} + \dfrac{3}{11}$

(d) $\dfrac{14}{17} - \dfrac{3}{51}$

(e) $\dfrac{14}{5} - \dfrac{6}{9}$

(f) $\dfrac{28}{3} - 3$

Übung 2.8
Berechnen Sie:

(a) $\dfrac{4}{7} \cdot \dfrac{3}{11}$

(b) $\dfrac{18}{19} \cdot 3$

(c) $4 \cdot \dfrac{3}{8}$

(d) $\dfrac{6}{9} : \dfrac{18}{4}$

(e) $\dfrac{7}{12} : \dfrac{14}{18}$

(f) $\dfrac{6}{7} : 3$

(g) $\dfrac{18}{15} : 4$

(h) $3 : \dfrac{3}{8}$

(i) $19 : \dfrac{1}{2}$

Übung 2.9
Richtig oder falsch?

(a) $\dfrac{1/2}{3} = \dfrac{1}{6}$

(b) $\dfrac{4/7}{3/14} = \dfrac{8}{3}$

(c) $\dfrac{19}{2/3} = 28{,}5$

(d) $\dfrac{1}{2} \cdot \left(\dfrac{2}{3} + \dfrac{1}{6} \right) = \dfrac{5}{12}$

(e) $3 \cdot \dfrac{2}{3} + \dfrac{1}{3} = 3$

(f) $6 : \dfrac{2}{3} - 4 = 5$

(g) $8 : \left(\dfrac{5}{4} - \dfrac{9}{12} \right) = 16$

(h) $6 : 2 \cdot 3 = 9$

2.4 Summen- und Produktzeichen

In einigen Teilgebieten der Wirtschaftswissenschaften, z. B. der Wirtschaftsstatistik, der Finanzmathematik oder der Investitionsrechnung, werden Kennziffern häufig mithilfe umfassender Summenausdrücke ermittelt. Eine Vereinfachung der Darstellungsweise solcher Ausdrücke erhält man durch Verwendung des Summenzeichens $\sum$.

Definition 2.1

Sind $a_1, a_2, a_3, \ldots, a_n$ beliebige reelle Zahlen, so kann man die **Summe:**

$$a_1 + a_2 + a_3 + \ldots + a_n$$

auch schreiben als:

$$\sum_{i=1}^{n} a_i$$

Das Zeichen $\sum$ bedeutet stets: „Summiere auf". Der obige Gesamtausdruck bedeutet dann: „Summiere alle Ausdrücke a_i auf, wobei der Parameter i alle natürlichen Zahlen von 1 bis n durchläuft". Der Parameter i wird auch als **Laufindex** oder **Index** bezeichnet.

Beispiele

(a) $\displaystyle\sum_{i=1}^{7} b_i = b_1 + b_2 + b_3 + b_4 + b_5 + b_6 + b_7$

(b) $\displaystyle\sum_{i=0}^{4} a_i = a_0 + a_1 + a_2 + a_3 + a_4$

(c) $\displaystyle\sum_{j=3}^{8} c_j = c_3 + c_4 + c_5 + c_6 + c_7 + c_8$

Anmerkungen

(a) Der Laufindex muss nicht unbedingt bei 1 beginnen.
(b) Der Laufindex wird meistens durch die Buchstaben i oder j oder k oder l dargestellt.
(c) Häufig werden die reellen Zahlen a_i nach festgelegten Formeln ermittelt. In diesem Fall ergibt das jeweilige Einsetzen des Laufindexes eine konkrete Zahl.

Beispiele

(a) $\displaystyle\sum_{i=1}^{4} 2 \cdot i = (2 \cdot 1) + (2 \cdot 2) + (2 \cdot 3) + (2 \cdot 4)$

$$= 2 + 4 + 6 + 8 = 20$$

(b) $\displaystyle\sum_{j=0}^{4} (j + 3) = (0 + 3) + (1 + 3) + (2 + 3) + (3 + 3) + (4 + 3)$

$$= 3 + 4 + 5 + 6 + 7 = 25$$

(c) $\displaystyle\sum_{k=4}^{8}(3k-1) = (3\cdot 4 - 1) + (3\cdot 5 - 1) + (3\cdot 6 - 1)$
$$+ (3\cdot 7 - 1) + (3\cdot 8 - 1)$$
$$= 11 + 14 + 17 + 20 + 23 = 85$$

Übung 2.10
Schreiben Sie ausführlich:

(a) $\displaystyle\sum_{i=2}^{8} 2a_i$
(b) $\displaystyle\sum_{j=0}^{4} b_j$

Übung 2.11
Schreiben Sie mit Summenzeichen:
(a) $c_3 + c_4 + c_5 + c_6 + c_7$
(b) $(4a_0 + 1) + (4a_1 + 1) + (4a_2 + 1) + (4a_3 + 1)$

Übung 2.12
Schreiben Sie ausführlich und berechnen Sie:

(a) $\displaystyle\sum_{k=1}^{4} \frac{1}{k}$
(d) $\displaystyle\left(\sum_{i=1}^{4} i^2\right) + 1$

(b) $\displaystyle\sum_{k=3}^{6} \frac{4\cdot k - 1}{2}$
(e) $\displaystyle\sum_{i=1}^{4}(i^2 + 1)$

(c) $\displaystyle\sum_{j=13}^{17}(j - 17)$

In der Finanzmathematik (vgl. Kapitel 9) werden manchmal Summen mit unendlich vielen Summanden gebildet. Sie dienen dazu, endliche Summen nach oben oder unten abzuschätzen. Allgemein schreibt man unendliche Summen als:

$$\sum_{i=1}^{\infty} a_i$$

In der wirtschaftswissenschaftlichen Anwendung sind solche Summenausdrücke meistens berechenbar. In diesen Fällen kann das Ergebnis unendlich groß (∞) oder unendlich klein ($-\infty$) sein, aber auch eine feste Zahl annehmen. Zum Beispiel gilt:

$$\sum_{i=1}^{\infty} \frac{1}{4\cdot i^2 - 1} = \frac{1}{3} + \frac{1}{15} + \frac{1}{35} + \ldots = \frac{1}{2}$$

Die studentische Zuversicht schwindet häufig beim Anblick einer **Doppelsumme** dahin. Dabei ist die Doppelsumme, wenn man das Grundprinzip des Summenzeichens einmal verstanden hat, gar nicht so kompliziert (sie soll ja auch etwas vereinfachen). Man muss nur, wie sehr häufig in der Mathematik, das Gesamtproblem in seine Einzelteile zerlegen und nacheinander abarbeiten.

Wir fangen mit einem relativ übersichtlichen Beispiel an:

$$\sum_{i=1}^{2} \sum_{j=1}^{3} a_{ij}$$

Es sollen die Ausdrücke a_{ij} aufsummiert werden, wobei diesmal sowohl der Index i (von 1 bis 2) als auch der Index j (von 1 bis 3) durchlaufen werden soll.

Schritt 1: Setze den Index unter dem ersten Summenzeichen, also i, auf 1. Lasse dann den Index unter dem zweiten Summenzeichen, also hier j, alle vorgesehenen Zahlen (von 1 bis 3) durchlaufen. Somit hat man:

$$a_{11} + a_{12} + a_{13}$$

Damit sind alle Ausdrücke, bei denen der erste Index i den Wert 1 annimmt, erfasst.

Schritt 2: Setze nun i auf 2. Lasse wiederum den zweiten Index j alle Zahlen von 1 bis 3 durchlaufen. Somit erhält man:

$$a_{21} + a_{22} + a_{23}$$

Damit sind auch alle Ausdrücke, bei denen der erste Index i den Wert 2 annimmt, erfasst. Insgesamt hat man:

$$\sum_{i=1}^{2} \sum_{j=1}^{3} a_{ij} = a_{11} + a_{12} + a_{13} + a_{21} + a_{22} + a_{23}$$

Allgemein gilt:

Definition 2.2

Sind a_{ij} beliebige reelle Zahlen, so gilt:

$$\sum_{i=1}^{n} \sum_{j=1}^{m} a_{ij} = \begin{array}{l} a_{11} + a_{12} + \ldots + a_{1m} \\ + a_{21} + a_{22} + \ldots + a_{2m} \\ \vdots \qquad \vdots \qquad\qquad \vdots \\ + a_{n1} + a_{n2} + \ldots + a_{nm} \end{array}$$

Man erhält eine Summe mit $m \cdot n$ Summanden.

Anmerkungen

(a) Die Laufindizes müssen nicht unbedingt bei der Zahl 1 beginnen. Dies hängt jeweils vom zu beschreibenden Sachverhalt ab.

(b) In der praktischen Anwendung werden die Ausdrücke a_{ij} nach Formeln ermittelt, die als Parameter die Laufindizes enthalten. Durch Einsetzen erhält man somit konkrete Werte.

Beispiele

(a) $\displaystyle\sum_{i=3}^{5}\sum_{j=1}^{2} b_{ij} = b_{31} + b_{32} + b_{41} + b_{42} + b_{51} + b_{52}$

(b) $\displaystyle\sum_{i=1}^{2}\sum_{j=1}^{4}(i \cdot j) = (1 \cdot 1) + (1 \cdot 2) + (1 \cdot 3) + (1 \cdot 4) + (2 \cdot 1) + (2 \cdot 2) + (2 \cdot 3) + (2 \cdot 4)$

$$= 1 + 2 + 3 + 4 + 2 + 4 + 6 + 8 = 30$$

(c) $\displaystyle\sum_{i=0}^{2}\sum_{j=3}^{5}(2i + j - 1) = (2 + 3 + 4) + (4 + 5 + 6) + (6 + 7 + 8) = 45$

Übung 2.13

Schreiben Sie ausführlich:

(a) $\displaystyle\sum_{k=7}^{9}\sum_{l=3}^{4} c_{kl}$

(b) $\displaystyle\sum_{i=1}^{2}\sum_{j=1}^{3}(a_{ij} \cdot b_{ji})$

Übung 2.14

Schreiben Sie als Doppelsumme:

(a) $(a_{12} + b_{21}) + (a_{13} + b_{31}) + (a_{14} + b_{41}) + (a_{22} + b_{22}) + (a_{23} + b_{32}) + (a_{24} + b_{42})$

(b) $a_{12} \cdot b_{23} + a_{13} \cdot b_{33} + a_{22} \cdot b_{23} + a_{23} \cdot b_{33}$

Übung 2.15

Berechnen Sie:

(a) $\displaystyle\sum_{i=1}^{3}\sum_{j=1}^{2}\frac{(2i + 3j)}{2}$

(b) $\displaystyle\sum_{i=0}^{3}\sum_{j=1}^{3}(i \cdot j + 1)$

(c) $\displaystyle\sum_{i=3}^{5}\sum_{j=3}^{5}(i - j)$

Übung 2.16

Berechnen Sie die folgenden komplizierter aufgebauten Summenausdrücke:

(a) $\displaystyle\sum_{i=1}^{2}\sum_{j=1}^{2}\sum_{k=1}^{2}(i + j + k)$

(b) $\displaystyle\sum_{i=1}^{3}\sum_{j=1}^{i}(i \cdot j)$

(c) $\displaystyle\sum_{i=1}^{2}\sum_{j=i}^{2}(i + j)$

In der wirtschaftswissenschaftlichen Anwendung tritt das **Produktzeichen** $\prod$ seltener auf. Es wird z. B. bei der Darstellung des geometrischen Mittels in der Wirtschaftsstatistik eingesetzt. Das Prinzip des Produktzeichens entspricht weitgehend dem des Summenzeichens.

Definition 2.3
Seien $a_1, a_2, \ldots, a_n$ beliebige reelle Zahlen, so gilt:

$$\prod_{i=1}^{n} a_i = a_1 \cdot a_2 \cdot a_3 \cdot \ldots \cdot a_n$$

Anmerkungen
(a) Der Laufindex kann auch mit natürlichen Zahlen $\neq 1$ beginnen.
(b) Das Doppelproduktzeichen $\prod \prod$ folgt dem gleichen Prinzip wie das Doppelsummenzeichen.

Beispiele

(a) $\displaystyle\prod_{i=1}^{3}(2i) = 2 \cdot 4 \cdot 6 = 48$

(b) $\displaystyle\prod_{i=0}^{4}(i-1) = (-1) \cdot 0 \cdot 1 \cdot 2 \cdot 3 = 0$

Übung 2.17
Berechnen Sie:

(a) $\displaystyle\prod_{j=3}^{7}(2j+1)$ 　　　　(b) $\displaystyle\prod_{i=1}^{2}\prod_{j=0}^{2}(i \cdot j)$ 　　　　(c) $\displaystyle\prod_{i=1}^{2}\prod_{j=0}^{2}(i+j)$

2.5 Distributivgesetz

Fast jede mathematische Bearbeitung eines (ökonomischen) Sachproblems beinhaltet eine Verknüpfung von Addition bzw. Subtraktion und Multiplikation bzw. Division, also eine Verknüpfung von „Strichrechnung" und „Punktrechnung". Die Grundregel für das Zusammenwirken dieser beiden Rechenarten ist das **Distributivgesetz**, das bedauerlicherweise häufig Ursache unnötiger Rechenfehler ist. Die folgenden Anmerkungen sollen helfen, solche Fehler in Zukunft zu vermeiden.

Regel 10 (Distributivgesetz)
Für beliebige reelle Zahlen a, b und c gilt:

$$a \cdot (b + c) = a \cdot b + a \cdot c$$

Anmerkungen

(a) Von links nach rechts gelesen bedeutet das Distributivgesetz: „Multipliziert man eine Summe mit einer Zahl, so muss man jeden Summanden mit der Zahl multiplizieren".

(b) Von rechts nach links gelesen bedeutet das Distributivgesetz: „Hat man eine Summe aus zwei Produkten, in denen jeweils ein gleicher Faktor vorkommt, so kann dieser Faktor ausgeklammert werden".

(c) Es gilt grundsätzlich „Punktrechnung vor Strichrechnung", d. h. das Multiplikations- und das Divisionszeichen binden stärker als das Additions- und das Subtraktionszeichen.

Beispiele

(a) $3 \cdot (5 + 9) = 3 \cdot 5 + 3 \cdot 9 = 42$

(b) $3 \cdot 5 + 9 = 15 + 9 = 24$

(c) $4 \cdot (a + 3) = 4a + 12$

(d) $-3 \cdot (2b - 2) = -6b + 6$

(e) $3a + 3b - 6c = 3 \cdot (a + b - 2c)$

(f) $\dfrac{a + 6}{2} = \dfrac{1}{2} \cdot (a + 6) = \dfrac{1}{2}a + 3$

(Teilen durch eine Zahl oder Multiplizieren mit dem inversen Element der Zahl sind gleichwertige Operationen.)

(g) $\displaystyle\sum_{i=1}^{3} 5 \cdot a_i = 5 \cdot \sum_{i=1}^{3} a_i$

(h) $(3 + a) \cdot (4 + b) = (3 + a) \cdot 4 + (3 + a) \cdot b = 12 + 4a + 3b + ab$

oder

$(3 + a) \cdot (4 + b) = 3 \cdot (4 + b) + a \cdot (4 + b) = 12 + 3b + 4a + ab$

Übung 2.18

Vereinfachen Sie folgende Ausdrücke (ohne Ausrechnen):

(a) $\dfrac{1}{3} \cdot \displaystyle\sum_{i=1}^{5} (6 \cdot i + 9)$
(b) $5 \cdot \displaystyle\sum_{j=1}^{4} \left(\dfrac{j}{5} + \dfrac{4}{10} \right)$

Übung 2.19

Multiplizieren Sie aus:

(a) $(2a + 7) \cdot (3b - 9)$
(b) $(a - 8)^2 + (a + 8)^2$
(c) $(c - 10) \cdot (c + 10) + 100$

2.6 Absolutbeträge

Der Absolutbetrag taucht häufig in Formeln der Wirtschaftsstatistik und in der Analysis auf. Mit ihm werden meistens Abstände gemessen.

Definition 2.4

Für eine beliebige reelle Zahl a ist der **Absolutbetrag** von a (kurz: $|a|$) definiert als:

(a) $|a| = a$,   falls a positiv,
(b) $|a| = 0$,   falls $a = 0$,
(c) $|a| = -a$, falls a negativ.

Beispiele

(a) $|7| = 7$, da 7 eine positive Zahl ist
(b) $|0| = 0$
(c) $|-5| = -(-5) = 5$, da -5 negativ ist

Dies bedeutet, dass der Absolutbetrag einer Zahl stets größer oder gleich null ist ($|a| \geq 0$). Für das Rechnen mit Absolutbeträgen gelten folgende Regeln für alle reellen Zahlen:

Regel 11

Für eine beliebige reelle Zahl a gilt:

$$|a|^2 = a^2$$

Beispiele

(a) Für $a = 7$ gilt:

$$|a|^2 = |7|^2 = 7^2 = 49,$$
$$a^2 = 7^2 = 49$$

(b) Für $a = -5$ gilt:

$$|a|^2 = |-5|^2 = 5^2 = 25 \quad \text{(Definition 2.4 c),}$$
$$a^2 = (-5)^2 = 25$$

Regel 12

Für beliebige reelle Zahlen a, b gilt:

$$|a| \cdot |b| = |a \cdot b|$$

Beispiele

(a) Für $a = 5$ und $b = -3$ gilt:

$$|a| \cdot |b| = |5| \cdot |-3| = 5 \cdot 3 = 15$$
$$|a \cdot b| = |5 \cdot (-3)| = |-15| = 15$$

(b) Für $a = -2$ und $b = -6$ gilt:

$$|a| \cdot |b| = |-2| \cdot |-6| = 2 \cdot 6 = 12$$
$$|a \cdot b| = |(-2) \cdot (-6)| = |12| = 12$$

Regel 13 (Dreiecksungleichung)

Für beliebige reelle Zahlen a, b gilt:

$$|a + b| \leq |a| + |b|$$

Beispiele

(a) Für $a = 3$ und $b = 7$ gilt:

$$|a + b| = |3 + 7| = |10| = 10$$
$$|a| + |b| = |3| + |7| = 3 + 7 = 10$$

(b) Für $a = -4$ und $b = 9$ gilt:

$$|a + b| = |-4 + 9| = |5| = 5$$
$$|a| + |b| = |-4| + |9| = 4 + 9 = 13$$

Übung 2.20

Richtig oder falsch?

(a) $|2a| \cdot |3 \cdot (-3)| = -18|a|$

(b) $|2 \cdot (-3) \cdot (-5)| = 2 \cdot 3 \cdot 5$

(c) $|3 - 7 + 9| = 19$

(d) $|2 - 6| \leq |2| - |6|$

2.7 Fakultät und Binomialkoeffizient

In der induktiven (schließenden) Statistik werden die Grundlagen für betriebswirtschaftliche Gebiete wie Marktforschung, Qualitätskontrolle u. a. vermittelt. Die in der Statistik verwendeten Methoden der Kombinatorik sowie bestimmte Wahrscheinlichkeitsmodelle arbeiten mit Zahlenkonstruktionen, die durch die Begriffe „n Fakultät" und „Binomialkoeffizient" gekennzeichnet sind.

Definition 2.5

Sei n eine beliebige natürliche Zahl. Mit n **Fakultät** ($n!$) bezeichnet man das Produkt aller natürlichen Zahlen von 1 bis n, also:

$$n! = 1 \cdot 2 \cdot 3 \cdot \ldots \cdot n$$

Beispiele

(a) $5! = 1 \cdot 2 \cdot 3 \cdot 4 \cdot 5 = 120$

(b) $10! = 1 \cdot 2 \cdot 3 \cdot \ldots \cdot 10 = 3\,628\,800$

(c) $1! = 1$

Anmerkungen

(a) $n!$ gibt die Anzahl der Permutationen von n verschiedenen Elementen an, d. h. die Zahl der Möglichkeiten, n verschiedene Elemente unterschiedlich anzuordnen. So gibt es z. B. $3! = 6$ Möglichkeiten, die drei Buchstaben *A*, *B* und *C* anzuordnen:

$$ABC, \quad ACB, \quad BAC, \quad BCA, \quad CAB, \quad CBA.$$

(b) $n!$ wächst mit steigendem n überproportional stark an (vgl. die obigen Beispiele a und b). Bei $n = 150$ versagt bereits ein guter Taschenrechner.

(c) Es wird definitorisch festgelegt:

$$0! = 1$$

Diese Definition wird manchmal bei der Berechnung des Binomialkoeffizienten benötigt.

(d) Es gilt: $n! = n \cdot (n - 1)!$, also z. B. $5! = 5 \cdot 4!$. Diese Regel ist für das Rechnen mit Fakultäten und Binomialkoeffizienten oft sehr hilfreich.

Definition 2.6

Seien n und k natürliche Zahlen einschließlich der Null und $n \geq k$. Dann ist der **Binomialkoeffizient** $\binom{n}{k}$ („n über k") definiert als:

$$\binom{n}{k} = \frac{n!}{k! \cdot (n - k)!}$$

Beispiele

(a) $\binom{5}{3} = \frac{5!}{3!(5 - 3)!} = \frac{5!}{3! \cdot 2!} = \frac{120}{6 \cdot 2} = 10$

(b) $\binom{10}{7} = \frac{10!}{7! \cdot (10 - 7)!} = \frac{10!}{7! \cdot 3!} = \frac{10 \cdot 9 \cdot 8 \cdot 7!}{7! \cdot 3!} = 120$

(c) $\binom{8}{0} = \frac{8!}{0! \cdot (8 - 0)!} = \frac{8!}{0! \cdot 8!} = 1$

(d) $\binom{8}{1} = \frac{8!}{1! \cdot 7!} = \frac{8 \cdot 7!}{1! \cdot 7!} = 8$

(e) $\binom{8}{8} = \frac{8!}{8! \cdot (8 - 8)!} = \frac{8!}{8! \cdot 0!} = 1$

(f) $\binom{8}{7} = \frac{8!}{7! \cdot (8 - 7)!} = \frac{8!}{7! \cdot 1!} = 8$

Anmerkungen

(a) Die Berechnung des Binomialkoeffizienten ergibt immer eine natürliche Zahl.

(b) Der Binomialkoeffizient gibt die Anzahl der möglichen Fälle bei bestimmten Wahrscheinlichkeitsexperimenten an (für genauere Angaben sei auf die Abzählmethoden in Kapitel 5 und auf die entsprechenden Statistik-Vorlesungen verwiesen).

Beispielsweise gibt die Zahl $\binom{49}{6} = 13\,983\,816$ die Anzahl der Möglichkeiten an, beim Zahlenlotto sechs verschiedene Zahlen anzukreuzen.

(c) Es gilt:

$$\binom{n}{k} = \binom{n}{n-k}$$

So gilt zum Beispiel:

$$\binom{6}{4} = \frac{6!}{4! \cdot 2!} = 15$$

entspricht:

$$\binom{6}{6-4} = \binom{6}{2} = \frac{6!}{2! \cdot 4!} = 15$$

(vgl. dazu auch die obigen Beispiele c, d, e und f)

Übung 2.21
Berechnen Sie ohne Taschenrechner:

(a) $\binom{15}{13}$

(b) $\binom{123}{0}$

(c) $\binom{89}{88}$

(d) $\binom{10}{8}$

(e) $\binom{8}{2}$

(f) $\binom{8}{6}$

Übung 2.22

(a) $\sum_{i=1}^{3} \frac{1}{i!}$

(b) $\sum_{k=0}^{4} \binom{4}{k}$

(c) $\prod_{i=1}^{10} i : \prod_{j=1}^{9} j$

2.8 Lösungen zu den Übungen

Lösung 2.1

(a) 3,125

(b) $2,\overline{3}$

(c) $4,1\overline{6}$

(d) 7,0625

(e) $\dfrac{1374}{10\,000}$

(f) $\dfrac{625}{1\,000}$

(g) $\dfrac{39}{90}$

(h) $\dfrac{57}{99}$

(i) $\dfrac{9\,343}{9\,900}$

(j) $\dfrac{23\,400}{99\,900}$

Lösung 2.2

(a) 559

(b) 3,67

(c) 19 800

(d) 6 800

(e) 137

(f) 4 700

Lösung 2.3

(a) 6,63

(b) $25 \cdot (4 \cdot 6) = 600$

(c) $16,37 - 0,37 + 2,19 + 0,81 = 19,00$

(d) $2,43 - 2,00 + 0,12 = 0,55$

(e) $(7 \cdot 5) \cdot (2 \cdot 7) = 490$

Lösung 2.4

(a) richtig

(b) falsch

(c) falsch

(d) falsch

Lösung 2.5

(a) $\dfrac{59}{22}$

(b) $\dfrac{3}{10}$

(c) $\dfrac{128}{83}$

(d) $\dfrac{9}{5}$

Lösung 2.6

(a) 12

(b) 15

(c) 18

(d) 63

Lösung 2.7

(a) $\dfrac{25}{24}$

(b) $\dfrac{51}{35}$

(c) $\dfrac{115}{99}$

(d) $\dfrac{13}{17}$

(e) $\dfrac{32}{15}$

(f) $6\dfrac{1}{3}$

Lösung 2.8

(a) $\dfrac{12}{77}$

(d) $\dfrac{4}{27}$

(g) $\dfrac{3}{10}$

(b) $\dfrac{54}{19}$

(e) $\dfrac{3}{4}$

(h) 8

(c) $\dfrac{3}{2}$

(f) $\dfrac{2}{7}$

(i) 38

Lösung 2.9

(a) richtig (c) richtig (e) falsch (g) richtig

(b) richtig (d) richtig (f) richtig (h) richtig

Lösung 2.10

(a) $2a_2 + 2a_3 + 2a_4 + 2a_5 + 2a_6 + 2a_7 + 2a_8$

(b) $b_0 + b_1 + b_2 + b_3 + b_4$

Lösung 2.11

(a) $\displaystyle\sum_{i=3}^{7} c_i$

(b) $\displaystyle\sum_{i=0}^{3}(4a_i + 1)$

Lösung 2.12

(a) $\dfrac{1}{1} + \dfrac{1}{2} + \dfrac{1}{3} + \dfrac{1}{4} = 2\dfrac{1}{12}$

(c) $-4 - 3 - 2 - 1 - 0 = -10$

(b) $\dfrac{11}{2} + \dfrac{15}{2} + \dfrac{19}{2} + \dfrac{23}{2} = 34$

(d) $(1 + 4 + 9 + 16) + 1 = 31$

(e) $2 + 5 + 10 + 17 = 34$

Lösung 2.13

(a) $c_{73} + c_{74} + c_{83} + c_{84} + c_{93} + c_{94}$

(b) $a_{11} \cdot b_{11} + a_{12} \cdot b_{21} + a_{13} \cdot b_{31} + a_{21} \cdot b_{12} + a_{22} \cdot b_{22} + a_{23} \cdot b_{32}$

Lösung 2.14

(a) $\displaystyle\sum_{i=1}^{2}\sum_{j=2}^{4}(a_{ij} + b_{ji})$

(b) $\displaystyle\sum_{i=1}^{2}\sum_{j=2}^{3}(a_{ij} \cdot b_{j3})$

Lösung 2.15

(a) $\dfrac{5}{2} + \dfrac{8}{2} + \dfrac{7}{2} + \dfrac{10}{2} + \dfrac{9}{2} + \dfrac{12}{2} = \dfrac{51}{2}$

(b) $(1 + 1 + 1) + (2 + 3 + 4) + (3 + 5 + 7) + (4 + 7 + 10) = 48$

(c) $(0 - 1 - 2) + (1 + 0 - 1) + (2 + 1 + 0) = 0$

Lösung 2.16

(a) $3 + 4 + 4 + 5 + 4 + 5 + 5 + 6 = 36$

(b) $1 + (2 + 4) + (3 + 6 + 9) = 25$

(c) $2 + 3 + 4 = 9$

Lösung 2.17

(a) $7 \cdot 9 \cdot 11 \cdot 13 \cdot 15 = 135\,135$

(b) $(0 \cdot 1 \cdot 2) \cdot (0 \cdot 2 \cdot 4) = 0$

(c) $(1 \cdot 2 \cdot 3) \cdot (2 \cdot 3 \cdot 4) = 144$

Lösung 2.18

(a) $\displaystyle\sum_{i=1}^{5} (2 \cdot i + 3)$
(b) $\displaystyle\sum_{j=1}^{4} (j + 2)$

Lösung 2.19

(a) $6ab + 21b - 18a - 63$ (b) $2a^2 + 128$ (c) c^2

Lösung 2.20

(a) falsch   (b) richtig   (c) falsch   (d) falsch

Lösung 2.21

(a) 105   (c) 89   (e) 28

(b) 1   (d) 45   (f) 28

Lösung 2.22

(a) $\dfrac{1}{1} + \dfrac{1}{2} + \dfrac{1}{6} = \dfrac{5}{3}$ (b) $1 + 4 + 6 + 4 + 1 = 16$ (c) 10

3 Aussagenlogik

In der Mathematik wird von gewissen Grundsachverhalten ausgegangen, die nicht bewiesen werden. Solche Grundsachverhalte werden als **Axiome** bezeichnet.

Zum Beispiel hat der italienische Mathematiker G. Peano (1858–1932) die Beschaffenheit der natürlichen Zahlen in Axiomen festgehalten. Wir alle kennen die natürlichen Zahlen:

$$1, 2, 3, 4, 5, \ldots$$

und benutzen sie u. a. für die Nummerierung von Häusern einer Straße.

Aus Axiomen werden Folgerungen gezogen, die neue Erkenntnisse bringen. Dazu formuliert man sogenannte Aussagen, bei denen unterschieden werden kann, ob es sich um eine wahre Aussage oder um eine falsche Aussage handelt. Dieses Identifizieren einer Aussage als wahr oder falsch geschieht mithilfe der Aussagenlogik. Handelt es sich um eine rein mathematische Aussage, so wird eine solche Aussage auch als mathematischer Satz bezeichnet, der als bewiesen gilt, sobald er als wahr erkannt wird. Mit einer Definition hingegen vergrößert man lediglich den Wortschatz.

Definition 3.1
Eine **Aussage** beschreibt einen Tatbestand, der entweder wahr oder falsch ist.

Beispiele
(a) Der Rhein fließt in die Nordsee. (wahr)
(b) Die Bauarbeiten für den Kölner Dom begannen im Jahr 1248. (wahr)
(c) Der Hauptbahnhof von Köln liegt auf der rechten Rheinseite. (falsch)
(d) Alle Kölner lesen den Kölner Stadtanzeiger. (falsch)

Keine Aussage ist eine Frage, zum Beispiel: „Gefällt es Ihnen an Ihrer Hochschule?" Insbesondere kann eine Aussage nicht gleichzeitig wahr und falsch sein.

Für eine wahre Aussage A sagt man auch:
(1) A ist richtig
(2) A gilt
(3) A ist erfüllt

und für eine falsche Aussage B entsprechend:
(1) B ist nicht richtig
(2) B gilt nicht
(3) B ist nicht erfüllt

https://doi.org/10.1515/9783110726886-003

Jede Aussage lässt sich verneinen (negieren), indem das Wort „nicht" hinzugefügt wird.

Beispiele

Die Verneinung der Aussagen im obigen Beispiel ergibt:
(a) Der Rhein fließt nicht in die Nordsee. (falsch)
(b) Die Bauarbeiten für den Kölner Dom begannen nicht im Jahr 1248. (falsch)
(c) Der Hauptbahnhof von Köln liegt nicht auf der rechten Rheinseite. (wahr)
(d) Nicht alle Kölner lesen den Kölner Stadtanzeiger. D. h. es gibt mindestens einen Kölner, der nicht den Kölner Stadtanzeiger liest. (wahr)

Wir sehen, ist die Aussage A wahr, so ist die verneinte Aussage $\overline{A}$ (lies: nicht A) eine falsche Aussage. Ist hingegen A falsch, so ist $\overline{A}$ wahr. Dieser Sachverhalt lässt sich übersichtlich in einer Wahrheitstabelle darstellen:

Definition 3.2

Die Aussage $\overline{A}$ heißt **Negation**. Der Wahrheitsgehalt von $\overline{A}$ ist der verneinte Wahrheitsgehalt von A:

Tab. 3.1: Wahrheitstabelle der Negation

A	w	f
$\overline{A}$	f	w

Beispiele

Wir betrachten die Aussagen $A_1, \ldots, A_5$:

A_1 : Umsatz = Preis · Absatzmenge (wahr)

A_2 : Gewinn = Umsatz − Kosten (wahr)

A_3 : Kosten = Fixkosten + variable Kosten (wahr)

A_4 : Zwei Geraden einer Ebene haben im Endlichen stets einen Schnittpunkt (falsch, man denke an Parallelen)

A_5 : Die reellen Zahlen a und $\frac{1}{7}a + \frac{6}{7}a$ sind verschieden (falsch)

Negieren wir die Aussagen, so erhalten wir:

$\overline{A_1}$: Umsatz $\neq$ Preis · Absatzmenge (falsch)

$\overline{A_2}$: Gewinn $\neq$ Umsatz − Kosten (falsch)

$\overline{A_3}$: Kosten $\neq$ Fixkosten + variable Kosten (falsch)

$\overline{A_4}$: Zwei Geraden einer Ebene haben im Endlichen nicht stets einen Schnittpunkt (wahr)

$\overline{A_5}$: Die reellen Zahlen a und $\frac{1}{7}a + \frac{6}{7}a$ sind nicht verschieden (wahr)

Übung 3.1

Geben Sie den Wahrheitsgehalt folgender Aussagen an:

(a) $A_1 : \sum_{i=1}^{5} i = 15$

(b) $A_2 : \sum_{i=1}^{6} i = 20$

(c) $A_3 : \frac{2}{3} \geq \frac{3}{4}$

(d) $A_4 : \frac{4}{7} \geq \frac{1}{2}$

Übung 3.2

Verneinen Sie die nachfolgenden Aussagen.

(a) Die Preise aller Güter bleiben konstant.

(b) Alle Taxi-Wagen haben die Farbe Beige.

(c) Es gibt mindestens ein Produkt mit dem Verkaufspreis von zehn Geldeinheiten (GE).

3.1 Verknüpfung zweier Aussagen mit „und" und „oder"

Aus Verknüpfungen zweier Aussagen wird eine neue Aussage gewonnen. Wir behandeln zunächst die Verknüpfungen „A und B" sowie „A oder B".

Definition 3.3

Die Aussage $A \wedge B$ (lies: A und B) heißt **Konjunktion**. Nur dann, wenn beide Aussagen A und B wahr sind, ist auch $A \wedge B$ wahr, anderenfalls ist $A \wedge B$ falsch.

Tab. 3.2: Wahrheitstabelle der Konjunktion

A	w	w	f	f
B	w	f	w	f
$A \wedge B$	w	f	f	f

Zum Aufstellen der obigen Wahrheitstabelle überlegt man sich alle Möglichkeiten des Aufeinandertreffens des Wahrheitsgehalts der Aussage A mit dem Wahrheitsgehalt der Aussage B. Das sind genau vier Möglichkeiten.

Definition 3.4

Die Aussage $A \vee B$ (lies: A oder B) heißt **Disjunktion**. Wenn mindestens eine der

Aussagen A, B wahr ist, dann ist auch $A \vee B$ wahr. Sind beide Aussagen A und B falsch, so auch $A \vee B$.

Tab. 3.3: Wahrheitstabelle der Disjunktion

A	w	w	f	f
B	w	f	w	f
$A \vee B$	w	w	w	f

Unser umgangssprachliches „oder" ist ein ausschließendes „oder", das nicht mit dem logischen $\vee$ übereinstimmt. Wenn Ihnen Ihre Tante verspricht, dass sie Ihnen zu Weihnachten ein Handy oder einen MP3-Player schenkt, so erwarten Sie genau eines der beiden Geräte als Weihnachtsgeschenk, jedoch nicht alle beiden Geräte. Verknüpft man hingegen die beiden Aussagen mit dem logischen oder: „Die Tante schenkt Ihnen ein Handy" $\vee$ „Die Tante schenkt Ihnen einen MP3-Player", so ist die verknüpfte Aussage auch dann noch wahr, wenn die Tante Ihnen beides zu Weihnachten schenkt.

Wir wollen jetzt anhand zweier umfangreicherer Beispiele die Verknüpfung von Aussagen darstellen.

Beispiel

Die Produktion von einzelnen Bauteilen kann sich durchaus über mehrere Wochentage hinziehen. Wir betrachten die folgenden Aussagen:

A_1 : Das Bauteil T wurde an einem Montag bearbeitet

A_2 : Das Bauteil T wurde an einem Dienstag bearbeitet

A_3 : Das Bauteil T wurde an einem Mittwoch bearbeitet

A_4 : Das Bauteil T wurde an einem Donnerstag bearbeitet

A_5 : Das Bauteil T wurde an einem Freitag bearbeitet

und interpretieren einige Verknüpfungen mit $\wedge$ bzw. $\vee$:

Tab. 3.4: Interpretation der Verknüpfung

Verknüpfung	Interpretation
$A_1 \wedge A_2$	Das Bauteil T wurde an einem Montag und an einem Dienstag bearbeitet.
$A_3 \vee A_4$	Das Bauteil T wurde entweder am Mittwoch oder am Donnerstag oder an beiden Tagen bearbeitet.
$\overline{A}_1 \wedge \overline{A}_3$	Das Bauteil T wurde weder an einem Montag noch an einem Mittwoch bearbeitet.

Jetzt können wir diese Verknüpfungen noch weiter verknüpfen:

Tab. 3.5: Interpretation der Verknüpfung

Verknüpfung	Interpretation
$A_1 \wedge A_2 \wedge A_3 \wedge A_4 \wedge A_5$	Das Bauteil T wurde an allen fünf Werktagen bearbeitet.
$(A_1 \wedge A_2) \vee A_3$	Das Bauteil T wurde entweder an einem Montag und einem Dienstag oder an einem Mittwoch oder an einem Montag, Dienstag, Mittwoch bearbeitet.
$(A_3 \vee A_4) \wedge A_5$	Das Bauteil T wurde entweder an einem Mittwoch oder an einem Donnerstag oder an beiden Tagen bearbeitet, in jedem Fall aber zusätzlich an einem Freitag.
$(\overline{A}_1 \wedge \overline{A}_3) \wedge A_2$	Das Bauteil T wurde weder an einem Montag noch an einem Mittwoch, jedoch an einem Dienstag bearbeitet.

Jedes der Verknüpfungsbeispiele kann wahr oder falsch sein. Um dies zu verdeutlichen, stellen wir für die Aussage $(A_3 \vee A_4) \wedge A_5$ die Wahrheitstabelle auf:

Tab. 3.6: Wahrheitstabelle für $(A_3 \vee A_4) \wedge A_5$

A_3	w	w	f	f	w	w	f	f
A_4	w	f	w	f	w	f	w	f
A_5	w	w	w	w	f	f	f	f
$A_3 \vee A_4$	w	w	w	f	w	w	w	f
$(A_3 \vee A_4) \wedge A_5$	w	w	w	f	f	f	f	f

Für den Fall, dass die Aussagen $A_1, A_2, A_3, \overline{A}_4, \overline{A}_5$ wahr sind, erhalten wir schrittweise:

Tab. 3.7: Wahrheitstabelle

Aussage	Wahrheitsgehalt
A_1	w
A_2	w
A_3	w
A_4	f
A_5	f
$\overline{A}_1$	f
$\overline{A}_3$	f
$A_1 \wedge A_2$	w
$A_3 \vee A_4$	w
$\overline{A}_1 \wedge \overline{A}_3$	f
$A_1 \wedge A_2 \wedge A_3$	w
$A_1 \wedge A_2 \wedge A_3 \wedge A_4$	f
$A_1 \wedge A_2 \wedge A_3 \wedge A_4 \wedge A_5$	f
$(A_1 \wedge A_2) \vee A_3$	w
$(A_3 \vee A_4) \wedge A_5$	f
$(\overline{A}_1 \wedge \overline{A}_3) \wedge A_2$	f

Ein weiteres Beispiel für die Verknüpfung von Aussagen sind Stromkreisläufe.

Beispiele

Bei Stromkreisläufen gibt es nur zwei Zustände: Strom fließt oder Strom fließt nicht. Für den Schaltkreis:

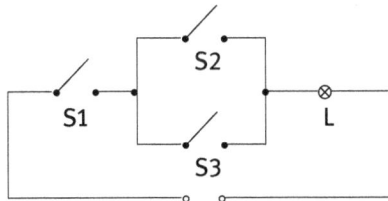

mit den drei Schaltern S1, S2, S3 und dem Verbraucher L betrachten wir die folgenden Aussagen:

$$A : \text{Schalter S1 ist geschlossen}$$
$$B : \text{Schalter S2 ist geschlossen}$$
$$C : \text{Schalter S3 ist geöffnet}$$

Damit Strom fließen kann, muss in jedem Fall Schalter S1 geschlossen sein. Ferner muss zumindest einer der Schalter S2 und S3 geschlossen sein. Zusammengefasst haben wir somit folgende Aussagen, die den Stromfluss und damit die Arbeit des Verbrauchers L gewährleisten:

$$A \wedge B$$
$$A \wedge \overline{C}$$
$$A \wedge (B \vee \overline{C})$$

Kein Strom kann fließen, wenn der Schalter S1 geöffnet ist. Ebenfalls kann kein Strom fließen, wenn der Schalter S1 zwar geschlossen ist, jedoch Schalter S2 und S3 offen sind. Zusammengefasst haben wir folgende Aussagen, die beschreiben, dass kein Strom fließen kann:

$$\overline{A}$$
$$\overline{B} \wedge C$$
$$\overline{A} \vee (\overline{B} \wedge C)$$

Übung 3.3

Überprüfen Sie für die Aussagen:

$$A : \text{Die Gesamtkosten sind nicht kleiner als die variablen Kosten}$$
$$B : \text{Der Gewinn ist nicht größer als der Umsatz}$$

den Wahrheitsgehalt folgender verknüpfter Aussagen:

(a) $A \vee B$
(b) $A \wedge B$
(c) $A \vee \overline{B}$
(d) $A \wedge \overline{B}$

Wir können jetzt Aussagen mit „und" verknüpfen, wir können Aussagen mit „oder" verknüpfen und wir können Aussagen negieren. Darüber hinaus gibt es noch die Verknüpfungsarten „Implikation" und „Äquivalenz".

3.2 Verknüpfung zweier Aussagen zu einer Implikation

Die in ihrem Wahrheitsgehalt am schwierigsten fassbare Verknüpfung zweier Aussagen A, B ist die Verknüpfung „wenn A, dann B".

Definition 3.5

Eine Aussage $A \Rightarrow B$ (lies: wenn A, dann B) heißt **Implikation**. Nur dann, wenn die Aussage A wahr ist und die Aussage B falsch ist, ist $A \Rightarrow B$ falsch. In allen übrigen Fällen ist $A \Rightarrow B$ wahr.

Tab. 3.8: Wahrheitstabelle der Implikation

A	w	w	f	f
B	w	f	w	f
$A \Rightarrow B$	w	f	w	w

Verständnisschwierigkeiten gibt es für den Fall, dass die Voraussetzung A falsch ist: Egal was man aus einer falschen Aussage folgert, die Gesamtaussage ist dennoch wahr. Auf dieses Verständnisproblem gehen wir im übernächsten Beispiel ausführlich ein.

Ist andererseits A wahr, so hängt der Wahrheitsgehalt der Implikation $A \Rightarrow B$ allein von dem Wahrheitsgehalt der Aussage B ab.

Beispiele

Die Implikation $A \Rightarrow B$ ist also immer dann wahr, wenn der Fall „A wahr und B falsch" nicht auftreten kann. Wir überprüfen den Wahrheitsgehalt folgender Implikationen:

(a) Wenn ich Abitur habe, dann darf ich studieren. (w)

Mit dem Bestehen des Abiturs erhält man gleichzeitig die Hochschulreife, d. h. der Fall „A wahr und B falsch" kann nicht auftreten. Also ist die Implikation wahr.

(b) Wenn ich Kinder habe, dann bin ich verheiratet. (f)

Wenn jemand Kinder hat, so muss er nicht verheiratet sein, d. h. hier kann der Fall „A wahr und B falsch" auftreten. Folglich ist die Implikation falsch.

(c) Wenn ich über 18 Jahre alt bin, dann bin ich volljährig. (w)

Wenn jemand über 18 Jahre alt ist, so ist er volljährig. Und umgekehrt, ist jemand volljährig, so ist er über 18 Jahre alt, d. h. der Fall „A wahr und B falsch" kann nicht auftreten. Also ist die Implikation wahr.

(d) Wenn ich in Köln geboren bin, dann besitze ich die deutsche Staatsbürgerschaft. (f)

Wenn jemand in Köln geboren wurde, kann er nach der momentanen Gesetzeslage durchaus keine deutsche Staatsbürgerschaft besitzen. Der Fall „A wahr und B falsch" kann auftreten. Folglich ist die Implikation falsch.

Ein schönes Beispiel für eine wahre Implikation $A \Rightarrow B$, in der auch der Fall A falsch und B wahr auftritt, ist das folgende.

Beispiel

Sei n eine natürliche Zahl. Dann sind die Behauptungen:

$$A : \text{„}n \text{ lässt sich durch 4 ohne Rest dividieren“}$$

$$B : \text{„}n \text{ lässt sich durch 2 ohne Rest dividieren“}$$

nicht immer wahr. Dennoch ist die Implikation:

$$A \Rightarrow B : \text{„Wenn } n \text{ ohne Rest durch 4 teilbar ist, dann lässt}$$

$$\text{sich } n \text{ auch durch 2 ohne Rest dividieren“}$$

stets wahr. Das können wir wie folgt einsehen:

Fall 1: Für $n = 4, 8, 12, 16, \ldots$ sind sowohl A als auch B wahr, also auch $A \Rightarrow B$.

Fall 2: Für $n = 2, 6, 10, 14, \ldots$ ist A falsch und B wahr. Folglich ist $A \Rightarrow B$ wahr.

Fall 3: Für $n = 1, 3, 5, 7, \ldots$ sind sowohl A als auch B falsch, also ist $A \Rightarrow B$ wahr.

Der Fall, dass A wahr ist und B falsch, kann nicht auftreten, da es keine natürliche Zahl gibt, die einerseits durch 4 teilbar ist, aber anderseits nicht durch 2 teilbar ist.

Wir wollen jetzt ein Beispiel für Implikationen aufführen, deren Wahrheitsgehalt auch falsch sein kann.

Beispiel

Für eine reelle Zahl x betrachten wir die folgenden Behauptungen:

$$A_1 : x \geq 3$$
$$A_2 : x = 4$$
$$A_3 : 2x \geq 7$$

Die Implikation:

$$A_1 \Rightarrow A_2 : \text{„Immer dann, wenn } x \text{ größer gleich drei ist, ist } x \text{ gleich vier“}$$

ist falsch, denn für z. B. $x = 3$ ist A_1 wahr, jedoch A_2 falsch.

Die Implikation:

$$A_2 \Rightarrow A_3 : \text{„Wenn } x \text{ gleich vier ist, dann ist das Doppelte von } x \text{ größer}$$

$$\text{gleich sieben“}$$

ist wahr, denn wenn $x = 4$ ist, so ist $2x = 8$ und 8 ist größer als 7.

Die Implikation:

$$A_1 \Rightarrow A_3 : \text{„Immer dann, wenn } x \text{ größer gleich drei ist, dann ist das}$$
$$\text{Doppelte von } x \text{ größer gleich sieben"}$$

ist falsch, denn für z. B. $x = 3,1$ ist A_1 wahr, jedoch A_3 falsch.

Die Implikation:

$$A_3 \Rightarrow A_1 : \text{„Wenn das Doppelte von } x \text{ größer gleich sieben ist, dann ist}$$
$$x \text{ auch größer gleich drei"}$$

ist wahr, denn wenn $2x \geq 7$ ist, so muss gelten $x \geq 3,5$; also gilt auch $x \geq 3$.

Übung 3.4

Wir gehen aus von der wahren Aussage:

A : Der Umsatz einer Unternehmung ist das Produkt von Verkaufspreis
pro Mengeneinheit (ME) des Gutes und Absatzmenge.

Ferner betrachten wir folgende Aussagen:

A_1 : Der Verkaufspreis pro Mengeneinheit steigt.

A_2 : Die Absatzmenge verringert sich.

A_3 : Der Umsatz wächst.

Geben Sie den Wahrheitsgehalt der Implikation $(A_1 \wedge \overline{A_2}) \Rightarrow A_3$ an.

Anmerkung

Eine Implikation lässt sich sprachlich auch anders ausdrücken. Für die Implikation
$A \Rightarrow B$ schreiben wir auch:
(1) A impliziert B
(2) Aus A folgt B
(3) A ist hinreichend für B
(4) B ist notwendig für A

Die Begriffe „hinreichend" und „notwendig" stimmen mit dem Gebrauch unserer
Umgangssprache überein.

Beispiel

Wir betrachten Implikationen für die Aussagen:

$$A : \text{„Ich bin schwanger“}$$

$$B : \text{„Ich bin weiblichen Geschlechts“}$$

$A \Rightarrow B$: Die Implikation $A \Rightarrow B$ ist wahr. Die Aussage A ist hinreichend für die Aussage B: Ist jemand schwanger, so ist diese Aussage hinreichend dafür zu folgern, dass dieser Mensch eine Frau sein muss. Andererseits ist die Aussage B notwendig für die Aussage A: Es notwendig, eine Frau zu sein, um schwanger zu sein.

$B \Rightarrow A$: Die Implikation $B \Rightarrow A$ ist falsch, denn es ist für eine Schwangerschaft zwar notwendig, aber nicht hinreichend, eine Frau zu sein.

Übung 3.5

Geben Sie den Wahrheitsgehalt der Implikation an:

„Wenn die Stückpreise der Güter P_1 und P_2 gleich sind, so sind auch die Umsätze der Güter P_1 und P_2 gleich.“

Übung 3.6

Überprüfen Sie anhand von Wahrheitstabellen den Wahrheitsgehalt der Aussage:

$$(A \Rightarrow B) \land (B \Rightarrow C) \Rightarrow (A \Rightarrow C)$$

Übung 3.7

Bei der Produktion zweier Güter P_1 und P_2 treten gleiche Umsätze U_1 bzw. U_2 auf, jedoch unterschiedliche Gewinne G_1 bzw. G_2.

Geben Sie den Wahrheitsgehalt der Implikation $A \Rightarrow B$ an, wobei:

$$A : G_1 = G_2$$

$$B : U_1 = U_2$$

3.3 Verknüpfung zweier Aussagen zu einer Äquivalenz

Als letzte Verknüpfung von Aussagen führen wir die Gleichwertigkeit zweier Aussagen ein.

Definition 3.6

Die Aussage $A \Leftrightarrow B$ (lies: A gleichwertig B) heißt **Äquivalenz**. Die Aussage $A \Leftrightarrow B$ ist wahr, wenn die Aussagen A und B gleiche Wahrheitswerte besitzen, also A und B beide wahr oder beide falsch sind. Andernfalls ist $A \Leftrightarrow B$ falsch.

Tab. 3.9: Wahrheitstabelle der Äquivalenz

A	w	w	f	f
B	w	f	w	f
$A \Leftrightarrow B$	w	f	f	w

Anmerkungen

(a) Die Äquivalenz $A \Leftrightarrow B$ entspricht genau der Aussage $(A \Rightarrow B) \wedge (B \Rightarrow A)$.

(b) Für die Äquivalenz $A \Leftrightarrow B$ schreiben wir auch:

    (1) A äquivalent zu B

    (2) A genau dann, wenn B

    (3) A dann und nur dann, wenn B

    (4) A notwendig und hinreichend für B

Ein Beispiel aus der Ökonomie für eine Äquivalenz ist das folgende.

Beispiel

Der Gewinn eines Unternehmens ist erklärt als Differenz von Umsatz minus Kosten. Für die Aussagen:

$$A : \text{Der Gewinn ist positiv}$$

$$B : \text{Der Umsatz ist größer als die Kosten}$$

ist die Äquivalenz $A \Leftrightarrow B$ wahr, denn entweder sind beide Aussagen A, B wahr oder beide Aussagen A, B sind falsch.

Anmerkung

Soll die Äquivalenz zweier Verknüpfungen, z. B.:

$$(A \Leftrightarrow B) \Leftrightarrow (A \Rightarrow B) \wedge (B \Rightarrow A)$$

überprüft werden, so muss sowohl für die Seite vor dem Äquivalenzzeichen als auch für die Seite hinter dem Äquivalenzzeichen die Wahrheitstabelle aufgestellt werden. Weisen beide Seiten die gleichen Wahrheitstabellen auf, so ist die Äquivalenz bewiesen:

Tab. 3.10: Wahrheitstabelle

A	w	w	f	f
B	w	f	w	f
$A \Rightarrow B$	w	f	w	w
$B \Rightarrow A$	w	w	f	w
$(A \Rightarrow B) \wedge (B \Rightarrow A)$	w	f	f	w
$A \Leftrightarrow B$	w	f	f	w

d. h. die Aussage $A \Leftrightarrow B$ und die Aussage $(A \Rightarrow B) \wedge (B \Rightarrow A)$ sind gleichwertig.

Ein Beispiel für Äquivalenzen und Implikationen ist:

Beispiel

Für die Behauptungen:

$$A_1 : n \text{ ist eine gerade Zahl}$$
$$A_2 : n^2 \text{ ist eine gerade Zahl}$$
$$A_3 : n \cdot \frac{n}{4} \text{ ist eine gerade Zahl}$$

gilt:

(a) $A_1 \Leftrightarrow A_2$ ist wahr.

Der Fall „A_1 wahr und A_2 falsch" und der Fall „A_1 falsch und A_2 wahr" können nicht auftreten.

(b) $A_1 \Rightarrow A_3$ ist falsch.

Z. B. für $n = 6$ ist A_1 wahr, jedoch A_3 falsch, da $n \cdot \frac{n}{4} = 6 \cdot \frac{6}{4} = 9$ gilt. Insbesondere ist dann die Äquivalenz $A_1 \Leftrightarrow A_3$ falsch.

(c) $A_3 \Rightarrow A_2$ ist wahr.

(d) $A_2 \Rightarrow A_3$ ist falsch.

Z. B. für $n = 2$ ist A_2 wahr, jedoch A_3 falsch, denn es gilt $n \cdot \frac{n}{4} = 2 \cdot \frac{2}{4} = 1$. Somit ist die Äquivalenz $A_2 \Leftrightarrow A_3$ falsch.

Verknüpfen wir mehr als zwei Aussagen, so können - wie obige Beispiele zeigen - ebenfalls Wahrheitswerte ermittelt werden. Für die Reihenfolge der Durchführung einzelner Verknüpfungen müssen wir Vereinbarungen treffen:

Tab. 3.11: Reihenfolge logischer Operationen

Priorität	Logische Operation
1	Negation
2	Konjunktion, Disjunktion
3	Implikation, Äquivalenz

Grundsätzlich sind die in Klammern gesetzten Anweisungen vorrangig auszuführen.

Beispiel

Für die Produktion eines Gutes P stehen die drei Maschinen M_1, M_2, M_3 zur Verfügung.

Es bezeichnen:

$$A : \text{Gut } P \text{ wird auf Maschine } M_1 \text{ gefertigt}$$
$$B : \text{Gut } P \text{ wird auf Maschine } M_2 \text{ gefertigt}$$
$$C : \text{Gut } P \text{ wird auf Maschine } M_3 \text{ gefertigt}$$

Dann bedeuten die Verknüpfungen:

$(A \wedge B) \vee C :$ Gut P wird auf M_1 und M_2 gefertigt, oder auf M_3, oder auf allen drei Maschinen

$A \wedge (B \vee C) :$ Gut P wird entweder auf M_1 und M_2 gefertigt, oder aber auf M_1 und M_3, oder aber auf allen drei Maschinen

Die Aussagen $(A \wedge B) \vee C$ und $A \wedge (B \vee C)$ sind folglich unterschiedlich.

Wir wollen abschließend noch einige Verknüpfungen von Aussagen betrachten.

Beispiel
Wir gehen aus von der wahren Aussage:

$$\text{Gewinn} = \text{Preis} \cdot \text{Absatzmenge} - \text{Kosten}$$

und formulieren die Aussagen:

$$A_1 : \text{Der Preis steigt}$$
$$A_2 : \text{Die Absatzmenge nimmt zu}$$
$$A_3 : \text{Die Kosten steigen}$$
$$A_4 : \text{Der Gewinn wächst}$$

Dann ist die Implikation:

$A_1 \wedge A_2 \wedge \overline{A_3} \Rightarrow A_4 :$ Wenn sowohl Preis und Absatz steigen und gleichzeitig die Kosten nicht steigen, dann wächst der Gewinn.

wahr.

Übung 3.8
Wir betrachten für den Schaltkreis:

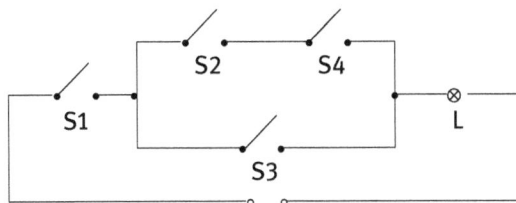

mit vier Schaltern S1, S2, S3, S4 und dem Verbraucher L die folgenden Aussagen:

$$A_1 : \text{Schalter S1 ist geschlossen}$$
$$A_2 : \text{Schalter S2 ist geschlossen}$$
$$A_3 : \text{Schalter S3 ist geschlossen}$$
$$A_4 : \text{Schalter S4 ist geschlossen}$$
$$B : \text{Es fließt Strom}$$

Geben Sie zwei wahre Implikationen der Form „. . . $\Rightarrow B$" an.

Übung 3.9

Wir betrachten den Verkaufspreis, den Umsatz und den Gewinn eines bestimmten Gutes. Gehen Sie davon aus, dass die Kosten nicht null, also positiv sind. Geben Sie alle wahren Implikationen und alle wahren Äquivalenzen zwischen jeweils zwei der nachfolgenden Aussagen A_1, A_2, A_3, A_4 an:

$$A_1 : \text{Der Verkaufspreis des Gutes ist null}$$
$$A_2 : \text{Der Umsatz des Gutes ist null}$$
$$A_3 : \text{Der Gewinn aus dem Verkauf des Gutes ist negativ}$$
$$A_4 : \text{Beim Verkauf des Gutes wird nur Verlust gemacht}$$

Übung 3.10

Überprüfen Sie anhand von Wahrheitstabellen den Wahrheitsgehalt folgender Aussagen:
(a) $\overline{A} \vee \overline{B} \Leftrightarrow \overline{A \wedge B}$
(b) $\overline{A \vee B} \Leftrightarrow \overline{A} \wedge \overline{B}$
(c) $(A \wedge B) \vee C \Leftrightarrow (A \vee C) \wedge (B \vee C)$

Übung 3.11

Betrachten Sie die beiden Aussagen:

$$A : \text{Eine Zahl lässt sich ohne Rest durch fünf teilen}$$
$$B : \text{Eine Zahl lässt sich ohne Rest durch zehn teilen}$$

Welche der folgenden Aussagen sind wahr?
(a) A ist eine notwendige Bedingung für B
(b) A ist eine hinreichende Bedingung für B
(c) B ist eine notwendige Bedingung für A
(d) B ist eine hinreichende Bedingung für A

Zusammenfassend haben wir die folgenden logischen Operationen von Aussagen kennengelernt:

Tab. 3.12: Zusammenfassung logischer Operationen

Logische Operation	Schreibweise
Negation	$\overline{A}$
Konjunktion	$A \wedge B$
Disjunktion	$A \vee B$
Implikation	$A \Rightarrow B$
Äquivalenz	$A \Leftrightarrow B$

3.4 Lösungen zu den Übungen

Lösung 3.1
(a) Aussage A_1 ist wahr.
(b) Aussage A_2 ist falsch.

(c) Aussage A_3 ist falsch.
(d) Aussage A_4 ist wahr.

Lösung 3.2
(a) Verneinung: Der Preis mindestens eines Gutes verändert sich.
(b) Verneinung: Mindestens ein Taxi-Wagen hat nicht die Farbe Beige, sondern die Farbe Blau oder Rot oder Gelb oder Grün oder ...
(c) Verneinung: Es gibt kein Produkt, das einen Verkaufspreis von zehn Geldeinheiten hat.

Lösung 3.3
Die Aussage A und die Aussage B sind wahr. Dann gilt weiter:
(a) Die Aussage $A \vee B$ ist wahr.
(b) Die Aussage $A \wedge B$ ist wahr.
(c) Die Aussage $A \vee \overline{B}$ ist wahr.
(d) Die Aussage $A \wedge \overline{B}$ ist falsch.

Lösung 3.4
Wenn der Verkaufspreis bei nicht sinkender Absatzmenge steigt, so erhöht sich der Umsatz. Also ist die Aussage $(A_1 \wedge \overline{A_2}) \Rightarrow A_3$ wahr.

Lösung 3.5
Die Implikation hat einen falschen Wahrheitsgehalt, denn nur bei zusätzlich identischen Absatzmengen wären die Umsätze gleich groß.

Lösung 3.6
Die Wahrheitstabelle ergibt:

Tab. 3.13: Wahrheitstabelle

A	w	w	f	f	w	w	f	f
B	w	f	w	f	w	f	w	f
C	w	w	w	w	f	f	f	f
$A \Rightarrow B$	w	f	w	w	w	f	w	w
$B \Rightarrow C$	w	w	w	w	f	w	f	w
$(A \Rightarrow B) \wedge (B \Rightarrow C)$	w	f	w	w	f	f	f	w
$A \Rightarrow C$	w	w	w	w	f	f	w	w
$(A \Rightarrow B) \wedge (B \Rightarrow C) \Rightarrow (A \Rightarrow C)$	w	w	w	w	w	w	w	w

Lösung 3.7

Die Aussage A ist falsch, da die Gewinne unterschiedlich sind. Die Aussage B ist wahr, da die Umsätze gleich groß sind. Folglich ist die Implikation $A \Rightarrow B$ wahr.

Lösung 3.8

Folgende Implikationen sind wahre Aussagen:

(a) $A_1 \wedge A_2 \wedge A_4 \Rightarrow B$

(b) $A_1 \wedge A_3 \Rightarrow B$

(c) $(A_1 \wedge A_2 \wedge A_4) \vee (A_1 \wedge A_3) \Rightarrow B$

(d) $A_1 \wedge A_2 \wedge \overline{A}_3 \wedge A_4 \Rightarrow B$

(e) $A_1 \wedge \overline{A}_2 \wedge A_3 \wedge \overline{A}_4 \Rightarrow B$

Lösung 3.9

(a) Ist der Verkaufspreis null, so ist auch der Umsatz = Verkaufspreis · Absatz null, d. h. $A_1 \Rightarrow A_2$.

(b) Ist der Verkaufspreis null, so ist der Umsatz null. Wenn der Umsatz null ist, so ist der Gewinn = Umsatz – Kosten negativ, d. h. $A_1 \Rightarrow A_3$ und $A_2 \Rightarrow A_3$.

(c) Ist der Gewinn negativ, so wird nur Verlust gemacht. Wird andererseits nur Verlust gemacht, so ist der Gewinn negativ, d. h. $A_3 \Leftrightarrow A_4$.

(d) Ist der Verkaufspreis null, so wird nur Verlust gemacht, d. h. $A_1 \Rightarrow A_4$.

(e) Ist der Umsatz null, so wird ebenfalls nur Verlust gemacht, d. h. $A_2 \Rightarrow A_4$.

Lösung 3.10

(a) Das Aufstellen der Wahrheitstabellen für die Aussage $\overline{A \wedge B}$ und für die Aussage $\overline{A} \vee \overline{B}$ ergibt:

Tab. 3.14: Wahrheitstabelle für $\overline{A \wedge B}$ und $\overline{A} \vee \overline{B}$

A	w	w	f	f
B	w	f	w	f
$A \wedge B$	w	f	f	f
$\overline{A \wedge B}$	f	w	w	w
$\overline{A}$	f	f	w	w
$\overline{B}$	f	w	f	w
$\overline{A} \vee \overline{B}$	f	w	w	w
$\overline{A \wedge B} \Leftrightarrow \overline{A} \vee \overline{B}$	w	w	w	w

(b) Das Aufstellen der Wahrheitstabellen für die Aussage $\overline{A \vee B}$ und für die Aussage $\overline{A} \wedge \overline{B}$ ergibt:

Tab. 3.15: Wahrheitstabelle für $\overline{A \vee B}$ und $\overline{A} \wedge \overline{B}$

A	w	w	f	f
B	w	f	w	f
$A \vee B$	w	w	w	f
$\overline{A \vee B}$	f	f	f	w
$\overline{A}$	f	f	w	w
$\overline{B}$	f	w	f	w
$\overline{A} \wedge \overline{B}$	f	f	f	w
$\overline{A \vee B} \Leftrightarrow \overline{A} \wedge \overline{B}$	w	w	w	w

(c) Das Aufstellen der Wahrheitstabellen für die Aussage $(A \wedge B) \vee C$ und für die Aussage $(A \vee C) \wedge (B \vee C)$ ergibt:

Tab. 3.16: Wahrheitstabelle für $(A \wedge B) \vee C$ und $(A \vee C) \wedge (B \vee C)$

A	w	w	f	f	w	w	f	f
B	w	f	w	f	w	f	w	f
C	w	w	w	w	f	f	f	f
$A \wedge B$	w	f	f	f	w	f	f	f
$(A \wedge B) \vee C$	w	w	w	w	w	f	f	f
$A \vee C$	w	w	w	w	w	w	f	f
$B \vee C$	w	w	w	w	w	f	w	f
$(A \vee C) \wedge (B \vee C)$	w	w	w	w	w	f	f	f
$(A \wedge B) \vee C \Leftrightarrow (A \vee C) \wedge (B \vee C)$	w	w	w	w	w	w	w	w

Lösung 3.11

Die Implikation $B \Rightarrow A$ ist wahr. Eine Zahl, die sich durch zehn teilen lässt, kann auch ohne Rest durch fünf geteilt werden.

(a) Die Aussage ist wahr.

(b) Die Aussage ist falsch.

(c) Die Aussage ist falsch.

(d) Die Aussage ist wahr.

4 Mengenlehre

4.1 Grundbegriffe

Die Entwicklung der Mengenlehre, die heute Grundlage und Hilfsmittel in allen Teilen der Mathematik und Statistik ist, geht auf Georg Cantor (1845–1918) zurück, der den Begriff Menge wie folgt erklärte:

> „Unter einer **Menge** M verstehen wir jede Zusammenfassung von bestimmten wohlunterschiedenen Objekten unserer Anschauung oder unseres Denkens (welche die Elemente von M genannt werden) zu einem Ganzen."

Beispiele

(a) Die Menge der ersten fünf natürlichen Zahlen besteht aus den „bestimmten wohlunterschiedenen" Zahlen 1, 2, 3, 4, 5. Sie werden mithilfe von Mengenklammern „zu einem Ganzen" zusammengefasst:

$$A = \{1, 2, 3, 4, 5\}$$

(b) Die Vorstandsmitglieder der XYZ-Gesellschaft Rossi, Müller, Yilmaz und Schmidt können als Menge aufgeschrieben werden:

$$B = \{Rossi, Müller, Yilmaz, Schmidt\}$$

Die Objekte einer Menge werden **Elemente** der Menge genannt. Bei der „Zusammenfassung … zu einem Ganzen" kommt es auf die Reihenfolge der Elemente nicht an.

Wichtig ist allerdings, da die Elemente „wohlunterschieden" sein müssen, dass jedes Element nur einmal in der Menge aufgeführt werden darf.

Die Formulierung „bestimmte" Objekte besagt, dass für jedes Objekt zu entscheiden ist, ob es Element der Menge ist oder nicht. Die Zugehörigkeit bzw. Nichtzugehörigkeit eines Elementes zu einer Menge wird durch das Zeichen $\in$ bzw. $\notin$ beschrieben.

Ist x Element der Menge M, so schreibt man:

$$x \in M$$

Ist x nicht Element der Menge M, so schreibt man:

$$x \notin M$$

Beispiel

Für die Menge $A = \{1, 2, 3, 4, 5\}$ gilt:

$$1 \in A, \quad 2 \in A, \quad 3 \in A, \quad 4 \in A, \quad 5 \in A, \quad 6 \notin A, \quad 7 \notin A$$

https://doi.org/10.1515/9783110726886-004

Hat eine Menge endlich viele Elemente, wie die Menge A (fünf Elemente) und die Menge B (vier Elemente), so wird von einer **endlichen** Menge gesprochen. Hat eine Menge unendlich viele Elemente, wird von einer **unendlichen** Menge gesprochen. Ein Beispiel für eine unendliche Menge ist die Menge der **natürlichen Zahlen** 1, 2, 3, …

$$\mathbb{N} = \{1, 2, 3, \ldots\}$$

Enthält eine Menge kein Element, so wird von der **leeren Menge** (Leermenge) gesprochen und dafür das Zeichen {} oder $\emptyset$ verwendet.

Mengen können in verschiedenen Formen dargestellt werden:

Aufzählende Form

Bei der aufzählenden Form werden die Elemente einzeln aufgeschrieben und mithilfe der Mengenklammern zusammengefasst. Ein Beispiel für diese Darstellungsform ist die Menge $A = \{1, 2, 3, 4, 5\}$. Mitunter ist es auch möglich, unendliche Mengen in aufzählender Form darzustellen, wie das Beispiel der Menge der natürlichen Zahlen $\mathbb{N}$ zeigt. Durch die „Pünktchen" wird festgelegt, welche Elemente zur Menge gehören.

Diagrammform

Die Diagrammform ist eine Abwandlung der aufzählenden Form. Hier werden die Elemente in einem geschlossenen Kurvenzug einzeln aufgeschrieben oder es wird an den Rand geschrieben, um welche Menge es sich handelt.

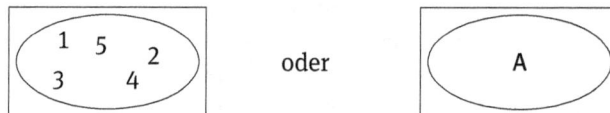

Diese Mengendiagramme werden als **Venn-Diagramm** oder **Euler-Diagramm** bezeichnet.

Beschreibende Form

Bei der beschreibenden Form wird die Eigenschaft angegeben, durch die alle zu einer Menge gehörenden Elemente charakterisiert werden. So gehören alle natürlichen Zahlen, die kleiner oder gleich 5 sind, zu der Menge $A = \{1, 2, 3, 4, 5\}$:

$$A = \{x \mid x \text{ ist kleiner oder gleich 5 und } x \text{ ist eine natürliche Zahl}\}$$

Kürzer und einfacher ist:

$$A = \{x \mid x \leq 5 \ \wedge \ x \in \mathbb{N}\}$$

oder

$$A = \{x \in \mathbb{N} \mid x \le 5\}$$

Für die Menge der natürlichen Zahlen $\mathbb{N}$ gilt:

$$\mathbb{N} = \{x \mid x \text{ ist natürliche Zahl}\}$$

d. h. $\mathbb{N}$ ist die Menge (Gesamtheit) aller Elemente, die die Eigenschaft haben, natürliche Zahl zu sein.

Übung 4.1

W ist die Menge der Augenzahlen eines Würfels. Stellen Sie die Menge W dar
(a) in aufzählender Form.
(b) in Diagrammform.
(c) in beschreibender Form.

4.2 Mengenbeziehungen

Beziehungen zwischen Mengen werden durch Mengenvergleiche bestimmt. Einfach ist die Definition der Gleichheit von Mengen.

Definition 4.1

Zwei Mengen M_1 und M_2 heißen **gleich** (im Zeichen $M_1 = M_2$) genau dann, wenn jedes Element von M_1 auch Element von M_2 und umgekehrt jedes Element von M_2 auch Element von M_1 ist.

Anmerkungen

(a) Für zwei nicht gleiche Mengen M_1 und M_2 wird $M_1 \ne M_2$ geschrieben.
(b) Formal kann die Gleichheit der Mengen M_1 und M_2 auch geschrieben werden:

$$M_1 = M_2 \quad \Leftrightarrow \quad (x \in M_1 \quad \Leftrightarrow \quad x \in M_2)$$

Beispiele

(a) Die Mengen $M_1 = \{3, 7\}$ und $M_2 = \{7, 3\}$ sind gleich, da jedes Element von M_1 auch Element von M_2 und jedes Element von M_2 auch Element von M_1 ist und es auf die Reihenfolge nicht ankommt, d. h. $M_1 = M_2$.
(b) Die Mengen $M_3 = \{49, \frac{6}{3}, 1\}$ und $M_4 = \{1, 7^2, 2\}$ sind ebenfalls gleich, da $7^2 = 49$ und $\frac{6}{3} = 2$ sind.

(c) Für die Mengen $M_1 = \{3, 7\}$ und $M_3 = \{49, \frac{6}{3}, 1\}$ gilt: $M_1 \neq M_3$.

Betrachtet man die Mengen:

$$A_1 = \{1, 2, 3, 4, 5\}$$
$$A_2 = \{1, 2, 3, 4, 5, 6, 7, 8, 9, 10\}$$

so ist offensichtlich, dass die beiden Mengen nicht gleich sind. Allerdings besteht eine andere Beziehung, die dadurch gegeben ist, dass jedes Element von A_1 auch Element von A_2 ist.

Definition 4.2
Eine Menge M_1 heißt **Teilmenge** einer Menge M_2 (im Zeichen $M_1 \subset M_2$) genau dann, wenn jedes Element von M_1 auch Element von M_2 ist.

Anmerkungen
(a) Insbesondere gilt, dass jede Menge auch Teilmenge von sich selbst ist. In diesem Fall spricht man von einer **unechten Teilmenge**. Für eine **echte Teilmenge** muss gelten, dass jedes Element von M_1 auch Element von M_2 ist, aber in M_2 Elemente enthalten sind, die nicht zu M_1 gehören.
(b) Man vereinbart, dass die leere Menge {} Teilmenge jeder Menge ist.
(c) Formal kann die Definition 4.2 auch geschrieben werden:

$$M_1 \subset M_2 \qquad \Leftrightarrow \qquad (x \in M_1 \quad \Rightarrow \quad x \in M_2)$$

Beispiele
(a) Für die Mengen $M_3 = \{49, \frac{6}{3}, 1\}$ und $M_4 = \{1, 7^2, 2\}$ gilt $M_3 \subset M_4$ und $M_4 \subset M_3$. M_3 ist eine unechte Teilmenge von M_4, und M_4 ist eine unechte Teilmenge von M_3.
(b) Für die Mengen $A_1 = \{1, 2, 3, 4, 5\}$ und $A_2 = \{1, 2, 3, 4, 5, 6, 7, 8, 9, 10\}$ gilt:

$$A_1 \subset A_2$$

A_1 ist eine echte Teilmenge von A_2.

Die Teilmengenbeziehung $A_1 \subset A_2$ kann mithilfe eines Venn- oder Euler-Diagramms veranschaulicht werden.

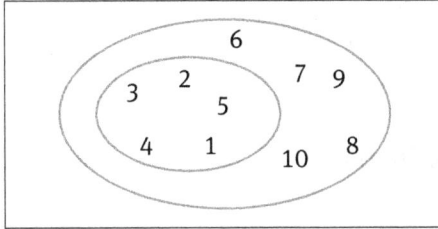

Übung 4.2

Gegeben sind die folgenden Mengen:

$$A_1 = \{1, 2, 3, 4, 5\}$$
$$A_2 = \{1, 2, 3, 4, 5, 6, 7, 8, 9, 10\}$$
$$M_1 = \{3, 7\}$$
$$M_2 = \{7, 3\}$$
$$M_3 = \{49, \tfrac{6}{3}, 1\}$$
$$M_4 = \{1, 7^2, 2\}$$
$$\mathbb{N} = \{1, 2, 3, \ldots\}$$

Welche der folgenden Aussagen sind wahr, welche falsch?

(a) $A_1 = A_2$ (d) $A_2 = \mathbb{N}$ (g) $M_3 \subset M_4$ (j) $M_2 \subset M_1$

(b) $M_1 = M_2$ (e) $A_1 \subset A_2$ (h) $A_2 \subset \mathbb{N}$ (k) $M_3 \subset A_2$

(c) $M_3 = M_4$ (f) $M_1 \subset M_2$ (i) $A_2 \subset A_1$ (l) $\{\} \subset M_4$

Im Zusammenhang mit Teilmengen kann nach der Gesamtheit aller Teilmengen z. B. der Menge $M_1 = \{3, 7\}$ gefragt werden. Die Menge M_1 hat vier Teilmengen: $\{\}, \{3\}, \{7\}, \{3, 7\}$. Diese Mengen kann man als Elemente einer neuen Menge auffassen. Diese Menge, deren Elemente Mengen sind, wird als **Potenzmenge** (im Zeichen $\mathcal{P}(M_1)$) bezeichnet:

$$\mathcal{P}(M_1) = \{\{\}, \{3\}, \{7\}, \{3, 7\}\}$$

Die Potenzmenge umfasst die Menge aller Teilmengen einer Menge.

Übung 4.3

(a) Bilden Sie die Potenzmenge von $A = \{49, \frac{6}{3}, 1\}$.

(b) Bilden Sie die Potenzmenge von $B = \{7, 3\}$.

(c) Bilden Sie die Potenzmenge von $C = \{1\}$.

(d) Bilden Sie die Potenzmenge von $D = \{\}$.

(e) Die Menge M hat n Elemente. Wie viele Elemente hat die Potenzmenge $\mathcal{P}(M)$?

4.3 Mengenoperationen

Um mit Mengen arbeiten zu können, sind Verknüpfungsoperationen (ähnlich den Rechenoperationen bei Zahlen) zwischen Mengen festzulegen.

Definition 4.3

Unter dem **Durchschnitt** zweier Mengen M_1 und M_2 (im Zeichen $M_1 \cap M_2$) versteht man alle Elemente, die zu M_1 und M_2 gehören.

Anmerkungen

(a) Das in der Definition 4.3 formulierte „und" bedeutet, dass ein Element nur dann zum Durchschnitt $M_1 \cap M_2$ gehört, wenn es sowohl Element von M_1 als auch Element von M_2 ist.

(b) Formal kann die Definition 4.3 auch geschrieben werden:

$$M_1 \cap M_2 = \{x \mid x \in M_1 \ \wedge \ x \in M_2\}$$

Beispiele

Es sind die Mengen:

$$A_1 = \{1, 2, 3, 4, 5\}$$
$$A_2 = \{1, 2, 3, 4, 5, 6, 7, 8, 9, 10\}$$
$$A_3 = \{2, 4, 6\}$$
$$A_4 = \{6, 7, 8, 9, 10\}$$

gegeben.

Folgende Beispiele erklären die Bestimmung der Durchschnittsmenge.

(a) Schnittmenge von A_3 und A_4:

$$A_3 \cap A_4 = \{2, 4, 6\} \cap \{6, 7, 8, 9, 10\} = \{6\}$$

Bei diesem Beispiel haben die beiden Mengen A_3 und A_4 nur das Element 6 gemeinsam; das Element 6 ist sowohl Element von A_3 als auch Element von A_4.

Die Schnittmenge besteht somit aus der Menge mit dem Element 6:

$$A_3 \cap A_4 = \{6\}$$

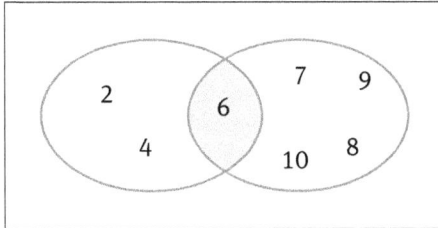

(b) Ähnliche Überlegungen führen zu:

$$A_1 \cap A_3 = \{1, 2, 3, 4, 5\} \cap \{2, 4, 6\} = \{2, 4\}$$

(c) Wenn zwei Mengen kein gemeinsames Element haben, dann ist die Schnittmenge leer, d. h. gleich der leeren Menge. In diesem Fall heißen die Mengen **element-fremd** oder **disjunkt**.

$$A_1 \cap A_4 = \{1, 2, 3, 4, 5\} \cap \{6, 7, 8, 9, 10\} = \{\}$$

(d) Wenn eine Menge A_1 Teilmenge einer Menge A_2 ist, dann ist deren Schnittmenge A_1:

$$A_1 \cap A_2 = \{1, 2, 3, 4, 5\} \cap \{1, 2, 3, 4, 5, 6, 7, 8, 9, 10\} = \{1, 2, 3, 4, 5\} = A_1$$

(e) Ähnliche Überlegungen führen zu:

$$A_2 \cap A_3 = \{1, 2, 3, 4, 5, 6, 7, 8, 9, 10\} \cap \{2, 4, 6\} = \{2, 4, 6\} = A_3$$

Übung 4.4

Gegeben seien folgende Mengen:

$$M_1 = \{3, 7\}$$
$$M_3 = \{49, \tfrac{6}{3}, 1\}$$
$$W = \{1, 2, 3, 4, 5, 6\}$$
$$\mathbb{N} = \{1, 2, 3, \ldots\}$$

Bestimmen Sie die folgenden Durchschnittsmengen:

(a) $M_1 \cap M_3$ (c) $W \cap \mathbb{N}$ (e) $M_1 \cap \mathbb{N}$ (g) $\mathbb{N} \cap \mathbb{N}$

(b) $M_1 \cap W$ (d) $M_3 \cap W$ (f) $M_1 \cap M_1$ (h) $\{\} \cap \mathbb{N}$

Neben der Verknüpfungsoperation Durchschnitt wird die Mengenoperation Vereinigung betrachtet.

Definition 4.4

Unter der **Vereinigung** zweier Mengen M_1 und M_2 (im Zeichen $M_1 \cup M_2$) versteht man die Menge aller Elemente, die zu M_1 oder M_2 gehören.

Anmerkungen

(a) Das in Definition 4.4 formulierte „oder" bedeutet, dass ein Element zur Vereinigung $M_1 \cup M_2$ gehört, wenn es entweder nur zu M_1 oder nur zu M_2 oder zu M_1 und M_2 gehört.

(b) Formal kann die Definition 4.4 auch geschrieben werden:

$$M_1 \cup M_2 = \{x \mid x \in M_1 \ \lor \ x \in M_2\}$$

Beispiele

Es sind die Mengen:

$$A_1 = \{1, 2, 3, 4, 5\}$$
$$A_2 = \{1, 2, 3, 4, 5, 6, 7, 8, 9, 10\}$$
$$A_3 = \{2, 4, 6\}$$
$$A_4 = \{6, 7, 8, 9, 10\}$$

gegeben.

Folgende Beispiele erklären die Bestimmung der Vereinigungsmenge.

(a) A_1 vereinigt mit A_3:

$$A_1 \cup A_3 = \{1, 2, 3, 4, 5\} \cup \{2, 4, 6\} = \{1, 2, 3, 4, 5, 6\}$$

Für das Beispiel ist zu beachten, dass die Elemente 2 und 4, die in A_1 und A_3 vorkommen, nur einmal aufgeschrieben werden.

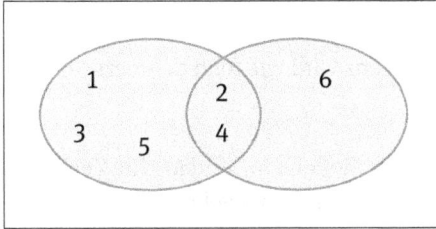

(b) A_3 vereinigt mit A_4:

$$A_3 \cup A_4 = \{2, 4, 6\} \cup \{6, 7, 8, 9, 10\} = \{2, 4, 6, 7, 8, 9, 10\}$$

(c) Wenn zwei Mengen kein gemeinsames Element haben, d. h. disjunkt sind, dann besteht die Vereinigungsmenge aus den Elementen beider Mengen:

$$A_1 \cup A_4 = \{1, 2, 3, 4, 5\} \cup \{6, 7, 8, 9, 10\} = \{1, 2, 3, 4, 5, 6, 7, 8, 9, 10\}$$

(d) Wenn eine Menge A_1 Teilmenge einer Menge A_2 ist, dann ist deren Vereinigungsmenge A_2:

$$A_1 \cup A_2 = \{1, 2, 3, 4, 5\} \cup \{1, 2, 3, 4, 5, 6, 7, 8, 9, 10\}$$
$$= \{1, 2, 3, 4, 5, 6, 7, 8, 9, 10\} = A_2$$

(e) Ähnliche Überlegungen führen zu:

$$A_2 \cup A_3 = \{1, 2, 3, 4, 5, 6, 7, 8, 9, 10\} \cup \{2, 4, 6\}$$
$$= \{1, 2, 3, 4, 5, 6, 7, 8, 9, 10\} = A_2$$

Übung 4.5
Gegeben seien folgende Mengen:

$$M_1 = \{3, 7\}$$
$$M_3 = \{49, \tfrac{6}{3}, 1\}$$
$$W = \{1, 2, 3, 4, 5, 6\}$$
$$\mathbb{N} = \{1, 2, 3, \ldots\}$$

Bestimmen Sie die folgenden Vereinigungsmengen:

(a) $M_1 \cup M_3$ (c) $W \cup \mathbb{N}$ (e) $M_1 \cup \mathbb{N}$ (g) $\mathbb{N} \cup \mathbb{N}$

(b) $M_1 \cup W$ (d) $M_3 \cup W$ (f) $M_1 \cup M_1$ (h) $\{\} \cup \mathbb{N}$

Die Mengenoperation Differenz wird wie folgt definiert.

Definition 4.5

Unter einer **Differenz** zweier Mengen M_1 und M_2 (im Zeichen $M_1 \setminus M_2$) versteht man alle Elemente, die zu M_1 und nicht zu M_2 gehören.

Anmerkungen

(a) Die Formulierung „die zu M_1 und nicht zu M_2 gehören" kann auch durch „die zu M_1, aber nicht zu M_2 gehören" ersetzt werden.

(b) Formal kann die Definition 4.5 auch geschrieben werden:

$$M_1 \setminus M_2 = \{x \mid x \in M_1 \ \wedge \ x \notin M_2\}$$

(c) Die Differenzmenge $M_1 \setminus M_2$ wird auch als **Restmenge** bezeichnet. $M_1 \setminus M_2$ wird gelesen „M_1 ohne M_2".

(d) Ist M_1 Teilmenge von M_2, dann heißt die Menge:

$$M_2 \setminus M_1 = \{x \mid x \in M_2 \ \wedge \ x \notin M_1\}$$

auch **Komplementärmenge** oder **Komplement** von M_1 bzgl. M_2. Statt $M_2 \setminus M_1$ schreiben wir auch kurz $\overline{M}_1$ bzw. $\widetilde{M}_1$ bzw. M_1^c.

Beispiele

Es sind die Mengen:

$$A_1 = \{1, 2, 3, 4, 5\}$$
$$A_2 = \{1, 2, 3, 4, 5, 6, 7, 8, 9, 10\}$$
$$A_3 = \{2, 4, 6\}$$
$$A_4 = \{6, 7, 8, 9, 10\}$$

gegeben.

Folgende Beispiele erklären die Bestimmung der Differenzmenge.

(a) Differenzmenge $A_1 \setminus A_3$:

$$A_1 \setminus A_3 = \{1, 2, 3, 4, 5\} \setminus \{2, 4, 6\} = \{1, 3, 5\}$$

Die Elemente 1, 3, 5 gehören zu A_1 aber nicht zu A_3. Die Elemente 2, 4 gehören zwar zu A_1, da sie aber gleichzeitig zu A_3 gehören, sind sie nicht Elemente der Differenzmenge $A_1 \setminus A_3$.

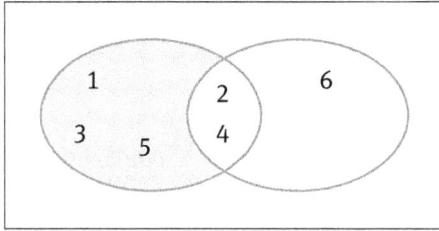

(b) Differenzmenge $A_3 \setminus A_4$:

$$A_3 \setminus A_4 = \{2, 4, 6\} \setminus \{6, 7, 8, 9, 10\} = \{2, 4\}$$

(c) Wenn zwei Mengen disjunkt sind, dann besteht die Differenzmenge aus den Elementen der „ersten" Menge:

$$A_1 \setminus A_4 = \{1, 2, 3, 4, 5\} \setminus \{6, 7, 8, 9, 10\} = A_1$$

(d) Wenn eine Menge A_1 Teilmenge einer Menge A_2 ist, dann ist die Differenzmenge $A_1 \setminus A_2$ die leere Menge $\{\}$:

$$A_1 \setminus A_2 = \{1, 2, 3, 4, 5\} \setminus \{1, 2, 3, 4, 5, 6, 7, 8, 9, 10\} = \{\}$$

(e) Für die Komplementärmenge lassen sich als Beispiele aufschreiben:

$$A_2 \setminus A_1 = \{1, 2, 3, 4, 5, 6, 7, 8, 9, 10\} \setminus \{1, 2, 3, 4, 5\} = \{6, 7, 8, 9, 10\}$$
$$A_2 \setminus A_3 = \{1, 2, 3, 4, 5, 6, 7, 8, 9, 10\} \setminus \{2, 4, 6\} = \{1, 3, 5, 7, 8, 9, 10\}$$

Übung 4.6

Gegeben seien die Mengen:

$$M_1 = \{3, 7\}$$
$$M_3 = \{49, \tfrac{6}{3}, 1\}$$
$$W = \{1, 2, 3, 4, 5, 6\}$$
$$\mathbb{N} = \{1, 2, 3, \ldots\}$$

Bestimmen Sie die folgenden Differenzmengen:

(a) $M_1 \setminus M_3$ (c) $W \setminus \mathbb{N}$ (e) $M_1 \setminus M_1$ (g) $\mathbb{N} \setminus \mathbb{N}$

(b) $M_1 \setminus W$ (d) $M_3 \setminus W$ (f) $W \setminus M_1$ (h) $\mathbb{N} \setminus \{\}$

Schließlich sei als Mengenoperation noch die Produktmenge genannt:

Definition 4.6

Unter der **Produktmenge** (dem kartesischen Produkt) zweier Mengen M_1 und M_2 (im Zeichen $M_1 \times M_2$) versteht man die Menge aller geordneten Paare, deren erstes Element von M_1 und deren zweites Element von M_2 ist.

Anmerkungen

(a) $M_1 \times M_2$ wird gelesen „M_1 kreuz M_2". M_1 und M_2 heißen die Faktoren von $M_1 \times M_2$.

(b) Formal kann die Definition 4.6 geschrieben werden:

$$M_1 \times M_2 = \{(x, y) \mid x \in M_1 \ \wedge \ y \in M_2\}$$

(c) Hat die Menge M_1 n Elemente und die Menge M_2 m Elemente, so enthält die Menge $M_1 \times M_2$ insgesamt $n \cdot m$ Elemente.

(d) Das kartesische Produkt kann auch für n Mengen $M_1, \ldots, M_n$ definiert werden:

$$M_1 \times \ldots \times M_n = \{(x_1, \ldots, x_n) \mid x_1 \in M_1, \ldots, x_n \in M_n\}$$

$(x_1, \ldots, x_n)$ heißt ein **geordnetes n-Tupel**.

(e) Wenn $M_1 = M_2 = \ldots = M_n = M$ ist, dann schreibt man für $M_1 \times \ldots \times M_n$ kurz M^n.

Beispiele

Es sei $A = \{1, 2, 3\}$ und $B = \{4, 5\}$, dann ist:

$$A \times B = \{(1, 4), (1, 5), (2, 4), (2, 5), (3, 4), (3, 5)\}$$
$$B \times A = \{(4, 1), (4, 2), (4, 3), (5, 1), (5, 2), (5, 3)\}$$

Übung 4.7

Gegeben seien die Mengen:

$$M_1 = \{3, 7\}$$
$$M_3 = \{49, \tfrac{6}{3}, 1\}$$
$$W = \{1, 2, 3, 4, 5, 6\}$$

Bestimmen Sie:

(a) $M_1 \times M_3$ (b) $M_3 \times M_1$ (c) $M_1 \times W$

4.4 Zahlenmengen

Menge der natürlichen Zahlen

Unter der Menge der natürlichen Zahlen versteht man:

$$\mathbb{N} = \{1, 2, 3, \ldots\}$$

Bei der Menge der natürlichen Zahlen handelt es sich um eine unendliche Menge. Die Elemente der Menge der natürlichen Zahlen sind angeordnet, d. h. bei zwei verschiedenen natürlichen Zahlen kann entschieden werden, welche Zahl kleiner (größer) als die andere ist.

Mit $\mathbb{N}_0$ bezeichnet man die Menge:

$$\mathbb{N}_0 = \mathbb{N} \cup \{0\} = \{0, 1, 2, 3, \ldots\}$$

Menge der ganzen Zahlen

Unter der Menge der ganzen Zahlen versteht man:

$$\mathbb{Z} = \{\ldots, -3, -2, -1, 0, 1, 2, 3, \ldots\}$$

Auch bei der Menge der ganzen Zahlen handelt es sich um eine unendliche Menge, deren Elemente angeordnet sind.

Menge der rationalen Zahlen (Brüche)

Unter der Menge der rationalen Zahlen (Brüche) versteht man:

$$\mathbb{Q} = \left\{ x \mid x = \frac{m}{n}, m \in \mathbb{Z} \ \wedge \ n \in \mathbb{N} \right\}$$

Anmerkungen

(a) Durch $n \in \mathbb{N}$ wird die Division durch null ausgeschlossen.

(b) Da die Elemente einer Menge „wohlunterschieden" sein müssen, können etwa die Brüche $\frac{1}{2}$ und $\frac{2}{4}$ nicht gleichzeitig zu $\mathbb{Q}$ gehören.

(c) Die Menge der rationalen Zahlen ist angeordnet. Beispiel: $\frac{7}{12} > \frac{5}{9}$, da $\frac{21}{36} > \frac{20}{36}$

(d) Es kann gezeigt werden, dass jede rationale Zahl (jeder Bruch) als eine **endlich** oder **unendlich periodische** Dezimalzahl und umgekehrt jede endliche oder unendlich periodische Dezimalzahl als rationale Zahl (Bruch) dargestellt werden kann. Beispiele:

$$\frac{1}{2} = 0{,}5 \qquad \frac{1}{3} = 0{,}\overline{3} \qquad \frac{7}{12} = 0{,}58\overline{3}$$

$$\frac{38}{99} = 0{,}\overline{38} \qquad \frac{611}{4950} = 0{,}12\overline{34} \qquad \frac{5}{7} = 0{,}\overline{714285}$$

Menge der reellen Zahlen

Auch die Menge der rationalen Zahlen ist noch nicht umfassend genug. So gibt es keine rationale Zahl, die mit sich selbst multipliziert die Zahl 2 ergibt. Mit den Dezimalzahlen:

$$1{,}4 \cdot 1{,}4 \quad = 1{,}96$$
$$1{,}41 \cdot 1{,}41 \quad = 1{,}9881$$
$$1{,}414 \cdot 1{,}414 \quad = 1{,}999396$$
$$1{,}4142 \cdot 1{,}4142 = 1{,}99996164$$

kann man sich der Lösung 2 umso mehr nähern, je mehr Dezimalstellen berechnet werden. Eine sich wiederholende Ziffernfolge taucht dabei nicht auf. Die Lösung ist eine **unendlich nichtperiodische** Dezimalzahl oder eine **irrationale** Zahl. Auch die Menge der irrationalen Zahlen ist unendlich. Beispiele für irrationale Zahlen sind:

$$\sqrt{2} \quad = 1{,}41421\ldots$$
$$\sqrt{3} \quad = 1{,}73205\ldots$$
$$\sqrt{5} \quad = 2{,}23606\ldots$$
$$\pi \quad = 3{,}14159\ldots$$
$$e \quad = 2{,}71828\ldots$$

Vereinigt man die Menge der rationalen Zahlen und der irrationalen Zahlen, so entsteht die Menge der **reellen** Zahlen, die mit dem Symbol $\mathbb{R}$ versehen wird.

Jeder reellen Zahl entspricht ein Punkt auf einer Zahlengeraden und umgekehrt entspricht jedem Punkt auf einer Zahlengeraden eine reelle Zahl:

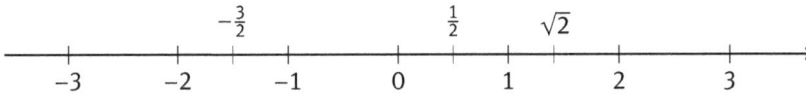

Zwischen den Zahlenmengen $\mathbb{N}$, $\mathbb{Z}$, $\mathbb{Q}$ und $\mathbb{R}$ bestehen folgende Beziehungen:

$$\mathbb{N} \subset \mathbb{Z} \subset \mathbb{Q} \subset \mathbb{R}$$

Übung 4.8
Welche der folgenden Aussagen sind wahr, welche falsch?

(a) $1 \in \mathbb{N}$ (d) $\sqrt{2} \in \mathbb{Q}$ (g) $0{,}5 \in \mathbb{Q}$ (j) $\mathbb{Q} \setminus \mathbb{Z} = \mathbb{N}$

(b) $0 \notin \mathbb{N}_0$ (e) $\sqrt{7} \in \mathbb{R}$ (h) $0{,}\overline{3} \notin \mathbb{R}$ (k) $\mathbb{Z} \setminus \mathbb{N} = \mathbb{Z}$

(c) $-1 \in \mathbb{Z}$ (f) $\frac{2}{3} \in \mathbb{R}$ (i) $\mathbb{N} \cap \mathbb{N}_0 = \{0\}$

4.5 Intervalle

Die Menge der reellen Zahlen, die einer Ungleichung $a \le x \le b$ bzw. $a < x < b$ bzw. $a \le x < b$ bzw. $a < x \le b$ genügen, nennt man ein **Intervall**.

Definition 4.7
Sind a und b reelle Zahlen und ist $a < b$, so nennt man:

(a) $[a, b] = \{x \in \mathbb{R} \mid a \le x \le b\}$ **abgeschlossenes** Intervall von a bis b

(b) $(a, b) = \{x \in \mathbb{R} \mid a < x < b\}$ **offenes** Intervall von a bis b

(c) $[a, b) = \{x \in \mathbb{R} \mid a \le x < b\}$ **linksabgeschlossen-rechtsoffenes** Intervall von a bis b

(d) $(a, b] = \{x \in \mathbb{R} \mid a < x \le b\}$ **linksoffen-rechtsabgeschlossenes** Intervall von a bis b

Anmerkungen

(a) Bei dem abgeschlossenen Intervall $[a, b]$ gehören die Randpunkte a und b zum Intervall. Beim offenen Intervall (a, b) werden die Randpunkte ausgeschlossen.

Bei dem halboffenen Intervall $[a, b)$ wird der Randpunkt b ausgeschlossen. Bei dem halboffenen Intervall $(a, b]$ wird der Randpunkt a ausgeschlossen.

(b) Für das offene Intervall (a, b) wird auch die Schreibweise $]a, b[$ verwendet, entsprechend für $[a, b)$ die Schreibweise $[a, b[$ und für $(a, b]$ die Schreibweise $]a, b]$.

Neben diesen endlichen Intervallen können auch unendliche Intervalle festgelegt werden:

$$(-\infty, \infty) = \{x \in \mathbb{R} \mid -\infty < x < \infty\} = \mathbb{R} \quad \text{gesamte Zahlengerade}$$

$$[a, \infty) = \{x \in \mathbb{R} \mid a \leq x\} \quad \text{rechtsseitig unendliches Intervall}$$

$$(-\infty, a) = \{x \in \mathbb{R} \mid x < a\} \quad \text{linksseitig unendliches Intervall}$$

Beispiele

1. Grafische Darstellung von Intervallen:

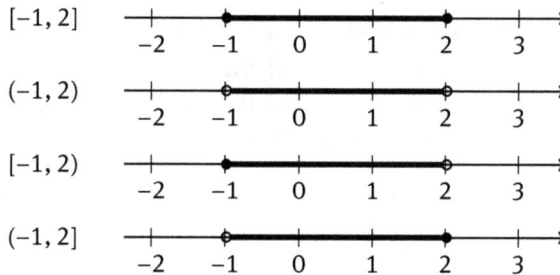

$[-1, 2]$

$(-1, 2)$

$[-1, 2)$

$(-1, 2]$

2. Grafische Darstellung von $A \times B$ mit $A = \{x \in \mathbb{R} \mid -1 \leq x \leq 2\} = [-1, 2]$ und $B = \{y \in \mathbb{R} \mid 1 \leq y \leq 3\} = [1, 3]$:

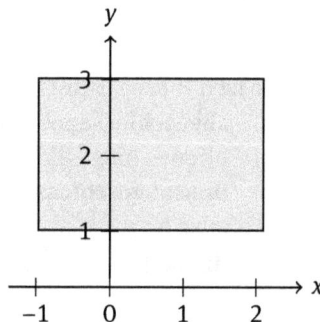

$$A \times B = \{(x, y) \in \mathbb{R}^2 \mid -1 \leq x \leq 2 \ \wedge \ 1 \leq y \leq 3\} = [-1, 2] \times [1, 3]$$

Übung 4.9

Stellen Sie die folgenden Intervalle grafisch dar:

(a) $[0, 2]$ (b) $(0, 2)$ (c) $(1, 3]$ (d) $[1, 3)$

(e) $A \times B$ mit

$A = \{x \in \mathbb{R} \mid 0 \leq x \leq 2\} = [0, 2]$ und
$B = \{y \in \mathbb{R} \mid 0 \leq y \leq 2\} = [0, 2]$

4.6 Lösungen zu den Übungen

Lösung 4.1

(a) $W = \{1, 2, 3, 4, 5, 6\}$

(b) Venn-Diagramm:

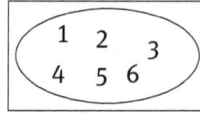

(c) $W = \{x \mid x \text{ ist Augenzahl eines Würfels}\} = \{x \mid 1 \le x \le 6 \ \wedge \ x \in \mathbb{N}\}$

Lösung 4.2

(a) falsch	(d) falsch	(g) wahr	(j) wahr
(b) wahr	(e) wahr	(h) wahr	(k) falsch
(c) wahr	(f) wahr	(i) falsch	(l) wahr

Lösung 4.3

(a) $\mathcal{P}(A) = \left\{\{\}, \{49\}, \{\frac{6}{3}\}, \{1\}, \{49, \frac{6}{3}\}, \{49, 1\}, \{\frac{6}{3}, 1\}, \{49, \frac{6}{3}, 1\}\right\}$

(b) $\mathcal{P}(B) = \{\{\}, \{7\}, \{3\}, \{7, 3\}\}$

(c) $\mathcal{P}(C) = \{\{\}, \{1\}\}$

(d) $\mathcal{P}(D) = \{\{\}\}$

(e) Die Potenzmenge $\mathcal{P}(M)$ hat 2^n ($n \in \mathbb{N}_0$) Elemente.

Lösung 4.4

(a) $M_1 \cap M_3 = \{\}$

(b) $M_1 \cap W = \{3\}$

(c) $W \cap \mathbb{N} = W$

(d) $M_3 \cap W = \{1, 2\}$

(e) $M_1 \cap \mathbb{N} = M_1$

(f) $M_1 \cap M_1 = M_1$

(g) $\mathbb{N} \cap \mathbb{N} = \mathbb{N}$

(h) $\{\} \cap \mathbb{N} = \{\}$

Lösung 4.5

(a) $M_1 \cup M_3 = \{3, 7, 49, \frac{6}{3}, 1\}$

(b) $M_1 \cup W = \{1, 2, 3, 4, 5, 6, 7\}$

(c) $W \cup \mathbb{N} = \mathbb{N}$

(d) $M_3 \cup W = \{1, 2, 3, 4, 5, 6, 49\}$

(e) $M_1 \cup \mathbb{N} = \mathbb{N}$

(f) $M_1 \cup M_1 = M_1$

(g) $\mathbb{N} \cup \mathbb{N} = \mathbb{N}$

(h) $\{\} \cup \mathbb{N} = \mathbb{N}$

Lösung 4.6

(a) $M_1 \setminus M_3 = M_1$

(b) $M_1 \setminus W = \{7\}$

(c) $W \setminus \mathbb{N} = \{\}$

(d) $M_3 \setminus W = \{49\}$

(e) $M_1 \setminus M_1 = \{\}$

(f) $W \setminus M_1 = \{1, 2, 4, 5, 6\}$

(g) $\mathbb{N} \setminus \mathbb{N} = \{\}$

(h) $\mathbb{N} \setminus \{\} = \mathbb{N}$

Lösung 4.7

(a) $M_1 \times M_3 = \left\{(3, 49), (3, \frac{6}{3}), (3, 1), (7, 49), (7, \frac{6}{3}), (7, 1)\right\}$

(b) $M_3 \times M_1 = \left\{(49, 3), (49, 7), (\frac{6}{3}, 3), (\frac{6}{3}, 7), (1, 3), (1, 7)\right\}$

(c) $M_1 \times W = \{(3, 1), (3, 2), (3, 3), (3, 4), (3, 5), (3, 6),$
$\qquad\qquad (7, 1), (7, 2), (7, 3), (7, 4), (7, 5), (7, 6)\}$

Lösung 4.8

(a) wahr	(d) falsch	(g) wahr	(j) falsch
(b) falsch	(e) wahr	(h) falsch	(k) falsch
(c) wahr	(f) wahr	(i) falsch	

Lösung 4.9

(a) Intervall $[0, 2]$:

(b) Intervall $(0, 2)$:

(c) Intervall $(1, 3]$:

(d) Intervall $[1, 3)$:

(e) kartesisches Produkt $[0, 2] \times [0, 2]$:

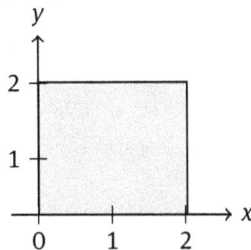

Bitte beachten Sie, dass die runden Klammern bei Zweier-Tupeln (a, b) wie in Übung 4.7 eine andere Bedeutung haben als die runden Klammern (a, b) bei Intervallen wie in Übung 4.9.

5 Abzählmethoden

Die sogenannten Abzählmethoden gehören zum Fachgebiet der Kombinatorik. Dabei interessiert die Frage, wie viele Möglichkeiten es gibt, die Elemente einer endlichen Menge anzuordnen. Mithilfe dieser Abzählmethoden soll sichergestellt werden, dass beim Abzählen der Möglichkeiten auch wirklich alle Möglichkeiten systematisch erfasst wurden. Das heißt, einerseits darf keine Möglichkeit vergessen werden und andererseits darf keine Möglichkeit doppelt gezählt werden.

Beispiel

Wie viele Möglichkeiten der Reihenfolge gibt es, ein Essen bestehend aus Salat S, Pizza P und Mousse-au-Chocolat M zu verspeisen?

$$SPM, SMP, PSM, PMS, MSP, MPS$$

d. h. es gibt insgesamt sechs verschiedene Reihenfolgen. Oder anders ausgedrückt, es gibt $1 \cdot 2 \cdot 3 = 6$ Möglichkeiten.

Käme eine vierte Speise hinzu, z. B. ein Teller mit Oliven O, so gäbe es insgesamt $1 \cdot 2 \cdot 3 \cdot 4 = 24$ verschiedene Reihenfolgen.

Das lässt sich wie folgt einsehen. Werden die Oliven als Erstes verspeist, also $OSPM, \dots, OMPS$, so gibt es dafür sechs verschiedene Essensfolgen.

Werden die Oliven als Zweites verspeist, also $SOPM, \dots, MOPS$, so gibt es dafür ebenfalls sechs verschiedene Essensfolgen.

Dann können die Oliven noch als Drittes (ebenfalls sechs Möglichkeiten) oder zuletzt (ebenfalls sechs Möglichkeiten) verspeist werden.

Allgemein gilt:

Formel 1

Es gibt für die n Elemente einer Menge insgesamt $n! = 1 \cdot 2 \cdot 3 \cdot \dots \cdot n$ verschiedene Möglichkeiten, in der die n Elemente aufgezählt werden können.

Um möglichst viele unterschiedliche Situationen mit den Abzählmethoden der Kombinatorik zu erfassen, reicht das simple Abzählen der möglichen Vertauschungen der n Elemente einer Menge nicht aus.

Geht eine vierköpfige Familie in einem Restaurant essen und es gibt in dem Restaurant insgesamt n verschiedene Speisen, so können wir uns für die Anzahl der unterschiedlichen Bestellungen interessieren, d. h. es werden aus n Elementen $k = 4$ Elemente ausgewählt.

Um für solche Situationen Abzählmethoden bereitzustellen, wird in der Kombinatorik unterschieden, ob die **Reihenfolge** der Elemente wichtig ist oder nicht. Ob die Mutter

https://doi.org/10.1515/9783110726886-005

zuerst bestellt oder eines der Kinder oder der Vater, ist letztendlich unerheblich, jeder bekommt sein Essen. Hier wäre aus kombinatorischer Sicht bei der Bestellung die Reihenfolge der Elemente vernachlässigbar.

Eine weitere Unterscheidung in der Kombinatorik ist, ob die ausgewählten Elemente gleich sein dürfen oder nicht. In dem Beispiel heißt das, ob jedes Familienmitglied etwas anderes bestellen muss oder ob es auch passieren darf, dass z. B. beide Kinder Pizza essen.

In der Kombinatorik wird dies anschaulich dadurch visualisiert, dass von einem sogenannten Urnenmodell ausgegangen wird. In der Urne (stellen Sie sich einen Topf vor) liegen n unterschiedliche Kugeln (Speisen), aus denen k Kugeln (Speisen) nacheinander ausgewählt werden.

Wird die erste Kugel gezogen und anschließend wieder in die Urne gelegt, so wird dies als **Ziehen mit Zurücklegen** bezeichnet. In unserem Beispiel könnte auch ein zweites Familienmitglied ebenfalls Pizza bestellen.

Wird nach dem ersten Zug die Kugel jedoch nicht in die Urne zurückgelegt, so wird dies als **Ziehen ohne Zurücklegen** bezeichnet. In unserem Beispiel könnte kein weiteres Familienmitglied Pizza bestellen.

Insgesamt gibt es vier mögliche Situationen für das Ziehen aus einer endlichen Gesamtheit:

Tab. 5.1: Vier Situationen für das Ziehen aus einer Gesamtheit

Berücksichtigung der Reihenfolge	Zurücklegen	
	mit	ohne
ja	I	II
nein	III	IV

Wir beschäftigen uns zunächst mit Abzählmethoden, bei der die Reihenfolge der Elemente wichtig ist, d. h. mit den Situationen I und II aus der Tabelle 5.1.

5.1 Variation

Wir befinden uns in einem sogenannten Urnenmodell. In der Urne liegen n unterschiedliche Kugeln, aus denen wir nacheinander k Kugeln ziehen möchten, wobei wert gelegt wird auf die Reihenfolge, mit der die Kugeln aus der Urne gezogen werden. Dieses Auswählen mit Beachtung der Reihenfolge wird auch als **Variation** bezeichnet.

Beispiel

Aus einer Gruppe von vier Dozenten D_1, D_2, D_3, D_4 werden für zwei Klausuren K_1, K_2 jeweils eine Aufsicht gesucht. Da die beiden Klausuren zeitlich nacheinander stattfinden, können Mehrfachnennungen möglich sein, d. h. es kann sein, dass z. B. Dozent D_3 beide Klausuren beaufsichtigt.

Wie viele verschiedene Möglichkeiten gibt es, die Klausur-Aufsichten einzuteilen?

Tab. 5.2: Klausur-Aufsichten für K_1, K_2

K_1	K_2
D_1	D_1
D_1	D_2
D_1	D_3
D_1	D_4
D_2	D_1
D_2	D_2
D_2	D_3
D_2	D_4
D_3	D_1
D_3	D_2
D_3	D_3
D_3	D_4
D_4	D_1
D_4	D_2
D_4	D_3
D_4	D_4

d. h. es gibt $16 = 4^2$ Möglichkeiten.

Übertragen wir die Situation auf das Urnenmodell, so handelt es sich hierbei um ein Ziehen von zwei ($k = 2$) Dozenten aus vier ($n = 4$) Dozenten mit Zurücklegen und mit Berücksichtigung der Reihenfolge. Die Reihenfolge ist deshalb wichtig, weil klar sein muss, wer von den beiden gezogenen Dozenten Klausur 1 und wer Klausur 2 beaufsichtigt. Das Zurücklegen ist angebracht, weil beide Klausuren auch nur von einem Dozenten beaufsichtigt werden könnten.

Allgemein gilt:

Formel 2

Für das Ziehen von k Kugeln aus n unterschiedlichen Kugeln **mit** Zurücklegen **mit** Berücksichtigung der Reihenfolge gibt es insgesamt n^k Möglichkeiten.

Wird in dem obigen Beispiel auf die Möglichkeit von Mehrfachnennungen verzichtet, so handelt es sich in dem dazugehörigen Urnenmodell um ein Ziehen ohne Zurücklegen.

Beispiel

Aus einer Gruppe von vier Dozenten D_1, D_2, D_3, D_4 werden für zwei Klausuren K_1, K_2 jeweils eine Aufsicht gesucht. Aufgrund von gerechter Arbeitsaufteilung sollen Mehrfachnennungen nicht möglich sein, d. h. kein Dozent muss beide Klausuren beaufsichtigen.

Wie viele verschiedene Möglichkeiten gibt es, die Klausur-Aufsichten einzuteilen? d. h.

Tab. 5.3: Klausur-Aufsichten für K_1, K_2

K_1	K_2
D_1	D_2
D_1	D_3
D_1	D_4
D_2	D_1
D_2	D_3
D_2	D_4
D_3	D_1
D_3	D_2
D_3	D_4
D_4	D_1
D_4	D_2
D_4	D_3

es gibt $4 \cdot 3 = 12$ Möglichkeiten.

Übertragen wir die Situation auf das Urnenmodell, so handelt es sich hierbei um ein Ziehen von zwei ($k = 2$) Dozenten aus vier ($n = 4$) Dozenten ohne Zurücklegen und mit Berücksichtigung der Reihenfolge. Ohne Zurücklegen deshalb, weil kein Dozent beide Klausuren beaufsichtigen muss. Mit Berücksichtigung der Reihenfolge der gezogenen Kugeln, damit klar ist, wer von den beiden gezogenen Dozenten Klausur 1 und wer Klausur 2 beaufsichtigt.

Allgemein gilt:

Formel 3

Für das Ziehen von k Kugeln aus n unterschiedlichen Kugeln **ohne** Zurücklegen **mit** Berücksichtigung der Reihenfolge gibt es insgesamt $\dfrac{n!}{(n-k)!}$ Möglichkeiten.

Übung 5.1

Berechnen Sie $\dfrac{n!}{(n-k)!}$ ohne Taschenrechner für die Fälle:

(a) $n = 5, k = 2$ (b) $n = 12, k = 1$ (c) $n = 4, k = 0$

Übung 5.2

Berechnen Sie n^k ohne Taschenrechner für die Fälle:

(a) $n = 5, k = 2$ (b) $n = 12, k = 1$ (c) $n = 4, k = 0$

Übung 5.3

Aus einer Gruppe von drei Dozenten wird für drei Klausuren jeweils eine Aufsicht gesucht. Mehrfachnennungen sind ausgeschlossen. Bestimmen Sie die Anzahl der Möglichkeiten für die Klausur-Aufsichten durch Aufzählen und durch Anwendung der passenden Formel.

Benötigen wir für nur eine Klausur mehrere Aufsichten, so ist im Urnenmodell die Reihenfolge, mit der die aufsichtführenden Dozenten ausgewählt werden, unerheblich.

Im nächsten Abschnitt beschäftigen wir uns mit Abzählmethoden, bei denen die Reihenfolge der gezogenen Elemente unwichtig ist, d. h. mit den formulierten Situationen III und IV aus der Tabelle 5.1.

5.2 Kombination

Wir befinden uns wiederum in einem Urnenmodell. In der Urne liegen n unterschiedliche Kugeln, aus denen wir nacheinander k Kugeln ziehen möchten, wobei diesmal kein Wert darauf gelegt wird, mit welcher Reihenfolge die Kugeln aus der Urne gezogen werden. Dieses Auswählen ohne Beachtung der Reihenfolge wird auch als **Kombination** bezeichnet.

Beispiel

Aus einer Gruppe von vier Dozenten D_1, D_2, D_3, D_4 werden für eine Klausur K_1 zwei Aufsichten gesucht.
Wie viele verschiedene Möglichkeiten gibt es, die Klausur-Aufsichten einzuteilen?

Tab. 5.4: Klausur-Aufsichten für K_1

K_1	
D_1	D_2
D_1	D_3
D_1	D_4
D_2	D_3
D_2	D_4
D_3	D_4

d. h. es gibt sechs Möglichkeiten.

Übertragen wir die Situation auf das Urnenmodell, so handelt es sich hierbei um ein Ziehen von zwei ($k = 2$) Dozenten aus vier ($n = 4$) Dozenten ohne Zurücklegen und ohne Berücksichtigung der Reihenfolge. Ohne Zurücklegen deshalb, weil kein Dozent geklont werden kann. Ohne Reihenfolge deshalb, weil es unerheblich ist, welcher der beiden aufsichtführenden Dozenten zuerst benachrichtigt wird und welcher zuletzt benachrichtigt wird. Wichtig ist nur, dass beide Dozenten zur Aufsicht erscheinen.

Allgemein gilt:

Formel 4

Für das Ziehen von k Kugeln aus n unterschiedlichen Kugeln **ohne** Zurücklegen **ohne** Berücksichtigung der Reihenfolge gibt es insgesamt $\binom{n}{k} = \dfrac{n!}{k! \cdot (n-k)!}$ Möglichkeiten.

Auf dem Taschenrechner erhalten Sie zum Beispiel den Binomialkoeffizienten $\binom{5}{3}$ mit folgender Eingabe:

$$\boxed{5} \quad \boxed{\text{nCr}} \quad \boxed{3} \quad \boxed{=}$$

Manche Taschenrechner benötigen auch folgende Eingabe:

$$\boxed{5} \quad \boxed{:} \quad \boxed{3} \quad \boxed{\text{nCr}} \quad \boxed{=}$$

Als letztes Beispiel in einem Urnenmodell ohne Berücksichtigung der Reihenfolge fehlt noch die Situation, in der die Kugeln nach jeder Ziehung zurück in die Urne gelegt werden.

Beispiel

In einem Knobelbecher befinden sich zwei nicht unterscheidbare Würfel. Mit diesem Knobelbecher wird gewürfelt, sodass die beiden Augenzahlen gleichzeitig auf dem Tisch erscheinen.

Wie viele verschiedene Ergebnisse gibt es?

$$\{1,1\} \quad \{1,2\} \quad \{1,3\} \quad \{1,4\} \quad \{1,5\} \quad \{1,6\}$$
$$\{2,2\} \quad \{2,3\} \quad \{2,4\} \quad \{2,5\} \quad \{2,6\}$$
$$\{3,3\} \quad \{3,4\} \quad \{3,5\} \quad \{3,6\}$$
$$\{4,4\} \quad \{4,5\} \quad \{4,6\}$$
$$\{5,5\} \quad \{5,6\}$$
$$\{6,6\}$$

d. h. es gibt 21 verschiedene Möglichkeiten.

Hierbei handelt es sich um ein Ziehen von zwei ($k = 2$) Zahlen aus sechs ($n = 6$) Zahlen mit Zurücklegen und ohne Berücksichtigung der Reihenfolge. Mit Zurücklegen deshalb, weil beide Würfel durchaus dieselbe Augenzahl anzeigen können. Ohne Berücksichtigung der Reihenfolge deshalb, weil die Würfel nicht unterscheidbar sind.

Allgemein gilt:

Formel 5

Für das Ziehen von k Kugeln aus n unterschiedlichen Kugeln **mit** Zurücklegen **ohne** Berücksichtigung der Reihenfolge gibt es insgesamt $\binom{n+k-1}{k}$ Möglichkeiten.

Übung 5.4

Berechnen Sie $\binom{n}{k}$ ohne Taschenrechner für die Fälle:

(a) $n = 6, k = 2$ (b) $n = 8, k = 1$ (c) $n = 5, k = 3$

Übung 5.5

Berechnen Sie $\binom{n+k-1}{k}$ ohne Taschenrechner für die Fälle:

(a) $n = 6, k = 2$ (b) $n = 8, k = 1$ (c) $n = 5, k = 3$

Übung 5.6

Aus einer Gruppe von vier Dozenten werden für eine Klausur drei Aufsichten gesucht. Bestimmen Sie die Anzahl der Möglichkeiten für die Klausur-Aufsichten durch Aufzählen und durch die passende Formel.

Bisher waren die n Kugeln, die sich in der Urne befanden, alle unterschiedlich. Sind alle n Elemente unterschiedlich, so wird die Gesamtheit auch als Menge bezeichnet und die Elemente werden aufgelistet zwischen den Mengenklammern { und }. Es ist eine wichtige Voraussetzung für die Abzählmethoden bei Variationen und bei Kombinationen, dass in der Urne keine Kugeln gleich sind.

5.3 Permutation

In diesem Abschnitt gehen wir davon aus, dass die n Kugeln in der Urne nicht alle unterschiedlich sein müssen. Genauer: Wir gehen davon aus, dass in der Urne k verschiedene Sorten von Kugeln liegen. Von der ersten Sorte liegen n_1 Kugeln in der Urne, von der zweiten Sorte n_2 Kugeln usw., sodass gilt:

$$n_1 + n_2 + \ldots + n_k = n$$

Wir suchen Abzählmethoden für die möglichen Anordnungen dieser n Kugeln.

Sind die n Elemente möglicherweise nicht alle unterschiedlich, so wird die Gesamtheit als **Tupel** bzw. n-Tupel bezeichnet und die Elemente werden aufgelistet zwischen den runden Klammern (und).

Eine Vertauschung der Anordnungen dieser n Elemente in der Urne wird als **Permutation** bezeichnet.

Für den Sonderfall, dass sich von jeder der k unterschiedlichen Sorten genau eine Kugel in der Urne befindet, haben wir schon die Gesamtanzahl der möglichen Vertauschungen mit $k!$ ermittelt. Oder anders ausgedrückt: Die Anzahl der möglichen Vertauschungen des Tupels $(1,2,\ldots,k)$ beträgt $k!$. So gibt es z. B. $4!=24$ verschiedene Anordnungen für ein Foto, auf dem die vier Dozenten D_1, D_2, D_3, D_4 nebeneinander stehen.

Allgemein gilt:

Formel 6

Die Anzahl der Permutationen des n-Tupels $(\underbrace{1, 1, \ldots, 1}_{n_1-\text{mal}}, \underbrace{2, 2, \ldots, 2}_{n_2-\text{mal}}, \ldots, \underbrace{k, k, \ldots, k}_{n_k-\text{mal}})$

beträgt:

$$\frac{n!}{n_1! \cdot n_2! \cdot \ldots \cdot n_k!}$$

Beispiel

Eine Gruppe von neun Dozenten $(D_1, D_2, \ldots, D_9)$ wird in Klausur-Aufsichten für drei gleichzeitig stattfindende Klausuren aufgeteilt. Für die erste Klausur K_1 werden vier Dozenten benötigt, für die zweite Klausur K_2 werden drei Dozenten benötigt und für die dritte Klausur K_3 werden zwei Dozenten benötigt.

Wie viele verschiedene Besetzungsmöglichkeiten für die Klausur-Aufsichten gibt es?

Eine Möglichkeit wäre, dass D_1, D_2, D_3, D_4 die erste Klausur beaufsichtigen. Weiter sollen D_5, D_6, D_7 die zweite Klausur beaufsichtigen. Die übrigen Dozenten D_8, D_9 beaufsichtigen die dritte Klausur. Tragen wir nur die Nummer der Klausur ein, die der jeweilige Dozent beaufsichtigen soll, so wäre diese Besetzungsmöglichkeit identisch mit dem Neuner-Tupel (1, 1, 1, 1, 2, 2, 2, 3, 3).

Würden der erste Dozent und der neunte Dozent ihre Aufsichten tauschen, so wäre dies die Besetzungsmöglichkeit (3, 1, 1, 1, 2, 2, 2, 3, 1).

Wir interessieren uns also für die Anzahl der Permutationen des Tupels (1, 1, 1, 1, 2, 2, 2, 3, 3). Mit der Formel 6 erhalten wir:

$$\frac{n!}{n_1! \cdot n_2! \cdot n_3!} = \frac{9!}{4! \cdot 3! \cdot 2!} = 1\,260$$

Ein zweiter Lösungsweg ergibt sich aus dem Ziehen ohne Zurücklegen ohne Berücksichtigung der Reihenfolge: Für die erste Klausur können vier Personen aus neun Personen ausgewählt werden. Aus den verbliebenen fünf Personen können für die zweite Klausur drei Personen ausgewählt werden. Die restlichen zwei Personen teilen sich die Aufsicht für die dritte Klausur. Somit haben wir:

$$\binom{9}{4} \cdot \binom{5}{3} \cdot \binom{2}{2} = 126 \cdot 10 \cdot 1 = 1\,260$$

d. h. es gibt 1 260 unterschiedliche Besetzungsmöglichkeiten.

Übung 5.7

Berechnen Sie $\dfrac{n!}{n_1! \cdot n_2! \cdot n_3!}$ mit $n_1 + n_2 + n_3 = n$ für die Fälle:

(a) $n = 8, n_1 = n_2 = 4, n_3 = 0$

(b) $n = 8, n_1 = 3, n_2 = 3, n_3 = 2$

(c) $n = 5, n_1 = 3, n_2 = 2, n_3 = 0$

(d) $n = 5, n_1 = 4, n_2 = 1, n_3 = 0$

Übung 5.8

Eine Gruppe von vier Dozenten wird für zwei gleichzeitig stattfindende Klausuren eingeteilt. für die erste Klausur werden drei Dozenten, für die zweite Klausur ein Dozent benötigt. Bestimmen Sie die Anzahl der Möglichkeiten für die Klausur-Aufsichten durch eigene Überlegungen und durch die passende Formel.

Erstaunlich ist häufig, wie groß die Anzahl der verschiedenen Möglichkeiten ist.

Übung 5.9

(a) Berechnen Sie die Anzahl der Möglichkeiten, zehn Mitarbeiter auf zehn Arbeitsplätze zu verteilen.

(b) Berechnen Sie die Anzahl der Möglichkeiten, zehn Mitarbeiter auf ein Zweier-Büro, ein Dreier-Büro und ein Fünfer-Büro zu verteilen. *Hinweis*: Innerhalb eines jeden der drei Büros soll die Verteilung der Mitarbeiter unberücksichtigt bleiben.

Übung 5.10

Jemand möchte sich ein Eis kaufen, bei dem fünf Kugeln übereinanderstehen. Als Eissorten möchte er sowohl Schokoladeneis als auch Erdbeereis als auch Vanilleeis haben. Wie viele verschiedene Möglichkeiten gibt es, die fünf Kugeln übereinander zu schichten?

In dem nachfolgenden Abschnitt werden noch einmal alle Formeln in einem Überblick dargestellt.

5.4 Zusammenfassung

Die Gesamtanzahl der Möglichkeiten, aus einem Topf mit n durchnummerierten Kugeln nacheinander k Kugeln herauszuziehen, beträgt:

Tab. 5.5: Anzahl der Kombinationen und Variationen

Berücksichtigung der Reihenfolge	Zurücklegen mit	ohne
ja (Variation)	n^k	$\dfrac{n!}{(n-k)!}$
nein (Kombination)	$\dbinom{n+k-1}{k}$	$\dbinom{n}{k}$

Die Gesamtanzahl der Möglichkeiten, die n Elemente mit k unterschiedlichen Sorten anzuordnen, beträgt:

Tab. 5.6: Anzahl der Permutationen

	k **Sorten**	
	$k < n$	$k = n$
Anordnungen der		
n Elemente	$\dfrac{n!}{n_1! \cdot n_2! \cdot \ldots \cdot n_k!}$	$n!$
(Permutation)		

Dabei bezeichnen n_1 die Anzahl der Elemente von Sorte 1 unter den n Kugeln, n_2 die Anzahl der Elemente von Sorte 2 unter den n Kugeln, ..., n_k die Anzahl der Elemente von Sorte k unter den n Kugeln.

Das Schwierige an der Lösung kombinatorischer Aufgaben ist nicht das Einsetzen der Zahlen in die jeweilige Formel, sondern das Erkennen, welche Formel bzw. welches Urnenmodell zutrifft.

5.5 Lösungen zu den Übungen

Lösung 5.1

(a) $\dfrac{5!}{3!} = 20$ (b) $\dfrac{12!}{11!} = 12$ (c) $\dfrac{4!}{4!} = 1$

Lösung 5.2

(a) $5^2 = 25$ (b) $12^1 = 12$ (c) $4^0 = 1$

Lösung 5.3

Durch Aufzählen ergeben sich folgende Möglichkeiten:

Tab. 5.7: Klausur-Aufsichten für K_1, K_2, K_3

K_1	K_2	K_3
D_1	D_2	D_3
D_1	D_3	D_2
D_2	D_1	D_3
D_2	D_3	D_1
D_3	D_1	D_2
D_3	D_2	D_1

d. h. es gibt insgesamt sechs Möglichkeiten.

Ebenfalls sechs Möglichkeiten ergeben sich aus der Berechnung mit der Formel 3 für $k = 3$ aus $n = 3$ ohne Zurücklegen mit Berücksichtigung der Reihenfolge:

$$\frac{3!}{(3-3)!} = \frac{6}{1} = 6$$

Lösung 5.4

(a) $\dbinom{6}{2} = 15$ (b) $\dbinom{8}{1} = 8$ (c) $\dbinom{5}{3} = 10$

Lösung 5.5

(a) $\dbinom{7}{2} = 21$ (b) $\dbinom{8}{1} = 8$ (c) $\dbinom{7}{3} = 35$

Lösung 5.6

Durch Aufzählen ergeben sich folgende Möglichkeiten:

Tab. 5.8: Klausur-Aufsichten für K_1

K_1
$D_1 D_2 D_3$
$D_1 D_2 D_4$
$D_1 D_3 D_4$
$D_2 D_3 D_4$

d. h. es gibt insgesamt vier Möglichkeiten.

Ebenfalls vier Möglichkeiten ergeben sich aus der Berechnung gemäß der Formel 4 mit $k = 3$ aus $n = 4$ ohne Zurücklegen ohne Berücksichtigung der Reihenfolge:

$$\binom{4}{3} = \frac{4!}{3!\,1!} = 4$$

Lösung 5.7

(a) $\dfrac{8!}{4! \cdot 4! \cdot 0!} = 70$

(c) $\dfrac{5!}{3! \cdot 2! \cdot 0!} = 10$

(b) $\dfrac{8!}{3! \cdot 3! \cdot 2!} = 560$

(d) $\dfrac{5!}{4! \cdot 1! \cdot 0!} = 5$

Lösung 5.8

Für die anschauliche Lösung betrachten wir das Vierer-Tupel der Dozenten (D_1, D_2, D_3, D_4). Jedem Dozenten ordnen wir die Nummer der zu beaufsichtigten Klausur zu, z. B. (1,1,1,2), d. h. die ersten drei Dozenten beaufsichtigen die erste Klausur und der vierte Dozent beaufsichtigt die zweite Klausur. Eine mögliche Vertauschung ist das Tupel (1,1,2,1), d. h. der dritte Dozent beaufsichtigt die zweite Klausur, alle übrigen Dozenten beaufsichtigen die erste Klausur. Des Weiteren gibt es noch zwei mögliche Vertauschungen (1,2,1,1) und (2,1,1,1) des Tupels, d. h. es gibt insgesamt vier Möglichkeiten.

Ebenfalls vier Möglichkeiten ergeben sich aus der Berechnung mit der Formel 6 $n = 4$ und $n_1 = 3$, $n_2 = 1$:

$$\frac{4!}{3! \cdot 1!} = 4$$

Lösung 5.9

(a) Die Anzahl der Permutationen des Tupels (1,2,3,4,5,6,7,8,9,10) beträgt:

$$10! = 3\,628\,800$$

d. h. es gibt insgesamt etwa 3,6 Millionen Möglichkeiten.

(b) Die Anzahl der Permutationen des Tupels (1,1,2,2,2,3,3,3,3,3) beträgt:

$$\frac{10!}{2! \cdot 3! \cdot 5!} = 2\,520$$

d. h. es gibt insgesamt etwa 2 500 Möglichkeiten.

Lösung 5.10

Insgesamt sollen $n = 5$ Kugeln aus drei Sorten E, S, V ausgesucht werden. Da von jeder der drei Sorten etwas dabei sein soll, gibt es nur die Möglichkeiten, eine Kugel von einer Sorte und jeweils zwei Kugeln von den beiden übrigen Sorten, d. h. $n_1 = 1, n_2 = 2, n_3 = 2$. Oder drei Kugeln von einer Sorte und jeweils eine Kugel von den beiden übrigen Sorten, d. h. $n_1 = 3, n_2 = 1, n_3 = 1$.

Für den Fall $n_1 = 1, n_2 = 2, n_3 = 2$ beträgt die Anzahl der verschiedenen Möglichkeiten, die Kugeln zu stapeln:

$$\frac{n!}{n_1!n_2!n_3!} = \frac{5!}{1!2!2!} = 30$$

Für den Fall $n_1 = 3, n_2 = 1, n_3 = 1$ beträgt die Anzahl der verschiedenen Möglichkeiten, die Kugeln zu stapeln:

$$\frac{n!}{n_1!n_2!n_3!} = \frac{5!}{3!1!1!} = 20$$

Da nicht festgelegt war, was die erste, zweite und dritte Sorte sind, haben wir die folgenden Anzahlen von verschiedenen Möglichkeiten:

Tab. 5.9: Stapeln von fünf Kugeln

	Sorten			
	E	S	V	Mögl.
K	1	2	2	30
u	2	1	2	30
g	2	2	1	30
e	1	1	3	20
l	1	3	1	20
n	3	1	1	20
	Summe			150

d. h. insgesamt gibt es 150 verschiedene Möglichkeiten, die fünf Kugeln aus den drei Sorten zu stapeln.

6 Potenzen

In der Finanzmathematik ergeben sich häufig Fragestellungen folgender Art:

Beispiel
Ein Kapital in Höhe von 10 000 Geldeinheiten (GE) wird drei Jahre lang zu 8 % Zinseszinsen (d. h. die Zinserträge werden wieder mitverzinst) angelegt. Wie hoch ist das Endkapital nach drei Jahren?
Lösung:
Angesammeltes Kapital nach einem Jahr:

$$10\,000 + 0{,}08 \cdot 10\,000 = 10\,000 \cdot 1{,}08 = 10\,800$$

Angesammeltes Kapital nach zwei Jahren:

$$(10\,000 \cdot 1{,}08) \cdot 1{,}08 = 11\,664$$

Angesammeltes Kapital nach drei Jahren:

$$(10\,000 \cdot 1{,}08 \cdot 1{,}08) \cdot 1{,}08 = 12\,597{,}12$$

Das Anfangskapital wird somit dreimal mit dem Verzinsungsfaktor $1{,}08 = 1 + \frac{8}{100}$ multipliziert, um den Endbetrag bei Zinseszinsen zu erhalten. Für das Produkt $1{,}08 \cdot 1{,}08 \cdot 1{,}08$ verwendet man verkürzt die Potenzschreibweise $1{,}08^3$. Diese Vorgehensweise verkürzt den Schreibaufwand und vermindert bei der Nutzung des Taschenrechners auch die Anzahl der einzelnen Rechenschritte.

6.1 Potenzen mit ganzzahligen Exponenten

Das mehrfache Multiplizieren einer Zahl mit sich selbst bezeichnet man als **Potenzieren**. Für das n-fache Produkt $a \cdot a \cdot a \cdot \ldots \cdot a$ schreiben wir kurz a^n. Die Zahl a^n nennt man die n-te **Potenz** von a.

Definition 6.1 (n-te Potenz)

$$a^n = \underbrace{a \cdot a \cdot a \cdot \ldots \cdot a}_{n\text{ Faktoren}} \qquad \text{mit } a \in \mathbb{R},\, n \in \mathbb{N}$$

Anmerkungen
(a) In der Potenz a^n (Sprechweise: „a hoch n") heißt die reelle Zahl a die **Basis** (oder die Grundzahl) und die natürliche Zahl n der **Exponent** (oder die Hochzahl).
(b) Die Berechnung von Potenzen auf dem Taschenrechner erfolgt üblicherweise mit der Funktionstaste $\boxed{y^x}$ bzw. $\boxed{x^y}$ bzw. $\boxed{\frown}$.

https://doi.org/10.1515/9783110726886-006

Beispiele

(a) $4^5 = 4 \cdot 4 \cdot 4 \cdot 4 \cdot 4 = 1024$

(b) $(-4)^5 = (-4) \cdot (-4) \cdot (-4) \cdot (-4) \cdot (-4) = -1024$

(c) $\left(-\frac{1}{3}\right)^2 = \left(-\frac{1}{3}\right) \cdot \left(-\frac{1}{3}\right) = \frac{1}{9}$

(d) $-5^2 = -(5 \cdot 5) = -25$, aber $(-5)^2 = (-5) \cdot (-5) = 25$

(Beachte: -5^2 bedeutet ausführlich geschrieben $(-1) \cdot 5^2$, wobei grundsätzlich der Exponent stärker bindet als das Multiplikationszeichen.)

(e) $4 \cdot 5^2 = 4 \cdot 25 = 100$

(f) $7^1 = 7$

(g) $1^3 = 1 \cdot 1 \cdot 1 = 1$

(h) $0^4 = 0 \cdot 0 \cdot 0 \cdot 0 = 0$

Übung 6.1

Berechnen Sie erst im Kopf und anschließend mit dem Taschenrechner:

(a) 2^7	(e) $7 \cdot 2^3$	(i) -6^3
(b) $(-2)^6$	(f) -2^6	(j) $-3^2 \cdot (-2)^2$
(c) 127^1	(g) $(3 \cdot 4)^2$	(k) $(-6)^3$
(d) $\left(-\frac{1}{5}\right)^3$	(h) 1^{17}	(l) $\left(\frac{1}{4}\right)^2 \cdot 3^3 \cdot 0^6$

Eine in der wirtschaftlichen Praxis häufig auftretende Form von Potenzen sind die Zehnerpotenzen:

$$10^n = \underbrace{10 \cdot 10 \cdot 10 \cdot \ldots \cdot 10}_{n \text{ Faktoren}} = 1\,\underbrace{000\ldots0}_{n \text{ Nullen}}$$

Anmerkungen

(a) Die Anzahl der Nullen hinter der 1 entspricht dem Exponenten der Potenz. In der praktischen Anwendung sind folgende Potenzen gebräuchlich:

$$10^3 = 1\,000 \qquad \text{(ein Tausend)}$$
$$10^6 = 1\,000\,000 \qquad \text{(eine Million)}$$
$$10^9 = 1\,000\,000\,000 \qquad \text{(eine Milliarde)}$$

(b) Eine Milliarde heißt im Englischen „one billion". Diese Zahl darf nicht verwechselt werden mit der Zahl eine Billion (10^{12} = 1 000 Milliarden).

(c) Es ist zur besseren Übersicht sinnvoll, bei großen Zahlen jeweils drei Ziffern durch ein Leerzeichen oder einen Punkt voneinander abzusetzen.

Beispiele

(a) Bei der Analyse volkswirtschaftlicher Zusammenhänge tauchen häufig Kennziffern in Milliardenhöhe auf. Beispielsweise betrug im Jahr 2020 das Bruttoinlandsprodukt der Bundesrepublik Deutschland, d. h. der Wert aller erwirtschafteten Güter und Dienstleistungen, 3 329 100 000 000 Euro oder kürzer 3 329,1 Milliarden Euro.

(b) Häufig werden ökonomische Größen in Verbindung mit physikalischen Kennzahlen genutzt, z. B. im Bereich der Energiewirtschaft. Dafür sind folgende Kurzschreibweisen hilfreich:

$$10^3 \quad \text{(Kilo ...)}$$
$$10^6 \quad \text{(Mega ...)}$$
$$10^9 \quad \text{(Giga ...)}$$
$$10^{12} \quad \text{(Tera ...)}$$
$$10^{15} \quad \text{(Peta ...)}$$

Ein Kilowatt hat tausend Watt. Eine moderne große Windkraftanlage hat eine Leistung von etwa 7,5 Megawatt, d. h. $7,5 \cdot 10^6$ Watt bzw. 7,5 Millionen Watt. Diese Menge Strom kann in einer Stunde produziert werden. Wenn eine Windkraftanlage im Durchschnitt 2 500 Stunden pro Jahr in Betrieb ist, produziert sie etwa 18,75 Milliarden Wattstunden bzw. 18,75 Millionen Kilowattstunden (KWh). Im Vergleich dazu betrug im Jahr 2019 die Bruttostromerzeugung in Deutschland 610,2 Terawattstunden (TWh), d. h. 610,2 Milliarden Kilowattstunden.

Übung 6.2

Schreiben Sie als Potenz oder als Zahl:

(a) $3,2 \cdot 10^6$ (c) $407 \cdot 10^3$ (e) 2 127 000

(b) 274 000   (d) $2,417 \cdot 10^7$ (f) $40 \cdot 10^3$

(g) Der Brutto-Inlandsstromverbrauch im Jahr 2019 betrug in Deutschland 577,6 Milliarden Kilowattstunden. Mit welchen Einnahmen (in Euro) kann der Staat rechnen, wenn jede Kilowattstunde Strom mit zwei Cent besteuert wird?

Die Erweiterung des Potenzbegriffs auf negative Exponenten bietet u. a. die Möglichkeit, relativ einfach mit (sehr) kleinen Zahlen umzugehen. Die Definition setzt auf der Definition von Potenzen mit natürlichen Zahlen auf.

Definition 6.2 (Negativer Exponent)

$$a^{-n} = \frac{1}{a^n} \qquad \text{mit } a \in \mathbb{R} \setminus \{0\} \text{ und } n \in \mathbb{N}$$

Anmerkungen

(a) Ist der Exponent negativ, erhält man das Ergebnis, indem der Potenzausdruck mit positiv genommenen Exponenten in den Nenner geschrieben wird. Die Berechnung des Ausdrucks im Nenner erfolgt dann in gewohnter Weise. Zu beachten ist, dass die Basis a von null verschieden sein muss, da andernfalls durch null dividiert wird.

(b) Für Zehnerpotenzen mit negativen Exponenten gilt:

$$10^{-n} = \frac{1}{10^n} = \frac{1}{1\underbrace{000\ldots0}_{n\text{ Nullen}}} = \underbrace{0{,}000\ldots0}_{n\text{ Nullen}}1$$

(c) Ist der Exponent null, so nimmt die Potenz a^0 für jede von null verschiedene Basis a den Wert eins an, z. B. $17^0 = 1$ oder $(-123)^0 = 1$. Aber: Der Wert 0^0 ist nicht definiert.

Beispiele

(a) $2^{-3} = \frac{1}{2^3} = \frac{1}{8} = 0{,}125$

(b) $-2^3 = -8$

(c) $(-3)^{-2} = \frac{1}{(-3)^2} = \frac{1}{9}$

(d) $\left(\frac{1}{2}\right)^{-3} = \frac{1}{(1/2)^3} = \frac{1}{1/8} = 8$

(e) $3{,}6 \cdot 10^{-4} = 3{,}6 \cdot 0{,}000\,1 = 0{,}000\,36$

(f) $17 \cdot 10^{-3} = 17 \cdot 0{,}001 = 0{,}017$

(g) $-3^{-2} = -\frac{1}{3^2} = -\frac{1}{9}$

(h) $3^0 = 1$

(i) $4 \cdot 2^{-4} = 4 \cdot \frac{1}{2^4} = \frac{4}{16} = \frac{1}{4}$

(j) 0^{-5} ist nicht definiert

(k) 0^0 ist nicht definiert

Beispiel

Eine Bank gewährt am Ende eines jeden Jahres 8 % Jahreszinsen. Bei der Bank wurde vor fünf Jahren ein Betrag eingezahlt, der heute auf ein Guthaben von 1 000 Euro angewachsen ist. Wie hoch war der damals eingezahlte Betrag?

$$\frac{1\,000}{1,08^5} = 1\,000 \cdot 1,08^{-5} = 680,58$$

Vor fünf Jahren wurden 680,58 Euro eingezahlt.

Übung 6.3

Berechnen Sie erst im Kopf und anschließend mit dem Taschenrechner:
(a) -5^{-2} (c) $\left(\frac{1}{3}\right)^{-2}$ (e) $\left(\frac{4}{5}\right)^{-3}$

(b) $3 \cdot 10^{-3}$ (d) $\left(\frac{4}{5}\right)^3$ (f) 18^0

Übung 6.4

Schreiben Sie als Dezimalzahl oder als Potenz:
(a) $4,7 \cdot 10^{-4}$ (c) $0,000\,34$ (e) 10^6

(b) $0,006$ (d) $37 \cdot 10^{-2}$ (f) 10^{-1}

Beispiel

Zehnerpotenzen mit negativen Exponenten werden häufig im Zusammenhang mit zulässigen Schadstoffbelastungen bzw. mit der Zusammensetzung von Stoffen verwendet. Folgende Bezeichnungen sind nützlich:

$$10^{-3} = 0,001 \qquad \text{(Milli ...)}$$
$$10^{-6} = 0,000\,001 \qquad \text{(Mikro ...)}$$
$$10^{-9} = 0,000\,000\,001 \quad \text{(Nano ...)}$$

6.2 Regeln der Potenzrechnung

Die folgenden fünf Rechenregeln gelten für Potenzen mit beliebiger, von Null verschiedener Basis aus den reellen Zahlen und beliebigen ganzzahligen Exponenten. Weitere Regeln gibt es nicht.

Regel 1 (Multiplikation von Potenzen mit gleicher Basis)

$$a^n \cdot a^m = a^{n+m}$$

Beispiele

(a) $4^2 \cdot 4^3 = (4 \cdot 4) \cdot (4 \cdot 4 \cdot 4) = 4^{2+3} = 4^5$

(b) $3^{-2} \cdot 3^4 = \dfrac{3 \cdot 3 \cdot 3 \cdot 3}{3 \cdot 3} = 3^{-2+4} = 3^2$

(c) $2^{-2} \cdot 2^2 = \dfrac{2 \cdot 2}{2 \cdot 2} = 2^{-2+2} = 2^0 = 1$

Beispiel

Ein Kapital von 1 000 Euro wird jeweils am Jahresende zu 8 % Zinseszinsen verzinst.

(a) Wie hoch ist das Guthaben nach 30 Jahren?

$$1\,000 \cdot 1{,}08^{30} = 10\,062{,}66$$

Nach 30 Jahren ist das Guthaben auf 10 062,66 Euro angewachsen.

(b) Wie hoch ist das Guthaben nach 40 Jahren?

$$1\,000 \cdot 1{,}08^{40} = 21\,724{,}52 \text{ oder}$$
$$1\,000 \cdot 1{,}08^{30} \cdot 1{,}08^{10} = 10\,062{,}66 \cdot 1{,}08^{10} = 21\,724{,}52$$

Nach 40 Jahren ist das Guthaben auf 21 724,52 Euro angewachsen.

Regel 2 (Division von Potenzen mit gleicher Basis)

$$a^n : a^m = a^{n-m}$$

Beispiele

(a) $\dfrac{5^6}{5^4} = \dfrac{5 \cdot 5 \cdot 5 \cdot 5 \cdot 5 \cdot 5}{5 \cdot 5 \cdot 5 \cdot 5} = 5^{6-4} = 5^2$

(b) $\dfrac{3^2}{3^{-2}} = \dfrac{3 \cdot 3}{\frac{1}{3 \cdot 3}} = 3^{2-(-2)} = 3^4$

(c) $\dfrac{7^2}{7^3} = \dfrac{7 \cdot 7}{7 \cdot 7 \cdot 7} = 7^{2-3} = 7^{-1} = \dfrac{1}{7}$

Beispiel

Ein Kapital von 1 000 Euro wird jeweils am Jahresende zu 8 % Zinseszinsen verzinst. Wie hoch ist das Guthaben nach 25 Jahren?

$$1\,000 \cdot 1,08^{25} = 6\,848,48 \text{ oder}$$

$$1\,000 \cdot 1,08^{25} = \frac{1\,000 \cdot 1,08^{40}}{1,08^{15}} = \frac{21\,724,52}{1,08^{15}} = 6\,848,48$$

Nach 25 Jahren ist das Guthaben auf 6 848,48 Euro angewachsen.

Regel 3 (Multiplikation von Potenzen mit gleichem Exponenten)

$$(a \cdot b)^n = a^n \cdot b^n$$

Beispiele

(a) $(4 \cdot 5)^2 = (4 \cdot 5) \cdot (4 \cdot 5) = 4 \cdot 4 \cdot 5 \cdot 5 = 4^2 \cdot 5^2$

(b) $(2 \cdot 5)^{-2} = \dfrac{1}{(2 \cdot 5)(2 \cdot 5)} = \dfrac{1}{2 \cdot 2 \cdot 5 \cdot 5} = \dfrac{1}{2 \cdot 2} \cdot \dfrac{1}{5 \cdot 5} = 2^{-2} \cdot 5^{-2}$

Beispiel

Ein Kapital von 1 000 Euro wird für zehn Jahre angelegt. In den ersten fünf Jahren werden jeweils am Ende des Jahres 2 % Zinseszinsen gewährt, in den darauf folgenden Jahren werden jeweils am Ende des Jahres 4 % Zinseszinsen gewährt. Wie hoch ist das Guthaben nach zehn Jahren?

$$1\,000 \cdot 1,02^5 = 1\,104,08 \text{ und } 1\,104,08 \cdot 1,04^5 = 1\,343,28 \text{ oder}$$

$$1\,000 \cdot 1,02^5 \cdot 1,04^5 = 1\,000 \cdot (1,02 \cdot 1,04)^5 = 1\,000 \cdot 1,0608^5 = 1\,343,28$$

Nach zehn Jahren ist das Guthaben auf 1 343,28 Euro angewachsen.

Regel 4 (Division von Potenzen mit gleichem Exponenten)

$$\left(\frac{a}{b}\right)^n = \frac{a^n}{b^n}$$

Beispiele

(a) $\left(\dfrac{4}{3}\right)^3 = \dfrac{4}{3} \cdot \dfrac{4}{3} \cdot \dfrac{4}{3} = \dfrac{4 \cdot 4 \cdot 4}{3 \cdot 3 \cdot 3} = \dfrac{4^3}{3^3}$

(b) $\dfrac{8^{-4}}{4^{-4}} = \left(\dfrac{8}{4}\right)^{-4} = 2^{-4} = \left(\dfrac{1}{2}\right)^4 = \dfrac{1}{16}$

Beispiel

Ein Kapital von 1 000 Euro wird für zehn Jahre angelegt. In den ersten fünf Jahren werden jeweils am Ende des Jahres 2 % Zinseszinsen gewährt, in den darauf folgenden Jahren werden jeweils am Ende des Jahres 4 % Zinseszinsen gewährt. Wie hoch ist das Guthaben nach fünf Jahren?

$$1\,000 \cdot 1{,}02^5 = 1\,104{,}08 \qquad \text{oder}$$

$$\frac{1\,000 \cdot 1{,}02^5 \cdot 1{,}04^5}{1{,}04^5} = \frac{1\,000 \cdot 1{,}0608^5}{1{,}04^5} = 1\,000 \cdot \left(\frac{1{,}0608}{1{,}04}\right)^5 = 1\,000 \cdot 1{,}02^5$$

$$= 1\,104{,}08$$

Nach fünf Jahren ist das Guthaben auf 1 104,08 Euro angewachsen.

Regel 5 (Potenzieren von Potenzen)

$$(a^n)^m = a^{n \cdot m} = (a^m)^n$$

Beispiele

(a) $(10^3)^2 = (10 \cdot 10 \cdot 10) \cdot (10 \cdot 10 \cdot 10) = 10^{3 \cdot 2} = 10^6$

(b) $(10^3)^{-2} = \dfrac{1}{(10 \cdot 10 \cdot 10)(10 \cdot 10 \cdot 10)} = 10^{3 \cdot (-2)} = 10^{-6}$

Beispiel

Ein Kapital von 1 000 Euro wird jeweils am Jahresende zu 2 % Zinseszinsen angelegt. Wie hoch ist das Guthaben nach 20 Jahren?

$$1\,000 \cdot 1{,}02^{20} = 1\,000 \cdot \left(1{,}02^5\right)^4 = 1\,000 \cdot 1{,}104\,081^4 = 1\,485{,}95$$

Nach 20 Jahren ist das Guthaben auf 1 485,95 Euro angewachsen.

Die Beherrschung der Rechenregeln der Potenzrechnung ist unerlässlich in verschiedenen Grundlagenfächern der Wirtschaftswissenschaften, z. B. der deskriptiven Statistik und der Finanzmathematik. Darüber hinaus sind die Rechenregeln hilfreich, um kompliziert erscheinende Rechenoperationen ohne Hilfsmittel ausrechnen zu können. Zwar ist dies auch mit dem Taschenrechner möglich, allerdings können insbesondere bei Rechenoperationen mit sehr großen bzw. sehr kleinen Zahlen falsche Resultate durch simple Eingabefehler entstehen. Somit ist es immer sinnvoll, derartige Rechnungen im Bedarfsfall abschätzen zu können. In den folgenden Beispielen können schwierige Berechnungen mithilfe elementarer Rechenregeln „im Kopf" durchgeführt werden.

Beispiele

(a) $30\,000 \cdot 15\,000$
$$= 3 \cdot 10\,000 \cdot 15 \cdot 1\,000$$
$$= 3 \cdot 10^4 \cdot 15 \cdot 10^3$$
$$= 3 \cdot 15 \cdot 10^7$$
$$= 45 \cdot 10^7$$
$$= 450\,000\,000 \quad (450 \text{ Millionen})$$

(b) $0{,}003 \cdot 0{,}09$
$$= 3 \cdot 10^{-3} \cdot 9 \cdot 10^{-2}$$
$$= 3 \cdot 9 \cdot 10^{-3} \cdot 10^{-2}$$
$$= 27 \cdot 10^{-5}$$
$$= 27 \cdot 0{,}000\,01$$
$$= 0{,}000\,27$$

(c) $2{,}5^3 \cdot 4^3 \cdot 3{,}17 \cdot 10^{-2}$
$$= (2{,}5 \cdot 4)^3 \cdot 3{,}17 \cdot 10^{-2}$$
$$= 10^3 \cdot 10^{-2} \cdot 3{,}17$$
$$= 10^1 \cdot 3{,}17$$
$$= 31{,}7$$

(d) $5\,000\,000^3$
$$= (5 \cdot 10^6)^3$$
$$= 5^3 \cdot 10^{6 \cdot 3}$$
$$= 125 \cdot 10^{18}$$
$$= 125\,000\,000\,000\,000\,000\,000$$

Übung 6.5

Berechnen Sie erst im Kopf und anschließend mit dem Taschenrechner:

(a) $3\,300\,000 \cdot 2\,000$ (c) $0{,}009 \cdot 300\,000$ (e) $(2^3)^2$

(b) $0{,}017 \cdot 0{,}03$ (d) $2^{(3^2)}$ (f) $(4 \cdot 3^2)^2$

Übung 6.6

Geben Sie den entsprechenden Betrag in Millionen an:

(a) $4{,}28 \cdot 10^7$ (b) $3{,}9 \cdot 10^8$ (c) $0{,}745 \cdot 10^8$ (d) $127 \cdot 10^5$

Übung 6.7

Sind folgende Aussagen immer wahr?

(a) $(x^2 + y^2) = (x + y)^2$ (b) $x^2 \cdot y^2 = (x \cdot y)^2$ (c) $3x^{-2} = \frac{1}{3x^2}$

6.3 Lösungen zu den Übungen

Lösung 6.1

(a) 128	(d) $-\frac{1}{125}$	(g) 144	(j) −36
(b) 64	(e) 56	(h) 1	(k) −216
(c) 127	(f) −64	(i) −216	(l) 0

Lösung 6.2

(a) 3 200 000	(c) 407 000	(e) $2\,127 \cdot 10^3$
(b) $274 \cdot 10^3$	(d) 24 170 000	(f) 40 000

(g) $577\,600\,000\,000 \cdot 0{,}02$ Euro $= 11{,}552$ Milliarden Euro

Lösung 6.3

(a) $-\frac{1}{25}$	(c) 9	(e) $\frac{125}{64}$
(b) 0,003	(d) $\frac{64}{125}$	(f) 1

Lösung 6.4

(a) 0,000 47	(c) $34 \cdot 10^{-5}$	(e) 1 000 000
(b) $6 \cdot 10^{-3}$	(d) 0,37	(f) 0,1

Lösung 6.5

(a) $3{,}3 \cdot 10^6 \cdot 2 \cdot 10^3 = 6{,}6 \cdot 10^9$
(b) $17 \cdot 10^{-3} \cdot 3 \cdot 10^{-2} = 51 \cdot 10^{-5}$
(c) $9 \cdot 10^{-3} \cdot 3 \cdot 10^5 = 27 \cdot 10^2 = 2\,700$
(d) $2^9 = 512$
(e) $8^2 = 64$
(f) $(4 \cdot 9)^2 = 36^2 = 1\,296$

Lösung 6.6

(a) 42,8 Millionen	(c) 74,5 Millionen
(b) 390 Millionen	(d) 12,7 Millionen

Lösung 6.7

(a) nein, z. B. $(3^2 + 4^2) \neq (3 + 4)^2$
(b) ja (vgl. Regel 3)
(c) nein (richtig ist: $3x^{-2} = \frac{3}{x^2}$)

7 Wurzeln

Eine der zahlreichen wirtschaftlichen Anwendungen der Wurzelrechnung bietet folgendes finanzmathematische Problem:

Beispiele

(a) Ein Geldbetrag in Höhe von 10 000 Geldeinheiten (GE) soll zwei Jahre lang so verzinst werden, dass als Endkapital 12 100 GE zur Verfügung stehen.
Gesucht wird ein Verzinsungsfaktor $x = 1 + \frac{\text{Zinsfuß}}{100}$, sodass gilt:

$$10\,000 \cdot x^2 = 12\,100$$

und somit $x^2 = 1{,}21$.
Die Lösung liefert die Quadratwurzel aus 1,21, d. h.:

$$x = \sqrt{1{,}21} = 1{,}1, \quad \text{denn} \quad 1{,}1^2 = 1{,}21.$$

Der Verzinsungsfaktor 1,1 entspricht dem Zinsfuß von 10 %.

(b) Der Geldbetrag in Höhe von 10 000 GE soll nun fünf Jahre lang so verzinst werden, dass als Endkapital 12 100 GE zur Verfügung stehen.
Gesucht wird ein Verzinsungsfaktor x, sodass gilt:

$$10\,000 \cdot x^5 = 12\,100$$

und somit $x^5 = 1{,}21$.
Die Lösung liefert die fünfte Wurzel aus 1,21, d. h.

$$x = \sqrt[5]{1{,}21} = 1{,}038\,86\ldots$$

Der Verzinsungsfaktor 1,038 9 entspricht dem Zinsfuß von 3,89 %.

7.1 Quadratwurzeln und allgemeine Wurzeldefinitionen

Definition 7.1
Die nicht negative Lösung x von:

$$x^2 = a, \quad a \in \mathbb{R}_0^+ = \{a \in \mathbb{R} \mid a \geq 0\}$$

heißt die **Quadratwurzel** $\sqrt[2]{a}$ (auch: $\sqrt{a}$).
Man schreibt auch: $x = \sqrt[2]{a} = \sqrt{a} = a^{\frac{1}{2}}$.

https://doi.org/10.1515/9783110726886-007

Anmerkungen

(a) Quadratwurzeln sind ausschließlich nicht negative Zahlen. Beispielsweise hat $x^2 = 9$ die Lösungen $+3$ und -3, da gilt: $3^2 = 9$ und $(-3)^2 = 9$. Aber es gilt: $\sqrt{9} = 3$. Dies bedeutet, dass das Ziehen der Quadratwurzel stets nur eine Lösung hat.

(b) Für die Quadratwurzeln bietet der Taschenrechner die Funktionstaste $\boxed{\sqrt{}}$.

(c) Quadratwurzeln aus negativen Zahlen sind im Bereich der reellen Zahlen nicht definiert.

(d) Die Quadratwurzel $\sqrt{a}$ kann auch als Potenz $a^{\frac{1}{2}}$ geschrieben werden.

Beispiele

(a) $\sqrt{9} = 3$ (b) $\sqrt{0} = 0$ (c) $\sqrt{1} = 1$

(d) $-\sqrt{16} = -4$ (beachte: $-\sqrt{16}$ bedeutet $(-1) \cdot \sqrt{16}$)

(e) $\sqrt{-16}$ ist nicht definiert

Definition 7.2

Die nicht negative Lösung x von $x^n = a$, $a \in \mathbb{R}_0^+$ und $n \in \mathbb{N}$ heißt die **n-te Wurzel** $\sqrt[n]{a}$. Man schreibt auch: $x = \sqrt[n]{a} = a^{\frac{1}{n}}$.

Anmerkungen

(a) Die n-te Wurzel $\sqrt[n]{a}$ einer reellen Zahl a kann auch als Potenz $a^{\frac{1}{n}}$ geschrieben werden. Die Kenntnis dieser Darstellungsweise ist für die Berechnung von n-ten Wurzeln mit dem Taschenrechner unabdingbar (die einfache $\boxed{\sqrt{}}$-Taste reicht nicht mehr aus!).

(b) Für die Berechnung von n-ten Wurzeln bieten Taschenrechner unterschiedliche Funktionstasten an, z. B. $\boxed{y^x}$ bzw. $\boxed{x^y}$ oder $\boxed{y^{1/x}}$ bzw. $\boxed{x^{1/y}}$ oder $\boxed{\sqrt[x]{y}}$ bzw. $\boxed{\sqrt[y]{x}}$. Darüber hinaus ist die Reihenfolge der Eingabe unterschiedlich geregelt. Zur Handhabung sei auf die jeweiligen Bedienungsanweisungen verwiesen. Die Handhabung ist aber nur dann möglich, wenn die Potenzschreibweise der Wurzeln beherrscht wird.

(c) n-te Wurzeln sind nur für nicht negative reelle Zahlen definiert. Nur in diesem Fall sind die in Kapitel 7.2 angegebenen Rechenregeln uneingeschränkt anwendbar.

Beispiele

(a) $\sqrt[5]{32}$ ist die nicht negative Lösung von $x^5 = 32$; somit gilt: $\sqrt[5]{32} = 2$, denn $2^5 = 32$.

(b) $\sqrt[3]{125} = 125^{\frac{1}{3}} = 5$, denn $5^3 = 125$

(c) $\sqrt[4]{10} = 10^{\frac{1}{4}} = 1{,}778\,2\ldots$ (Taschenrechner!)

(d) $x^4 = 16$ hat die Lösungen 2 und -2, denn $2^4 = 16$ und $(-2)^4 = 16$. Entsprechend der Definition 7.2 gilt aber: $\sqrt[4]{16} = 16^{\frac{1}{4}} = 2$

Übung 7.1

Berechnen Sie zuerst im Kopf und anschließend mit dem Taschenrechner:

(a) $\sqrt[4]{81}$

(b) $-3 \cdot \sqrt[4]{16}$

(c) $-\sqrt{4} \cdot \sqrt[5]{32}$

(d) $-\sqrt[12]{1} \cdot \sqrt[3]{27}$

(e) $\sqrt[3]{-8}$

(f) $\sqrt{-49}$

(g) $\sqrt[3]{\frac{1}{8}}$

(h) $\left(\frac{1}{64}\right)^{\frac{1}{3}}$

(i) $625^{\frac{1}{4}}$

(j) $\left(\frac{1}{1000}\right)^{\frac{1}{3}}$

Wenn man unter der Wurzel anstelle der Zahl a auch Potenzen von a zulässt, erhält man folgende erweiterte Definition:

Definition 7.3 (n-te Wurzel aus a^m)

Die Wurzel $\sqrt[n]{a^m}$ ist die nicht negative Lösung x von:

$$x^n = a^m, \quad a \in \mathbb{R}^+ = \{a \in \mathbb{R} \mid a > 0\}, \quad n \in \mathbb{N} \text{ und } m \in \mathbb{Z}.$$

Man schreibt auch: $x = \sqrt[n]{a^m} = a^{\frac{m}{n}}$.

Beispiele

(a) $8^{\frac{2}{3}} = \sqrt[3]{8^2} = \sqrt[3]{64} = 4$

(b) $8^{-\frac{2}{3}} = \sqrt[3]{8^{-2}} = \sqrt[3]{\frac{1}{8^2}} = \sqrt[3]{\frac{1}{64}} = \frac{1}{4}$

(c) $-8^{\frac{2}{3}} = (-1) \cdot 8^{\frac{2}{3}} = -4$

(d) $-8^{-\frac{2}{3}} = (-1) \cdot 8^{-\frac{2}{3}} = -\frac{1}{4}$

(e) $\sqrt[5]{10^2} = 10^{\frac{2}{5}} = 2{,}511\,8\ldots$ (Taschenrechner)

(f) $\sqrt[4]{8^{-3}} = 8^{-\frac{3}{4}} = 0{,}210\,2\ldots$ (Taschenrechner)

7.2 Rechenregeln für Potenzen mit rationalen Exponenten

In den Definitionen 7.1 bis 7.3 ist darauf hingewiesen worden, dass Wurzeln als Potenzen mit rationalen Exponenten geschrieben werden können:

$$\sqrt{a} = a^{\frac{1}{2}} \quad \text{und} \quad \sqrt[n]{a^m} = a^{\frac{m}{n}}$$

Dies ist einerseits wichtig, um Wurzeln mit dem Taschenrechner ermitteln zu können. Zudem können die Rechenregeln der Potenzrechnung auf Wurzeln angewendet werden. Zu beachten ist allerdings, dass diese Rechenregeln nur für positive Basen a gelten ($a \in \mathbb{R}^+$). Weitere Rechenregeln für Wurzeln existieren nicht (vgl. Kapitel 6.2, Regeln 1–5).
Es gilt für $a, b > 0$; $n, m \in \mathbb{N}$ und $r, s \in \mathbb{Z}$:

Regel 1 (Multiplikation von Potenzen mit gleicher Basis)

$$\sqrt[n]{a^r} \cdot \sqrt[m]{a^s} = a^{\frac{r}{n}} \cdot a^{\frac{s}{m}} = a^{\frac{r}{n} + \frac{s}{m}}$$

Beispiele

(a) $\sqrt[n]{a} \cdot \sqrt[m]{a} = a^{\frac{1}{n}} \cdot a^{\frac{1}{m}} = a^{\frac{1}{n} + \frac{1}{m}}$

(b) $\sqrt[4]{16} \cdot \sqrt{16} = 16^{\frac{1}{4}} \cdot 16^{\frac{1}{2}} = 16^{\frac{3}{4}} = 8$

(c) $\sqrt[3]{8^2} \cdot \sqrt[3]{8} = 8^{\frac{2}{3}} \cdot 8^{\frac{1}{3}} = 8$ oder $\sqrt[3]{8^2} \cdot \sqrt[3]{8} = 4 \cdot 2 = 8$

Regel 2 (Division von Potenzen mit gleicher Basis)

$$\sqrt[n]{a^r} : \sqrt[m]{a^s} = a^{\frac{r}{n}} : a^{\frac{s}{m}} = a^{\frac{r}{n} - \frac{s}{m}}$$

Beispiele

(a) $\sqrt[n]{a} : \sqrt[m]{a} = a^{\frac{1}{n}} : a^{\frac{1}{m}} = a^{\frac{1}{n} - \frac{1}{m}}$

(b) $16 : \sqrt[4]{16^3} = 16 : 16^{\frac{3}{4}} = 16^{1 - \frac{3}{4}} = 16^{\frac{1}{4}} = 2$

(c) $\sqrt[3]{8^4} : \sqrt[3]{8^5} = 8^{\frac{4}{3}} : 8^{\frac{5}{3}} = 8^{-\frac{1}{3}} = \frac{1}{2}$

Regel 3 (Multiplikation von Potenzen mit gleichen Exponenten)

$$\sqrt[n]{a^r} \cdot \sqrt[n]{b^r} = a^{\frac{r}{n}} \cdot b^{\frac{r}{n}} = (a \cdot b)^{\frac{r}{n}} = \sqrt[n]{(a \cdot b)^r}$$

Beispiele

(a) $\sqrt{a} \cdot \sqrt{b} = a^{\frac{1}{2}} \cdot b^{\frac{1}{2}} = (a \cdot b)^{\frac{1}{2}} = \sqrt{a \cdot b}$

(b) $\sqrt[3]{8 \cdot 27} = \sqrt[3]{8} \cdot \sqrt[3]{27} = 2 \cdot 3 = 6$ bzw. $\sqrt[3]{8 \cdot 27} = (8 \cdot 27)^{\frac{1}{3}} = 216^{\frac{1}{3}} = 6$

(c) $\sqrt[5]{10^3} \cdot \sqrt[5]{20^3} = 10^{\frac{3}{5}} \cdot 20^{\frac{3}{5}} = 200^{\frac{3}{5}} = 24{,}022\,4\ldots$ (Taschenrechner)

Regel 4 (Division von Potenzen mit gleichen Exponenten)

$$\sqrt[n]{a^r} : \sqrt[n]{b^r} = a^{\frac{r}{n}} : b^{\frac{r}{n}} = \left(\frac{a}{b}\right)^{\frac{r}{n}} = \sqrt[n]{\left(\frac{a}{b}\right)^r}$$

Beispiele

(a) $\sqrt{a} : \sqrt{b} = a^{\frac{1}{2}} : b^{\frac{1}{2}} = \left(\frac{a}{b}\right)^{\frac{1}{2}} = \sqrt{\frac{a}{b}}$

(b) $\sqrt{\frac{100}{81}} = \left(\frac{100}{81}\right)^{\frac{1}{2}} = 100^{\frac{1}{2}} : 81^{\frac{1}{2}} = \sqrt{100} : \sqrt{81} = \frac{10}{9}$

(c) $\sqrt[3]{3^2} : \sqrt[3]{24^2} = 3^{\frac{2}{3}} : 24^{\frac{2}{3}} = \left(\frac{3}{24}\right)^{\frac{2}{3}} = \sqrt[3]{\left(\frac{1}{8}\right)^2} = \sqrt[3]{\frac{1}{64}} = \frac{1}{4}$

Regel 5 (Potenzieren von Potenzen)

$$\sqrt[m]{\left(\sqrt[n]{a^r}\right)^s} = \left(a^{\frac{r}{n}}\right)^{\frac{s}{m}} = a^{\frac{r \cdot s}{n \cdot m}} = \sqrt[n \cdot m]{a^{r \cdot s}}$$

Beispiele

(a) $\sqrt[m]{\sqrt[n]{a}} = \sqrt[m]{a^{\frac{1}{n}}} = \left(a^{\frac{1}{n}}\right)^{\frac{1}{m}} = a^{\frac{1}{n} \cdot \frac{1}{m}} = a^{\frac{1}{n \cdot m}} = \sqrt[n \cdot m]{a}$

Hinweis: Lösen Sie derartige Aufgaben, indem Sie das Gesamtproblem in Einzelprobleme zerlegen (von innen nach außen) und dann einzeln abarbeiten.

(b) $\sqrt[3]{\sqrt{64}} = \sqrt[3]{64^{\frac{1}{2}}} = (64^{\frac{1}{2}})^{\frac{1}{3}} = 64^{\frac{1}{6}} = \sqrt[6]{64} = 2$ oder $\sqrt[3]{\sqrt{64}} = \sqrt[3]{8} = 2$

Hinweis: Es müssen nicht immer alle Zwischenschritte ausgeführt werden. Weiterhin arbeitet man nach Möglichkeit mit der Schreibweise (als Potenz oder Wurzel), die am einfachsten zur Lösung führt. Aber: Beide Schreibweisen müssen beherrscht werden.

(c) Soll aus einer Potenz eine Wurzel gezogen werden, so darf man auch zuerst die Wurzel aus der Basis ziehen und anschließend potenzieren. Zum Beispiel gilt:

$$\sqrt[3]{8^5} = (\sqrt[3]{8})^5 = 32$$

Anmerkung

Aus der Definition 7.3 und den Rechenregeln ergibt sich folgende Vereinfachung:

$$a^{-\frac{m}{n}} = \frac{1}{a^{\frac{m}{n}}}$$

Zum Beispiel gilt:

$$8^{-\frac{2}{3}} = \frac{1}{8^{\frac{2}{3}}} = \frac{1}{4}$$

(vgl. Beispiel (b) nach Definition 7.3)

Übung 7.2

Formen Sie um und berechnen Sie anschließend mit dem Taschenrechner:

(a) $\sqrt[5]{6^2 \cdot \sqrt[4]{16}}$

(b) $\sqrt[3]{27 \cdot 125} \cdot \sqrt[4]{\sqrt[3]{25^2}}$

(c) $\dfrac{\sqrt[3]{10} \cdot \sqrt[3]{16}}{\sqrt[5]{243}}$

(d) $\sqrt[3]{\sqrt[4]{\sqrt[5]{100\,000}}}$

Übung 7.3

Lösen Sie nach x auf:

(a) $4 \cdot x^3 = 256$

(b) $3 \cdot x^8 = -30\,000\,000$

(c) $3 \cdot x^3 + 400 = 775$

(d) $243 \cdot x^5 = 3\,125$

Übung 7.4

Wahr oder falsch?

(a) $\sqrt[n]{a} \cdot \sqrt[m]{a} = \sqrt[n+m]{a}$

(c) $\sqrt[3]{64} \cdot \sqrt[6]{64} = \sqrt{64}$

(b) $\sqrt[3]{64} \cdot \sqrt[6]{64} = \sqrt[9]{64}$

(d) $\sqrt[n]{a} : \sqrt[m]{a} = \sqrt[n-m]{a}$

7.3 Lösungen zu den Übungen

Lösung 7.1

(a) $\sqrt[4]{81} = 81^{\frac{1}{4}} = 3$

(b) $-3 \cdot \sqrt[4]{16} = -3 \cdot 16^{\frac{1}{4}} = -6$

(c) $-\sqrt{4} \cdot \sqrt[5]{32} = -4^{\frac{1}{2}} \cdot 32^{\frac{1}{5}} = -4$

(d) $-\sqrt[12]{1} \cdot \sqrt[3]{27} = -1^{\frac{1}{12}} \cdot 27^{\frac{1}{3}} = -3$

(e) $\sqrt[3]{-8} = (-8)^{\frac{1}{3}}$ ist nicht definiert.
(Leider sagen einige Taschenrechner etwas anderes; beachten Sie aber die Anmerkungen nach Definition 7.2.)

(f) $\sqrt{-49} = (-49)^{\frac{1}{2}}$ ist nicht definiert.

(g) $\sqrt[3]{\dfrac{1}{8}} = \left(\dfrac{1}{8}\right)^{\frac{1}{3}} = \dfrac{1}{2}$

(h) $\left(\dfrac{1}{64}\right)^{\frac{1}{3}} = \sqrt[3]{\dfrac{1}{64}} = \dfrac{1}{4}$

(i) $625^{\frac{1}{4}} = \sqrt[4]{625} = 5$

(j) $\left(\dfrac{1}{1\,000}\right)^{\frac{1}{3}} = \sqrt[3]{\dfrac{1}{1\,000}} = \dfrac{1}{10}$

Lösung 7.2

(a) $\sqrt[5]{6^2 \cdot \sqrt[4]{16}} = \sqrt[5]{6^2 \cdot 2} = \sqrt[5]{72} = 72^{\frac{1}{5}} = 2,3521\ldots$

(b) $\sqrt[3]{27 \cdot 125} \cdot \sqrt[4]{\sqrt[3]{25^2}} = \sqrt[3]{27} \cdot \sqrt[3]{125} \cdot (25^{\frac{2}{3}})^{\frac{1}{4}} = 3 \cdot 5 \cdot 25^{\frac{2}{12}} = 15 \cdot 25^{\frac{1}{6}} = 25,6496\ldots$

(c) $\dfrac{\sqrt[3]{10} \cdot \sqrt[3]{16}}{\sqrt[5]{243}} = \dfrac{\sqrt[3]{160}}{\sqrt[5]{243}} = \dfrac{160^{\frac{1}{3}}}{243^{\frac{1}{5}}} = \dfrac{5,4288\ldots}{3} = 1,8096\ldots$

(d) $\sqrt[3]{\sqrt[4]{\sqrt[5]{100\,000}}} = \left((100\,000^{\frac{1}{5}})^{\frac{1}{4}}\right)^{\frac{1}{3}} = 100\,000^{\frac{1}{60}} = 1,2115\ldots$

Lösung 7.3

(a) Gleichung:

$$4 \cdot x^3 = 256$$
$$x^3 = 64$$
$$x = \sqrt[3]{64} = 64^{\frac{1}{3}}$$
$$x = 4$$

(b) Gleichung:

$$3 \cdot x^8 = -30\,000\,000$$

$$x^8 = -10\,000\,000$$

$$x = \sqrt[8]{-10\,000\,000}$$

Die Gleichung hat keine Lösung.

(c) Gleichung:

$$3 \cdot x^3 + 400 = 775$$

$$3 \cdot x^3 = 375$$

$$x^3 = 125$$

$$x = 5$$

(d) Gleichung:

$$243 \cdot x^5 = 3\,125$$

$$x^5 = \frac{3\,125}{243}$$

$$x = \sqrt[5]{\frac{3\,125}{243}}$$

$$x = \frac{5}{3}$$

Lösung 7.4

(a) falsch (vgl. Regel 1)

(b) falsch

(c) wahr

(d) falsch (vgl. Regel 2)

8 Logarithmen

Mit der Potenzrechnung können wir bestimmte finanzmathematische Probleme lösen. Allerdings lassen sich mit dem Potenzieren nicht alle Fragestellungen beantworten, wie folgendes Beispiel verdeutlicht.

Beispiel

Ein Kapital wird jeweils am Ende eines Jahres zu 8 % Zinseszinsen verzinst. Um wie viel Prozent ist das Kapital nach drei Jahren gestiegen? Die Lösung erhält man mithilfe des Aufzinsungsfaktors 1,08:

$$1,08^3 = 1,259\,712$$

Also ist das Kapital nach drei Jahren um etwa 26 % gestiegen.
Häufig interessiert uns die umgekehrte Fragestellung: Nach wie vielen Jahren ist das Kapital um 26 % gestiegen? Dann fragen wir nach dem Exponenten x, der dafür verantwortlich ist, dass gilt:

$$1,08^x = 1,26$$

Die Suche nach dem verantwortlichen Exponenten x, für den gilt $1,08^x = 1,26$, führt zu dem Begriff „Logarithmus".

8.1 Begriff des Logarithmus

Die Lösung x von $a^x = b$ heißt Logarithmus der Zahl b (Numerus) zur Basis a. Wir schreiben kurz:

$$x = \log_a b$$

Der Logarithmus von Numerus b zur Basis a gibt also an, mit welchem Exponenten die Basis a versehen werden muss, um die Zahl b zu erhalten.

> Das Logarithmieren ist in gewissem Sinn eine Umkehrung des Potenzierens.

Schnell nachrechnen lassen sich folgende Beispiele. Das Setzen von Klammern um die Zahl b ist bei $\log_a(b)$ nicht notwendig, wenn Verwechslungen nicht möglich sind. Die Klammern können aber aufgrund einer besseren Lesbarkeit der Ausdrücke durchaus gesetzt werden.

Beispiele

(a) $\log_2 8 = 3$,   denn $2^3 = 8$

(b) $\log_3(9) \cdot 27 = 2 \cdot 27 = 54$,   denn $3^2 = 9$

(c) $\log_3(9 \cdot 27) = \log_3 243 = 5$, denn $3^5 = 243$

https://doi.org/10.1515/9783110726886-008

(d) $\log_9(81) = 2$,   denn $9^2 = 81$

(e) $\log_3 81 = 4$,   denn $3^4 = 81$

(f) $\log_{25} 625 = 2$,   denn $25^2 = 625$

(g) $\log_5(625) = 4$,   denn $5^4 = 625$

(h) $\log_{17} 1 = 0$,   denn $17^0 = 1$

(i) $\log_9 3 = \frac{1}{2}$,   denn $9^{\frac{1}{2}} = \sqrt{9} = 3$

(j) $\log_2 \frac{1}{16} = -4$,   denn $2^{-4} = \frac{1}{2^4} = \frac{1}{16}$

(k) $\log_4 \frac{1}{64} = -3$,   denn $4^{-3} = \frac{1}{4^3} = \frac{1}{64}$

Wir müssen uns noch überlegen, für welche Basen a und für welche Zahlen (Numeri) b der Logarithmus $\log_a b$ sinnvoll erklärt ist.

Zuerst einmal überlegen wir uns, dass für die Zahl Eins gilt:

$$1^{17} = 1 \quad \text{bzw.} \quad 1^{521} = 1$$

d. h. es gibt viele Exponenten, die dafür verantwortlich sind, dass eins potenziert mit diesen Exponenten eins ergibt. Der verantwortliche Exponent ist also nicht eindeutig bestimmt. Ferner gibt es keine reelle Zahl x, sodass gilt:

$$1^x = 2$$

Deshalb schließen wir die Zahl Eins als Basis aus: $a \neq 1$.

Darüber hinaus gilt für die Zahl Null:

$$0^7 = 0 \quad \text{bzw.} \quad 0^{53} = 0$$

d. h. es gibt viele Exponenten x, sodass null potenziert mit x immer denselben Wert null ergibt. Der verantwortliche Exponent ist ebenfalls nicht eindeutig. Ferner gibt es keine reelle Zahl x, sodass gilt:

$$0^x = 5$$

Wir schließen somit die Zahl Null als Basis aus: $a \neq 0$.

Des Weiteren lassen wir in Analogie zur Potenzrechnung keine negativen Werte für die Basis a zu, da z. B. $(-4)^{\frac{1}{2}}$ nicht erklärt ist. Aus einer negativen Zahl lässt sich bekanntlich keine Wurzel ziehen, d. h. es gibt kein Ergebnis b, sodass gilt:

$$b = (-4)^{\frac{1}{2}} \quad \text{bzw.} \quad \log_{-4} b = \frac{1}{2}$$

Fazit: Die Werte der Basis a beim Logarithmieren müssen den positiven reellen Zahlen ohne die Eins angehören. Dies bedeutet, dass Logarithmen nur dann Lösungen der

Beziehung $a^x = b$ liefern können, wenn gilt: $a \in \mathbb{R}^+ \setminus \{1\}$.

Angenommen, das Ergebnis b beim Potenzieren der Zahl 2 liefert den negativen Wert $b = -16$. Mit welchem Exponenten x müsste dann die Zahl 2 potenziert werden, um als Ergebnis:

$$2^x = -16$$

zu erhalten?

$$1.\ \textit{Versuch:} \quad x = 4 \quad \Rightarrow \quad 2^4 = 16 \qquad \text{(klappt nicht)}$$
$$2.\ \textit{Versuch:} \quad x = -4 \quad \Rightarrow \quad 2^{-4} = \tfrac{1}{2^4} = \tfrac{1}{16} \quad \text{(klappt nicht)}$$

Auch alle weiteren Versuche mit verschiedenen Werten für x liefern nicht das gewünschte Ergebnis -16. Wir schaffen es also nicht, einen verantwortlichen Exponenten zu finden, sodass das Ergebnis beim Potenzieren die negative Zahl -16 ergibt. Dieses Problem haben wir nicht nur mit der Basis zwei, sondern auch mit allen anderen Basen $a \in \mathbb{R}^+ \setminus \{1\}$. Somit dürfen die Ergebnisse b keine negativen Zahlen sein.

Überlegen wir ferner, ob wir jemals beim Potenzieren das Ergebnis $b = 0$ erhalten, so stellen wir fest, dass kein Exponent x die Bedingung:

$$a^x = 0, \quad a > 0$$

erfüllt. Also darf das Ergebnis b nicht null sein.

Fazit: Der Logarithmus ist nur für positive reelle Zahlen b erklärt, d. h. $b \in \mathbb{R}^+$.

Zusammenfassend ergibt sich daraus folgende Definition:

Definition 8.1
Die Lösung x der Bedingung $a^x = b$ heißt **Logarithmus** der Zahl $b \in \mathbb{R}^+$ zur **Basis** $a \in \mathbb{R}^+ \setminus \{1\}$.

Übung 8.1
Bestimmen Sie ohne Taschenrechner folgende Logarithmen, indem Sie die jeweiligen Basen mit dem richtigen Exponenten potenzieren.

(a) $\log_5 25$ (d) $(\log_2 8) \cdot 4$ (g) $\log_2 \tfrac{1}{4}$

(b) $\log_{25} 5$ (e) $\log_3 27$ (h) $\log_{\frac{1}{4}} 2$

(c) $\log_2(8 \cdot 4)$ (f) $\log_{27} 3$ (i) $\log_{23} 1$

Der Logarithmus zur Basis $e = 2,718\,2\ldots$ (Eulersche Zahl) erhält eine eigene Bezeichnung. Er heißt **natürlicher Logarithmus** und wird mit ln abgekürzt.

Beispiele

Mithilfe des Taschenrechners lassen sich folgende natürlichen Logarithmen bestimmen:

(a) $\ln(e) = \log_e e = 1,$ denn $e^1 = e$

(b) $(\ln e)^2 = 1$

(c) $\ln(e^2) = 2$

(d) $\ln(7,389\,0\ldots) = 2,$ denn $e^2 = 7,389\,0\ldots$

(e) $\ln(148,413\,1\ldots) = 5,$ denn $e^5 = 148,413\,1\ldots$

(f) $\ln(0,049\,7\ldots) = -3,$ denn $e^{-3} = \frac{1}{e^3} = 0,049\,7\ldots$

Anmerkung

Die Eulersche Zahl $e = 2,718\,2\ldots$ ist ein Wachstumsfaktor und lässt sich wie folgt erklären: Wächst eine Größe (z. B. ein Waldbestand von $12\,000\,\text{m}^3$) kontinuierlich mit einer jährlichen nominellen Rate von p %, so ist diese Größe nach einem Jahr auf das $e^{\frac{p}{100}}$-fache des ursprünglichen Wertes angewachsen (der Waldbestand wäre nach einem Jahr bei einem kontinuierlichen Wachstum mit einer jährlich nominellen Rate von 3 % angewachsen auf $12\,000 \cdot e^{\frac{3}{100}}\,\text{m}^3 = 12\,000 \cdot 1,030\,4\ldots\,\text{m}^3 = 12\,365,4\ldots\,\text{m}^3$).

Handelt es sich bei der Größe, die kontinuierlich wächst, um ein Kapital, so wächst also das Kapital in jedem Augenblick eines Jahres. Hingegen wächst bei der Steigerung mit dem Aufzinsungsfaktor ein Kapital nur einmal am Ende eines Jahres.

Ebenfalls eine eigene Bezeichnungsweise erhält der Logarithmus zur Basis Zehn. Er heißt **Zehner-Logarithmus** oder dekadischer Logarithmus und wird häufig mit lg abgekürzt. Ist der Zehner-Logarithmus $\lg(b)$ eine natürliche Zahl, so gibt er genau die Anzahl der Nullen hinter der führenden Eins der Zahl b an:

$$\lg(10\,000) = \log_{10}(10\,000) = 4, \quad \text{denn} \quad 10^4 = 1\,\underbrace{0\,000}_{\text{4 Nullen}}$$

Ist b eine Zehnerpotenz, z. B. $b = 1$ Million, so gibt der Zehner-Logarithmus die Anzahl der Nullen hinter der Eins an:

$$\log_{10}(1\,\text{Million}) = \log_{10}(1\,000\,000) = \log_{10}(10^6) = 6$$

$$\log_{10}(1\,\text{Milliarde}) = \log_{10}(1\,000\,000\,000) = \log_{10}(10^9) = 9$$

Ist b eine Potenz von $0{,}1$, z. B. $b = 0{,}000\,000\,1$, so gibt der Zehner-Logarithmus (bis auf das Vorzeichen) die Anzahl der Nullen vor der Eins an:

$$\log_{10} \underbrace{0{,}000\,000}_{7\ \text{Nullen}} 1 = -7$$

Somit verbildlicht der Zehner-Logarithmus sehr große und sehr kleine Zahlen.

Beispiele

Mithilfe des Taschenrechners lassen sich folgende Zehner-Logarithmen bestimmen.

(a) $\lg(100) = 2$,   denn $10^2 = 100$

(b) $\lg(1\,000\,000) = 6$,   denn $10^6 = 1\,000\,000$

(c) $\lg(3{,}162\,2\ldots) = \frac{1}{2}$, denn $10^{\frac{1}{2}} = \sqrt{10} = 3{,}162\,2\ldots$

(d) $\lg(10) = 1$,   denn $10^1 = 10$

(e) $\lg(1{,}778\,2\ldots) = \frac{1}{4}$, denn $10^{\frac{1}{4}} = \sqrt[4]{10} = 1{,}778\,2\ldots$

(f) $\lg(0{,}01) = -2$,   denn $10^{-2} = \frac{1}{10^2} = \frac{1}{100} = 0{,}01$

(g) $\lg(0{,}000\,1) = -4$,   denn $10^{-4} = \frac{1}{10^4} = \frac{1}{10\,000} = 0{,}000\,1$

Übung 8.2

Berechnen Sie folgende Logarithmen, indem Sie beim Potenzieren verschiedene Exponenten ausprobieren.

(a) $\log_{10} 1\,000$ (c) $\log_{27}(27^5)$ (e) $\log_{10}(10^{17})$

(b) $\log_{10} 0{,}001$ (d) $\log_e(e^4)$

Bisher konnten wir die Logarithmen bestimmen, indem wir beim Potenzieren ausprobiert haben, für welche Exponenten wir das gewünschte Ergebnis erhalten. Suchen wir jetzt den Logarithmus $x = \log_2 1\,024$, so müssten wir alle Zweierpotenzen im Kopf haben, um das Ergebnis x zu finden, sodass gilt:

$$2^x = 1\,024$$

In der Hoffnung, den Taschenrechner nach der Zahl $\log_2 1\,024$ fragen zu können, stellen wir mit Erstaunen fest, dass der Taschenrechner den Logarithmus zur Basis Zwei nicht abrufbar hat. Was nun?

Einige Taschenrechner lassen nur die Berechnung bestimmter Logarithmen zu, üblicherweise des natürlichen Logarithmus ln und des Zehner-Logarithmus lg. Werte von Logarithmen zu anderen Basen als e und 10 können wir mithilfe der folgenden Formel berechnen:

Regel 1 (Umrechnungsformel)

Für das Umrechnen von Logarithmen zu anderen Basen gilt folgende Formel:

$$\log_a b = \frac{\log_c b}{\log_c a}$$

für alle $b \in \mathbb{R}^+$ und $a, c \in \mathbb{R}^+ \setminus \{1\}$.

Sie könnten sich also eine Basis c aussuchen, die auf Ihrem Taschenrechner abrufbar ist und anschließend mithilfe des Quotienten:

$$\log_2 1\,024 = \frac{\log_c 1\,024}{\log_c 2}$$

das Ausgangsproblem lösen.

Wählen wir als Basis $c = e = 2{,}718\,2 \ldots$, so erhalten wir:

$$\log_2 1\,024 = \frac{\log_e 1\,024}{\log_e 2} = \frac{\ln(1\,024)}{\ln(2)} = \frac{6{,}931\,4 \ldots}{0{,}693\,1 \ldots} = 10$$

Wählen wir als Basis $c = 10$, so erhalten wir:

$$\log_2 1024 = \frac{\log_{10} 1024}{\log_{10} 2} = \frac{3{,}010\,2 \ldots}{0{,}301\,0 \ldots} = 10$$

Mit der Umrechnungsformel Regel 1 sind wir in der Lage, Logarithmen zu beliebigen Basen zu berechnen.

Übung 8.3

Berechnen Sie mithilfe des Taschenrechners folgende Logarithmen:

(a) $\log_{17} 514$ (c) $\log_{47} 103\,823$ (e) $\log_{11} 1{,}5$

(b) $\log_{23} 279\,841$ (d) $\log_{1,8} 734$

Neben der obigen Umrechnungsformel Regel 1 gibt es noch Rechenregeln, die den Umgang mit Logarithmen erheblich vereinfachen können.

8.2 Rechnen mit Logarithmen

Für das Rechnen mit Logarithmen benötigen wir die folgenden drei Rechenregeln:

Regel 2 (Logarithmusgesetze)

$$\log_a(u \cdot v) = \log_a(u) + \log_a(v)$$

$$\log_a\left(\tfrac{u}{v}\right) = \log_a(u) - \log_a(v)$$

$$\log_a(u^r) = r \cdot \log_a(u)$$

für $u, v \in \mathbb{R}^+$, $a \in \mathbb{R}^+ \setminus \{1\}$ und $r \in \mathbb{R}$.

Für z. B. $u = 125$, $v = 5$, $a = 5$ und $r = 2$ erhalten wir:

1. Logarithmusgesetz

$$\log_a(u \cdot v) = \log_5(125 \cdot 5) = \log_5(625) = 4 \quad \text{und}$$

$$\log_a(u) + \log_a(v) = \log_5 125 + \log_5 5 = 3 + 1 = 4$$

2. Logarithmusgesetz

$$\log_a \frac{u}{v} = \log_5\left(\frac{125}{5}\right) = \log_5 25 = 2 \quad \text{und}$$

$$\log_a u - \log_a v = \log_5 125 - \log_5 5 = 3 - 1 = 2$$

3. Logarithmusgesetz

$$\log_a(u^r) = \log_5(125^2) = \log_5(15\,625) = 6 \quad \text{und}$$

$$r \cdot \log_a u = 2 \cdot \log_5 125 = 2 \cdot 3 = 6$$

Übung 8.4

Welche der nachfolgenden Aussagen sind falsch?

(a) $\ln 1 = 0$

(b) $\lg 4 + \lg 25 = \lg(4 \cdot 25) = \lg 10^2 = 2$

(c) $\log_{48}(73^5) = 5 \cdot \log_{48}(73)$

(d) $\lg(99 + 1) = (\lg 99) \cdot (\lg 1)$

(e) $\log_{17} \frac{51}{34} = \log_{17} 51 - \log_{17} 34 = 3 - 2 = 1$

(f) $\log_{16} \frac{256}{16} = \log_{16} 256 - \log_{16} 16 = 2 - 1 = 1$

Es stellt sich noch die Frage, warum gerade der Zehner-Logarithmus und der natürliche Logarithmus auf dem Taschenrechner abrufbar sind. Der Zehner-Logarithmus ist für die praktische Anwendung relevant, weil er sowohl „große" als auch „kleine" Zahlen auf anschauliche Weise darstellt. Die Bedeutung des natürlichen Logarithmus beruht auf Wachstumsprozessen, bei denen man die Zeit vorhersagen will, in der sich eine Größe zum Beispiel auf das Doppelte vermehrt hat.

Zwischen dem natürlichen Logarithmus und der Eulerschen Zahl besteht folgender Zusammenhang: Schaltet man e und ln hintereinander, also $e^{\ln(y)}$, so erhält man wieder den Wert y, d. h. es gilt:

$$y = e^{\ln(y)}$$

Beispielsweise lässt sich mithilfe des Taschenrechners schnell nachrechnen:

$$e^{\ln(258)} = e^{5,5529\ldots} = 258$$
$$e^{\ln(7\,150)} = e^{8,8748\ldots} = 7\,150$$
$$e^{\ln(38)} = e^{3,6375\ldots} = 38$$

Also lässt sich jede positive reelle Zahl auf einfache Weise als Potenz von e darstellen.

Nehmen wir ferner für den Wert von y eine Potenz zu einer beliebigen Basis $a \in \mathbb{R}^+ \backslash \{1\}$ an, also $y = a^x$, so erhalten wir:

$$a^x = e^{\ln(a^x)}$$

Daraus folgt mit dem 3. Logarithmusgesetz:

$$a^x = e^{x\ln(a)}$$

d. h. wir können jede beliebige Potenz als Potenz zur Basis e ausdrücken. Diese Tatsache ist für ökonomische Anwendungen in der Analysis sehr nützlich.

Beispiele

Mithilfe des Taschenrechners lassen sich folgende Beispiele nachrechnen:

(a) $2^{12} = e^{12\ln(2)}$ (b) $7^3 = e^{3\ln(7)}$ (c) $28^4 = e^{4\ln(28)}$

Beispiel

In diesem Jahr betrage das Müllaufkommen in der Stadt A insgesamt 5 Millionen Tonnen und in der Stadt B insgesamt 4 Millionen Tonnen. Die jährliche Steigerungsrate beträgt in Stadt A etwa 6 % und in Stadt B etwa 8 %. Wann übersteigt das Müllaufkommen von Stadt B zum ersten Mal das Müllaufkommen der Stadt A, wenn die jährlichen Steigerungsraten in den kommenden Jahren unverändert bleiben?

Nach n Jahren gilt für das Müllaufkommen (in Millionen Tonnen):

$$\text{Stadt } A: \quad 5 \cdot 1,06^n$$

$$\text{Stadt } B: \quad 4 \cdot 1,08^n$$

Setzen wir diese Müllmengen gleich, so erhalten wir:

$$5 \cdot 1,06^n = 4 \cdot 1,08^n$$

Dividieren wir beide Seiten durch vier, so ergibt sich:

$$1,25 \cdot 1,06^n = 1,08^n$$

Dividieren wir jetzt beide Seiten durch $1,06^n$, um alle Ausdrücke, in denen n vorkommt, auf die rechte Seite zu bringen, so erhalten wir:

$$1,25 = \frac{1,08^n}{1,06^n} = \left(\frac{1,08}{1,06}\right)^n = (1,018\,8\ldots)^n$$

Nach der Definition 8.1 des Logarithmus bedeutet das:

$$n = \log_{1,018\,8\ldots} 1,25$$

Mit der Umrechnungsformel Regel 1 auf andere Basen erhalten wir daraus für die Basis e:

$$n = \frac{\ln 1,25}{\ln 1,018\,8\ldots} = \frac{0,223\,1\ldots}{0,018\,6\ldots} = 11,93\ldots$$

d. h. nach zwölf Jahren übersteigt das Müllaufkommen der Stadt B zum ersten Mal das Müllaufkommen der Stadt A.

Beispiel

Der Wert eines Kapitals steige jährlich um 5 %. Nach welcher Zeit (gemessen in vollen Jahren) hat sich das Kapital verdoppelt?

Bezeichnen wir das Kapital zum Zeitpunkt $t = 0$ mit K_0 (lies: K null), so beträgt der Wert des Kapitals nach n Jahren:

$$K_0 \cdot 1,05^n$$

Setzen wir diesen Wert gleich mit dem doppelten Wert von K_0, so gilt:

$$1,05^n \cdot K_0 = 2 \cdot K_0$$

(Wäre $K_0 = 20\,000$, so suchten wir das n, für das gilt: $1,05^n \cdot 20\,000 = 40\,000$.)
Dividieren wir beide Seiten durch K_0, so ergibt sich:

$$1,05^n = 2$$

Und weiter:

$$n = \log_{1,05} 2$$

Daraus folgt:

$$n = \frac{\ln 2}{\ln 1,05} = \frac{0,693\,1\ldots}{0,048\,7\ldots} = 14,20\ldots$$

d. h. nach 15 vollen Jahren hat sich das Kapital verdoppelt.

Übung 8.5

Ende des Jahres 2020 betrug die Weltbevölkerung 7,8 Milliarden. Sie wächst exponentiell pro Jahr mit einer Wachstumsrate von 1,2 %, d. h. nach n Jahren ist sie auf den Wert $7,8 \cdot e^{0,012 \cdot n}$ angewachsen.
Berechnen Sie, wann die Weltbevölkerung in etwa 8,5 Milliarden beträgt.

Übung 8.6

Sie legen ein Guthaben zu 4 % Zinsen pro Jahr an. Wann hat sich Ihr Guthaben verdreifacht?

Übung 8.7

Auf einem Konto befindet sich ein Guthaben von 10 000 Geldeinheiten, das jährlich jeweils am Jahresende zu 1,2 % verzinst wird. Auf einem anderen Konto befindet sich ein Guthaben von 10 500 Geldeinheiten, das jährlich jeweils am Jahresende zu 0,8 % verzinst wird.
Nach wie vielen Jahren sind beide Guthaben etwa gleich groß?

8.3 Lösungen zu den Übungen

Lösung 8.1

(a) $\log_5 25 = 2$,   denn $5^2 = 25$

(b) $\log_{25} 5 = \frac{1}{2}$,   denn $25^{\frac{1}{2}} = 5$

(c) $\log_2(8 \cdot 4) = \log_2 32 = 5$, denn $2^5 = 32$

(d) $(\log_2 8) \cdot 4 = 3 \cdot 4 = 12$,   denn $2^3 = 8$

(e) $\log_3 27 = 3$,   denn $3^3 = 27$

(f) $\log_{27} 3 = \frac{1}{3}$,   denn $27^{\frac{1}{3}} = 3$

(g) $\log_2 \frac{1}{4} = -2$,   denn $2^{-2} = \frac{1}{4}$

(h) $\log_{\frac{1}{4}} 2 = -\frac{1}{2}$,   denn $\left(\frac{1}{4}\right)^{-\frac{1}{2}} = \frac{1}{\left(\frac{1}{4}\right)^{\frac{1}{2}}} = \frac{1}{\sqrt{\frac{1}{4}}} = \frac{1}{1/2} = 2$

(i) $\log_{23} 1 = 0$,   denn $23^0 = 1$

Lösung 8.2

(a) $\log_{10} 1\,000 = \log_{10}(10^3) = 3$

(b) $\log_{10} 0{,}001 = \log_{10}\left(\frac{1}{1\,000}\right) = -3$ (d) $\log_e(e^4) = 4$

(c) $\log_{27}(27^5) = 5$ (e) $\log_{10}(10^{17}) = 17$

Lösung 8.3

Wir geben den Lösungsweg sowohl mit dem natürlichen Logarithmus als auch mit dem Zehner-Logarithmus an.

(a) Mit dem natürlichen Logarithmus berechnen wir:

$$\log_{17} 514 = \frac{\ln(514)}{\ln(17)} = \frac{6{,}242\,2\ldots}{2{,}833\,2\ldots} = 2{,}203\,2\ldots$$

und mit dem Zehner-Logarithmus:

$$\log_{17} 514 = \frac{\lg(514)}{\lg(17)} = \frac{2{,}710\,9\ldots}{1{,}230\,4\ldots} = 2{,}203\,2\ldots$$

denn

$$17^{2{,}203\,2\ldots} = 514$$

(b) Mit dem natürlichen Logarithmus berechnen wir:

$$\log_{23} 279\,841 = \frac{\ln(279\,841)}{\ln(23)} = \frac{12{,}541\,9\ldots}{3{,}135\,4\ldots} = 4$$

und mit dem Zehner-Logarithmus:

$$\log_{23} 279\,841 = \frac{\lg(279\,841)}{\lg(23)} = \frac{5{,}446\,9\ldots}{1{,}361\,7\ldots} = 4$$

denn

$$23^4 = 279\,841$$

(c) Mit dem natürlichen Logarithmus berechnen wir:

$$\log_{47} 103\,823 = \frac{\ln(103\,823)}{\ln(47)} = \frac{11{,}550\,4\dots}{3{,}850\,1\dots} = 3$$

und mit dem Zehner-Logarithmus:

$$\log_{47} 103\,823 = \frac{\lg(103\,823)}{\lg(47)} = \frac{5{,}016\,2\dots}{1{,}672\,0\dots} = 3$$

denn

$$47^3 = 103\,823$$

(d) Mit dem natürlichen Logarithmus berechnen wir:

$$\log_{1{,}8} 734 = \frac{\ln(734)}{\ln(1{,}8)} = \frac{6{,}598\,5\dots}{0{,}587\,7\dots} = 11{,}226\,0\dots$$

und mit dem Zehner-Logarithmus:

$$\log_{1{,}8} 734 = \frac{\lg(734)}{\lg(1{,}8)} = \frac{2{,}865\,6\dots}{0{,}255\,2\dots} = 11{,}226\,0\dots$$

denn

$$1{,}8^{11{,}226\,0\dots} = 734$$

(e) Mit dem natürlichen Logarithmus berechnen wir:

$$\log_{11} 1{,}5 = \frac{\ln(1{,}5)}{\ln(11)} = \frac{0{,}405\,4\dots}{2{,}397\,8\dots} = 0{,}169\,0\dots$$

und mit dem Zehner-Logarithmus:

$$\log_{11} 1{,}5 = \frac{\lg(1{,}5)}{\lg(11)} = \frac{0{,}176\,0\dots}{1{,}041\,3\dots} = 0{,}169\,0\dots$$

denn

$$11^{0{,}169\,0\dots} = 1{,}5$$

Lösung 8.4

(a) Die Aussage $\ln 1 = 0$ ist *wahr*.

(b) Die Aussage $\lg 4 + \lg 25 = \lg(4 \cdot 25) = \lg 10^2 = 2$ ist *wahr*.

(c) Die Aussage $\log_{48}(73^5) = 5 \cdot \log_{48}(73)$ ist *wahr*.

(d) Die Aussage $\lg(99 + 1) = (\lg 99) \cdot (\lg 1)$ ist *falsch*, denn:

$$\lg(99 + 1) = \lg 100 = 2 \quad \text{und}$$

$$(\lg 99) \cdot (\lg 1) = (\lg 99) \cdot 0 = 0$$

(e) Die Aussage $\log_{17} \frac{51}{34} = \log_{17} 51 - \log_{17} 34 = 3 - 2 = 1$ ist *falsch*, denn:

$$\log_{17} \frac{51}{34} = \log_{17} 51 - \log_{17} 34 = \frac{\ln 51}{\ln 17} - \frac{\ln 34}{\ln 17}$$

$$= 1,387\,7\ldots - 1,244\,6\ldots = 0,143\,1\ldots$$

oder

$$\log_{17} \frac{51}{34} = \log_{17} 1,5 = \frac{\ln 1,5}{\ln 17} = \frac{0,405\,4\ldots}{2,833\,2\ldots} = 0,143\,1\ldots$$

(f) Die Aussage:

$$\log_{16} \frac{256}{16} = \log_{16} 256 - \log_{16} 16 = 2 - 1 = 1$$

ist *wahr*.

Lösung 8.5

Gesucht ist die Anzahl n der Jahre, sodass gilt:

$$8,5 = 7,8 \cdot e^{0,012 \cdot n}$$

Dividieren wir beide Seiten durch $7,8$, so haben wir:

$$1,089\,744 = e^{0,012 \cdot n}$$

Jetzt logarithmieren wir mit ln:

$$\ln 1,089\,744 = \ln\left(e^{0,012 \cdot n}\right)$$

Mit dem dritten Logarithmusgesetz Regel 2 ergibt sich daraus:

$$\ln 1,089\,744 = \ln\left(e^{0,012 \cdot n}\right) = 0,012 \cdot n \cdot \ln(e)$$

Daraus ergibt sich, da $\ln(e) = 1$ gilt:

$$\ln 1,089\,744 = 0,012 \cdot n \cdot \underbrace{\ln e}_{=1} = 0,012 \cdot n$$

Anschließend dividieren wir beide Seiten durch $0,012$:

$$n = \frac{\ln 1,089\,744}{0,012} = \frac{0,085\,94\ldots}{0,012} = 7,161\,901\ldots \approx 8$$

d. h. Ende des Jahres 2028 wird die Weltbevölkerung etwa $8,5$ Milliarden betragen.

Probe:

$$7,8 \cdot e^{0,012 \cdot 7} = 8,483\,505 < 8,5$$

$$7,8 \cdot e^{0,012 \cdot 8} = 8,585\,921 > 8,5$$

Lösung 8.6

Bezeichnen wir das angelegte Guthaben mit K_0, so suchen wir die Anzahl n von Jahren, sodass gilt:

$$3 \cdot K_0 = 1{,}04^n \cdot K_0$$

Dividieren wir beide Seiten durch K_0, so ergibt sich:

$$3 = 1{,}04^n$$

Logarithmieren wir mit ln, so erhalten wir:

$$\ln 3 = \ln(1{,}04^n)$$

Gemäß der Regel 2 (Logarithmusgesetze) aus Kapitel 8.2 gilt:

$$\ln 3 = n \cdot \ln 1{,}04$$

Dividieren wir beide Seiten durch $\ln 1{,}04$, so lässt sich n wie folgt berechnen:

$$n = \frac{\ln 3}{\ln 1{,}04} = 28{,}011\,0\ldots$$

d. h. nach 28 Jahren hat sich das Guthaben noch nicht verdreifacht, jedoch spätestens nach 29 Jahren.

Lösung 8.7

Nach n Jahren betragen die Guthaben:

$$10\,000 \cdot 1{,}012^n$$

$$10\,500 \cdot 1{,}008^n$$

Setzen wir diese Guthaben gleich, so erhalten wir:

$$10\,000 \cdot 1{,}012^n = 10\,500 \cdot 1{,}008^n$$

Dividieren wir beide Seiten durch 10 000, so ergibt sich:

$$1{,}012^n = 1{,}05 \cdot 1{,}008^n$$

Dividieren wir jetzt beide Seiten durch $1{,}008^n$, um alle Ausdrücke, in denen n vorkommt, auf die linke Seite zu bringen, so erhalten wir:

$$\frac{1{,}012^n}{1{,}008^n} = 1{,}05$$

Gemäß der Regel 4 aus dem Kapitel 6.2 Regeln der Potenzrechnung gilt somit:

$$\left(\frac{1{,}012}{1{,}008}\right)^n = 1{,}05$$

Das ergibt:

$$1{,}003\,968\,254^{n} = 1{,}05$$

Nach der Definition 8.1 des Logarithmus bedeutet das:

$$n = \log_{1{,}003\,968\,254} 1{,}05$$

Mit der Umrechnungsformel auf andere Basen (Regel 1) erhalten wir daraus für die Basis e:

$$n = \frac{\ln 1{,}05}{\ln 1{,}003\,968\,254}$$

Das ergibt:

$$n = \frac{0{,}048\,790\,16}{0{,}003\,960\,401}$$

Also:

$$n = 12{,}3 \ldots$$

d. h. nach dreizehn Jahren übersteigt Guthaben des Kontos mit dem anfangs geringerem Guthaben erstmals das Guthaben des anderen Kontos.

9 Zinsrechnung

Die Zinsrechnung berechnet mithilfe mathematischer Verfahren Kosten, das sind Zinsen, für geliehene Geldbeträge. Seit einigen Jahren gehört die Zinsrechnung zum Schulstoff im Mathematikunterricht. In diesem Kapitel werden die Grundlagen der Zinsrechnung dargestellt.

9.1 Grundbegriffe

In den Wirtschaftswissenschaften ist die Zinsrechnung von zentraler Bedeutung, sie gehört zum Fachgebiet der Finanzmathematik. Mithilfe der Zinsrechnung werden Kapitalbeträge aufgezinst, d. h. auf der Zeitachse nach rechts verschoben, und abgezinst, d. h. auf der Zeitachse nach links verschoben. Ferner dient die Zinsrechnung dazu die einzelnen Zahlungen eines Zahlungsstroms auf einen gemeinsamen Zeitpunkt - auch Bewertungsstichtag genannt - wertzustellen, d. h. auf- oder abzuzinsen, und danach ggf. zu saldieren.

Bei der Zinsrechnung werden verschiedene Berechnungsmethoden unterschieden. Die Hauptunterschiede ergeben sich aus den beiden folgenden Aspekten:
(1) Werden bereits berechnete Zinsen wieder verzinst oder nicht?
(2) Zu welchen Zeitpunkten werden die Zinsen berechnet, nur am Jahresende oder auch unterjährig?
Werden bereits berechnete Zinsen nicht wieder verzinst, so spricht man von einer Verzinsung mit einfachen Zinsen bzw. einfacher Verzinsung oder von einer linearen Verzinsung. Im Unterschied dazu werden bei der Verzinsung mit Zinseszins bereits berechnete Zinsen wieder verzinst. Der Unterschied wird anhand des folgenden Beispiels erläutert:

Beispiel
Ein Unternehmen nimmt bei einer Bank zur Finanzierung einer Investition ein Darlehn in Höhe von 150 000 Geldeinheiten (GE) auf. Die Laufzeit beträgt vier Jahre. Die Zinsen betragen 3 % p. a. und werden am Ende eines Jahres festgestellt. Nach vier Jahren wird das Darlehn inklusive Zins zurückgezahlt.

In der folgenden Tabelle 9.1 wird zunächst die Entwicklung der Schuld des Unternehmens in der vierjährigen Laufzeit für den Fall dargestellt, dass bereits berechnete Zinsen selbst nicht wieder verzinst werden, d. h. bei linearer Verzinsung. Damit liegt der Zinsberechnung in jedem Jahr das Anfangskapital von 150 000 GE zugrunde. Die jährlichen Zinsen berechnen sich daher durch:

$$150\,000 \text{ GE} \cdot 0{,}03 = 4\,500 \text{ GE}$$

https://doi.org/10.1515/9783110726886-009

Tab. 9.1: Entwicklung der Schuld ohne Zinseszins

Jahr	Schuld am Jahresanfang GE	Der Zinsberechnung zugrundeliegendes Kapital GE	Zinsen am Jahresende GE	Schuld am Jahresende GE
1	150 000,00	150 000,00	4 500,00	154 500,00
2	154 500,00	150 000,00	4 500,00	159 000,00
3	159 000,00	150 000,00	4 500,00	163 500,00
4	163 500,00	150 000,00	4 500,00	168 000,00

Somit sind nach vier Jahren 168 000 GE zurückzuzahlen.

Werden nun bereits berechnete Zinsen wieder verzinst, so wird der Zinsberechnung jeweils die Schuld am Jahresanfang zugrunde gelegt, und die Tabelle ändert sich wie folgt:

Tab. 9.2: Entwicklung der Schuld mit Zinseszins

Jahr	Schuld am Jahresanfang GE	Der Zinsberechnung zugrundeliegendes Kapital GE	Zinsen am Jahresende GE	Schuld am Jahresende GE
1	150 000,00	150 000,00	4 500,00	154 500,00
2	154 500,00	154 500,00	4 635,00	159 135,00
3	159 135,00	159 135,00	4 774,05	163 909,05
4	163 909,05	163 909,05	4 917,27	168 826,32

Somit sind bei dieser Methode nach vier Jahren 168 826,32 GE zurückzuzahlen. Das sind 826,32 GE mehr als bei der linearen Verzinsung, was auf die Berechnung der Zinseszinsen zurückzuführen ist.

Geht man von einer monatlichen Verzinsung mit Zinseszins aus, so muss der Jahreszins von 3 % zunächst auf die Monate verteilt werden. Üblich ist eine gleichmäßige Verteilung, d. h.:

$$\frac{3\%}{12} = 0,25\%$$

pro Monat. Durch den zusätzlichen unterjährlichen Zinseszinseffekt würde sich die Schuld nach vier Jahren weiter erhöhen.

Die folgenden Bezeichnungen sind in der Zinsrechnung üblich:

Tab. 9.3: Bezeichnungen

Bezeichnungen	
K_0	Anfangskapital
n	Laufzeit in Jahren; $n \in [0, \infty)$
K_k	Kapital nach k Jahren $k \in [0, n]$
K_n	Endkapital
p	Jährlicher Zinssatz (Prozentzahl)
$i = p/100$	Jährlicher Zinssatz (Dezimalzahl)
$q = 1 + i$	Jährlicher Aufzinsungsfaktor
Z_k	Zinsen für das k-te Jahr, $k = 1, 2, \ldots, n$

In der Ausgangssituation des obigen Beispiels gilt:

$$K_0 = 150\,000, Z_1 = 4\,500{,}00, n = 4, p = 3 \text{ und } i = 3\,\% = 0{,}03$$

Dabei kann das Kapital auch unterjährig bestimmt werden. So wird ein Kapital nach z. B. neun Monaten mit $K_{\frac{9}{12}}$ bzw. $K_{0,75}$ bezeichnet.

9.2 Verzinsung mit einfachen Zinsen

Wir betrachten zunächst den Fall der **linearen Verzinsung**, d. h. der Verzinsung mit **einfachen Zinsen**, und leiten eine allgemeine Formel für das Kapital nach n Jahren her. Dazu gehen wir schrittweise von Jahr zu Jahr vor und berechnen zunächst das Kapital nach einem Jahr. Dieses setzt sich zusammen aus dem Anfangskapital und den Zinsen für das erste Jahr:

$$K_1 = K_0 + Z_1 = K_0 + K_0 \cdot i = K_0 \cdot (1 + i)$$

Das Kapital zum Ende des zweiten Jahres ergibt sich durch Addition des Kapitals am Ende des ersten Jahres und den Zinsen für das zweite Jahr:

$$K_2 = K_1 + Z_2 = K_0 \cdot (1 + i) + K_0 \cdot i = K_0 \cdot (1 + 2 \cdot i)$$

Am Ende des dritten Jahres erhält man analog:

$$K_3 = K_2 + Z_3 = K_0 \cdot (1 + 2 \cdot i) + K_0 \cdot i = K_0 \cdot (1 + 3 \cdot i)$$

Führt man dies fort, so ergibt sich die allgemeine Formel:

$$K_k = K_0 \cdot (1 + k \cdot i) \; ; k = 1, 2, \ldots, n$$

Für $k = 0$ ist diese Formel trivialerweise ebenfalls erfüllt, am Ende der Laufzeit gilt insbesondere:

$$K_n = K_0 \cdot (1 + n \cdot i)$$

Formel 1

Zinsen Z_k und Kapitel K_k am Ende des k-ten Jahres bei linearer Verzinsung:

$$Z_k = K_0 \cdot i \ ; k = 1, 2, \ldots, n$$
$$K_k = K_0 \cdot (1 + k \cdot i) \ ; k = 0, 1, 2, \ldots, n$$

Beispiel

Mithilfe dieser Formel können die unterschiedlichsten Fragestellungen bearbeitet werden. Dabei muss nicht immer das Kapital zu einem Zeitpunkt bzw. das Endkapital gesucht sein.

(a) Ein Anfangskapital von 20 000 GE wird bei einfacher Verzinsung mit einer Laufzeit von sechs Jahren zu 4 % p. a. verzinst. Wie hoch sind die jährlichen Zinsen, das Kapital nach der Hälfte der Laufzeit und das Endkapital? Gegeben sind das Anfangskapital $K_0 = 20\,000$, die Laufzeit $n = 6$ und jährliche Zinssatz $i = 0{,}04$. Damit berechnen sich die konstanten jährlichen Zinsen durch:

$$Z_k = K_0 \cdot i = 20\,000 \cdot 0{,}04 = 800$$

Als Kapital nach drei Jahren erhält man:

$$K_3 = K_0 \cdot (1 + 3 \cdot i) = 20\,000 \cdot (1 + 3 \cdot 0{,}04) = 22\,400$$

Und als Endkapital nach sechs Jahren:

$$K_6 = K_0 \cdot (1 + 6 \cdot i) = 20\,000 \cdot (1 + 6 \cdot 0{,}04) = 24\,800$$

(b) Wie verändert sich das Ergebnis für das Endkapital in (a), wenn die Zinsen alle zwei Jahre berechnet werden?

Bei einer Ermittlung der Zinsen im Zweijahres-Rhythmus, werden diese im vorliegenden Beispiel dreimal berechnet, aber dann jeweils mit dem Zins für zwei Jahre, d. h. 8 %. Damit ergibt sich als Endkapital:

$$K_6 = 20\,000 \cdot (1 + 3 \cdot 0{,}08) = 24\,800$$

(c) Wie verändert sich das Ergebnis für das Endkapital in (a), wenn die Zinsen halbjährlich berechnet werden?

Analog zu (b) werden die Zinsen zwölfmal berechnet, dabei wird jeweils ein Prozentsatz von 2 % angesetzt. Man erhält für das Endkapital:

$$K_6 = 20\,000 \cdot (1 + 12 \cdot 0{,}02) = 24\,800$$

Die beiden Beispiele in (b) und (c) zeigen, dass es bei der linearen Verzinsung für die Berechnung des Endkapitals nicht auf den Zinszeitpunkt ankommt. Dies ergibt daraus, dass keine Zinseszinsen berechnet werden und es damit unerheblich ist, wann die Zinsen festgestellt werden.

(d) Wie hoch muss in (a) das Anfangskapital sein, damit das Endkapital 30 000 GE beträgt?

In diesem Beispiel ist das Endkapital $K_6 = 30\,000$ gegeben und das Anfangskapital gesucht, d. h. die Formel muss entsprechend umgestellt werden. Wir beginnen mit dem Ansatz

$$30\,000 = K_6 = K_0 \cdot (1 + 6 \cdot i) = K_0 \cdot (1 + 6 \cdot 0{,}04) = K_0 \cdot 1{,}24,$$

stellen diesen nach K_0 um und erhalten

$$K_0 = \frac{30\,000}{1{,}24} = 24\,193{,}55,$$

d. h. man benötigt als Anfangskapital 24 193,55 GE.

(e) Ein Anfangskapital von 20 000 GE wächst bei einfacher Verzinsung auf 22 400 GE.

(1) Berechnen Sie den jährlichen Zinssatz bei einer Laufzeit von drei Jahren.

Zur Bearbeitung dieser Fragestellung muss die obige Formel ebenfalls umgestellt werden. Der Ansatz lautet:

$$22\,400 = K_n = K_0 \cdot (1 + n \cdot i) = 20\,000 \cdot (1 + 3 \cdot i)$$

Die Division durch 20 000 liefert $1 + 3 \cdot i = 1{,}12$ bzw. $3 \cdot i = 0{,}12$. Damit ergibt sich ein jährlicher Zinssatz von $i = 0{,}04 = 4\,\%$.

(2) Berechnen Sie die Laufzeit bei einem Zinssatz von 3 % p. a.

Der Ansatz lautet analog:

$$22\,400 = K_n = K_0 \cdot (1 + n \cdot i) = 20\,000 \cdot (1 + n \cdot 0{,}03)$$

Dividiert man diese Gleichung wiederum durch 20 000, so erhält man:

$$1 + n \cdot 0{,}03 = 1{,}12$$

Daraus ergibt sich $n \cdot 0{,}03 = 0{,}12$ bzw. $n = 4$. D. h. die Laufzeit beträgt vier Jahre.

Formel 2

Zinssatz i und Laufzeit n der linearen Verzinsung:

$$i = \frac{\frac{K_n}{K_0} - 1}{n}$$

$$n = \frac{\frac{K_n}{K_0} - 1}{i}$$

Übung 9.1

(a) Ein Anfangskapital von 6 000 GE wird über sechs Jahre bei einfacher Verzinsung und einem Zinssatz von 5 % p. a. verzinst. Berechnen Sie die jährlichen Zinsen, das Kapital nach vier Jahren und das Endkapital nach sechs Jahren.

(b) Welches Anfangskapital ist in Teilaufgabe (a) notwendig, wenn bei dem gleichen jährlichen Zinssatz (5 % p. a.) schon nach vier Jahren das Endkapital in voller Höhe erreicht werden soll?

(c) Welcher Zinssatz ist in Teilaufgabe (a) notwendig, wenn bei dem gleichen Anfangskapital (6 000 GE) schon nach vier Jahren das Endkapital in voller Höhe erreicht werden soll?

(d) Nach welcher Laufzeit wächst das Anfangskapital aus Teilaufgabe (a) (6 000 GE) auf das gleiche Endkapital wie in Teilaufgabe (a) an, wenn der jährliche Zinssatz mit 6 % gegeben ist?

9.3 Verzinsung mit Zinseszins

Wir betrachten nun den Fall der **Verzinsung mit Zinseszins** d. h. bereits berechnete Zinsen werden wieder verzinst. Auch hier leiten wir zunächst die allgemeine Formel für das Kapital nach n Jahren her und dies wiederum schrittweise von Jahr zu Jahr. Wir beginnen mit dem Kapital am Ende des ersten Jahres, dies setzt sich aus dem Anfangskapital K_0 und den Zinsen für das erste Jahr zusammen:

$$K_1 = K_0 + Z_1 = K_0 + K_0 \cdot i = K_0 \cdot (1 + i) = K_0 \cdot q$$

Dabei wird wie zu Beginn des Kapitels bereits erwähnt q als Aufzinsungsfaktor bezeichnet. Das Kapital zum Ende des zweiten Jahres ergibt sich durch Addition des Kapitals am Ende des ersten Jahres und den Zinsen für das zweite Jahr. Letztere berechnen sich aber jetzt auf Basis des Kapital am Ende des ersten Jahres:

$$K_2 = K_1 + Z_2 = K_0 \cdot q + K_1 \cdot i = K_0 \cdot q + K_0 \cdot q \cdot i = K_0 \cdot q \cdot (1 + i) = K_0 \cdot q^2$$

Am Ende des dritten Jahres erhält man analog:

$$K_3 = K_2 + Z_3 = K_0 \cdot q^2 + K_2 \cdot i = K_0 \cdot q^2 + K_0 \cdot q^2 \cdot i = K_0 \cdot q^2 \cdot (1 + i) = K_0 \cdot q^3$$

Diese Vorgehensweise liefert die allgemeine Formel:

$$K_k = K_0 \cdot q^k \; ; k = 1, 2, \ldots, n$$

Für den Zeitpunkt $k = 0$ ist diese Formel wegen $q^0 = 1$ trivialerweise erfüllt, am Ende der Laufzeit gilt:

$$K_n = K_0 \cdot q^n$$

Für die Zinsen ergibt sich die allgemeine Formel:

$$Z_k = K_0 \cdot q^{k-1} \cdot i \; ; k = 1, 2, \ldots, n$$

Formel 3

Zinsen Z_k und Kapital K_k am Ende des k-ten Jahres bei Verzinsung mit Zinseszins:

$$Z_k = K_0 \cdot q^{k-1} \cdot i \; ; k = 1, 2, \ldots, n$$

$$K_k = K_0 \cdot q^k \; ; k = 0, 1, 2, \ldots, n$$

Beispiel

(a) Gegeben sei wiederum ein Anfangskapital von $K_0 = 20\,000$ GE, eine Laufzeit von $n = 6$ Jahren und ein jährlicher Zinssatz von $i = 4\,\%$, d. h. der Aufzinsungsfaktor beträgt $q = 1,04$. Als Kapital nach drei Jahren erhält man

$$K_3 = K_0 \cdot q^3 = 20\,000 \cdot 1,04^3 = 22\,497,28$$

und als Endkapital nach sechs Jahren

$$K_6 = K_0 \cdot q^6 = 20\,000 \cdot 1,06^6 = 25\,306,38.$$

Vergleicht man die Ergebnisse mit den Ergebnissen des Beispiels aus dem vorherigen Kapitel 9.2, so ergibt sich als Zinseszinseffekt nach drei Jahren

$$22\,497,28 - 22\,400 = 97,28$$

bzw. als Zinseszinseffekt nach sechs Jahren

$$25\,306,38 - 24\,800 = 506,38.$$

Man erkennt an diesem Beispiel, wie stark der Zinszinseffekt in der Zeit zunimmt. Mit den oben genannten Formeln lassen sich auch die Zinsen in einzelnen Jahren berechnen. So beträgt z. B. der Zins im dritten Jahr

$$Z_3 = K_0 \cdot q^2 \cdot i = 20\,000 \cdot 1,04^2 \cdot 0,04 = 865,28$$

und im sechsten Jahr

$$Z_6 = K_0 \cdot q^5 \cdot i = 20\,000 \cdot 1,04^5 \cdot 0,04 = 973,32.$$

(b) Ist das Endkapital gegeben, so kann auch auf das Anfangskapital zurückgerechnet werden. Gegeben sei bei einer Laufzeit von $n = 6$ Jahren und einem jährlichen Zinssatz von $i = 4\,\%$ ein Endkapital von $K_6 = 30\,000$ GE. Dann berechnet sich das Anfangskapital mit dem Ansatz:

$$30\,000 = K_6 = K_0 \cdot q^6 = K_0 \cdot 1,04^6 = K_0 \cdot 1,2653$$

Damit ergibt sich ein Anfangskapital von $K_0 = 23\,709,79$ GE. Vergleicht man dies mit dem Ergebnis aus dem Beispiel Teil (d) des vorherigen Kapitels 9.2 in Höhe von 24 193,55 GE, so sieht man, dass man bei einer Verzinsung mit Zinseszins ein niedrigeres Anfangskapital benötigt, um das gleiche Endkapital zu erhalten. Die Ursache dafür ist der Zinseszinseffekt.

Die Formel für das Endkapital lässt sich ebenfalls nach dem jährlichen Zinssatz und der Laufzeit umstellen. Ist der jährliche Zinssatz i gesucht, so erfolgt die Umstellung wie folgt:

$$K_n = K_0 \cdot q^n \Leftrightarrow \frac{K_n}{K_0} = (1+i)^n \Leftrightarrow \sqrt[n]{\frac{K_n}{K_0}} = 1+i \Leftrightarrow i = \sqrt[n]{\frac{K_n}{K_0}} - 1$$

Für die Umstellung nach der Laufzeit n wird der natürliche Logarithmus benötigt:

$$K_n = K_0 \cdot q^n \Leftrightarrow \frac{K_n}{K_0} = q^n \Leftrightarrow \ln\left(\frac{K_n}{K_0}\right) = \ln\left(q^n\right)$$

Mit dem zweiten Logarithmusgesetz (Regel 2 aus dem Kapitel 8) ergibt sich daraus:

$$\ln(K_n) - \ln(K_0) = \ln\left(q^n\right)$$

Mit dem dritten Logarithmusgesetz (Regel 2 aus dem Kapitel 8) ergibt sich daraus:

$$\ln(K_n) - \ln(K_0) = n \cdot \ln(q) \Leftrightarrow n = \frac{\ln(K_n) - \ln(K_0)}{\ln(q)}$$

Formel 4

Zinssatz i und Laufzeit n der Verzinsung mit Zinseszins:

$$i = \sqrt[n]{\frac{K_n}{K_0}} - 1$$

$$n = \frac{\ln(K_n) - \ln(K_0)}{\ln(q)}$$

Beispiel

Ein Anfangskapital von 20 000 GE sei bei Verzinsung mit Zinseszins auf 23 185,48 GE angewachsen. Bei einer Laufzeit von drei Jahren entspricht dies einem jährlichen Zinssatz von:

$$i = \sqrt[n]{\frac{K_n}{K_0}} - 1 = \sqrt[3]{\frac{23\,185,48}{20\,000}} - 1 = 0{,}0505$$

D. h. der Zinssatz beträgt 5,05 % p. a.

Ist der Zinssatz mit 3 % p. a. vorgegeben, so ergibt sich als Laufzeit:

$$n = \frac{\ln(K_n) - \ln(K_0)}{\ln(q)} = \frac{\ln(23\,185,48) - \ln(20\,000)}{\ln(1{,}03)} = 5$$

D. h. der Laufzeit beträgt fünf Jahre.

Übung 9.2

(a) Gegeben sind $K_0 = 100\,000$, $n = 7$ und $i = 3\,\%$. Berechnen Sie Z_2, Z_4, K_2, K_4 und K_7.

(b) Gegeben sind $K_9 = 50\,000$, $n = 9$ und $i = 4\,\%$. Berechnen Sie K_0 und K_5.

(c) Gegeben sind $K_0 = 200\,000$, $K_6 = 250\,000$ und $n = 6$. Berechnen Sie i.

(d) Gegeben sind $K_0 = 200\,000$, $K_n = 281\,420{,}08$ und $i = 5\,\%$. Berechnen Sie n.

Übung 9.3

Ein Anfangskapital von $10\,000$ GE wird über acht Jahre bei linearer Verzinsung und einem Zinssatz von $4\,\%$ p. a. verzinst. Welchen jährlichen Zinssatz benötigt man, um bei dem gleichen Anfangskapital und der gleichen Laufzeit das gleiche Endkapital zu erzielen, wenn die Verzinsung mit Zinseszins anwendet wird?

9.4 Unterjährige Verzinsung

Neben einer jährlichen Verzinsung ist in den Wirtschaftswissenschaften auch üblich, **unterjährige** Zinsmodelle anzuwenden, z. B. eine quartalsweise oder eine monatliche Verzinsung. Bei diesem Ansatz werden die Zinsen im Laufe eines Jahres mehrmals berechnet. Im ersten Schritt muss dafür den unterjährigen Perioden ein Zinssatz zugeordnet werden. Der wichtigste Ansatz in der Praxis ist der proportionale Ansatz. Dabei wird zur Berechnung des unterjährigen Zinssatzes der jährliche Zinssatz durch die Anzahl der unterjährigen Perioden geteilt. Beträgt der jährliche Zinssatz z. B. $6\,\%$, so ergibt sich als Zinssatz für ein Quartal

$$\frac{0{,}06}{4} = 0{,}015 = 1{,}5\,\%$$

und als Zinssatz für einen Monat

$$\frac{0{,}06}{12} = 0{,}005 = 0{,}5\,\%.$$

Da es bei der linearen Verzinsung bzw. der Verzinsung mit einfachen Zinsen wegen des fehlenden Zinseszinseffekts für das Endkapital keine Rolle spielt, wann die Zinsen berechnet werden, brauchen wir für diesen Fall die unterjährige Verzinsung nicht weiter zu betrachten.

Für die Verzinsung mit Zinseszins schauen wir uns folgendes Beispiel an.

Beispiel

Gegeben sei ein Anfangskapital von 15 000 GE. Dieses Kapital soll bei einer monatlichen Verzinsung mit Zinseszins zu 3 % p. a. fünf Jahre verzinst werden. Der monatliche Zinssatz beträgt dann

$$\frac{0{,}03}{12} = 0{,}0025,$$

d. h. 0,25 %. Das Endkapital nach fünf Jahren (d. h. nach 60 Monaten) berechnet sich durch

$$K_5 = 15\,000 \cdot (1 + 0{,}0025)^{5 \cdot 12} = 17\,424{,}25.$$

Von Interesse kann jetzt auch das Kapital zu einem unterjährigen Zeitpunkt sein, z. B. berechnet sich das Kapital noch 39 Monaten (das entspricht 3,25 Jahren) wie folgt:

$$K_{3{,}25} = 15\,000 \cdot (1 + 0{,}0025)^{3{,}25 \cdot 12} = 15\,000 \cdot 1{,}0025^{39} = 16\,534{,}16$$

Durch die unterjährige Verzinsung wird ein zusätzlicher Zinseszinseffekt hervorgerufen, sodass sich bei der Umrechnung in einen jährlichen Zinssatz ein höherer Wert als 0,03 ergibt.

Wir berechnen nun den jährlichen Zinssatz, den man voraussetzen muss, damit bei einer jährlichen Verzinsung mit Zinseszins das Anfangskapital von 15 000 GE nach fünf Jahren auf 17 424,25 GE anwachsen kann:

$$i = \sqrt[n]{\frac{K_n}{K_0}} - 1 = \sqrt[5]{\frac{17\,424{,}25}{15\,000}} - 1 = 0{,}03042$$

Dies entspricht einem jährlichen Zinssatz von 3,042 %. Man nennt diesen so berechneten Zins auch **Effektivzins**.

Übung 9.4

Ein Anfangskapital von 25 000 GE wird bei einer quartalsweisen Verzinsung mit Zinseszins über acht Jahre verzinst. Der jährliche Zinssatz beträgt 4 %. Berechnen Sie das Kapital nach 2,5 Jahren und nach 3,75 Jahren sowie das Endkapital nach acht Jahren. Bei welchem jährlichen Zinssatz erhält man bei einer jährlichen Verzinsung mit Zinseszins das gleiche Endkapital?

9.5 Lösungen zu den Übungen

Lösung 9.1

(a) $Z_k = K_0 \cdot i = 6\,000 \cdot 0{,}05 = 300$; $k = 1, 2, \ldots, 6$

$K_4 = K_0 \cdot (1 + 4 \cdot i) = 6\,000 \cdot (1 + 4 \cdot 0{,}05) = 7\,200$

$K_6 = K_0 \cdot (1 + 6 \cdot i) = 6\,000 \cdot (1 + 6 \cdot 0{,}05) = 7\,800$

(b) $7\,800 = K_4 = K_0 \cdot (1 + 4 \cdot i) = K_0 \cdot (1 + 4 \cdot 0{,}05) = K_0 \cdot 1{,}2$

$\Leftrightarrow K_0 = \dfrac{7\,800}{1{,}2} = 6\,500$

Man benötigt ein Anfangskapital von 6 500 GE.

(c) $7\,800 = K_4 = K_0 \cdot (1 + 4 \cdot i) = 6\,000 \cdot (1 + 4 \cdot i)$

$\Leftrightarrow 1 + 4 \cdot i = \dfrac{7\,800}{6\,000} = 1{,}3 \Leftrightarrow 4 \cdot i = 0{,}3 \Leftrightarrow i = 0{,}075$

Man benötigt einen jährlichen Zinssatz von 7,5 %.

(d) $7\,800 = K_n = K_0 \cdot (1 + n \cdot i) = 6\,000 \cdot (1 + n \cdot 0{,}06)$

$\Leftrightarrow 1 + n \cdot 0{,}06 = \dfrac{7\,800}{6\,000} = 1{,}3 \Leftrightarrow n \cdot 0{,}06 = 0{,}3 \Leftrightarrow n = 5$

Die Laufzeit beträgt fünf Jahre.

Lösung 9.2

(a) $Z_2 = K_0 \cdot q^{2-1} \cdot i = 100\,000 \cdot 1{,}03^1 \cdot 0{,}03 = 3\,090{,}00$

$Z_4 = K_0 \cdot q^{4-1} \cdot i = 100\,000 \cdot 1{,}03^3 \cdot 0{,}03 = 3\,278{,}18$

$K_2 = K_0 \cdot q^2 = 100\,000 \cdot 1{,}03^2 = 106\,090{,}00$

$K_4 = K_0 \cdot q^4 = 100\,000 \cdot 1{,}03^4 = 112\,550{,}88$

$K_7 = K_0 \cdot q^7 = 100\,000 \cdot 1{,}03^7 = 122\,987{,}39$

(b) $50\,000 = K_9 = K_0 \cdot q^9 = K_0 \cdot 1{,}04^9 \Leftrightarrow K_0 = \dfrac{50\,000}{1{,}04^9} = 35\,129{,}34$

$K_5 = K_0 \cdot q^5 = 35\,129{,}34 \cdot 1{,}04^5 = 42\,740{,}21$

(c) $i = \sqrt[n]{\dfrac{K_n}{K_0}} - 1 = \sqrt[6]{\dfrac{250\,000}{200\,000}} - 1 = 0{,}03789 = 3{,}789\,\% \Rightarrow p = 3{,}789$

(d) $n = \dfrac{\ln(K_n) - \ln(K_0)}{\ln(q)} = \dfrac{\ln(281\,420{,}08) - \ln(200\,000)}{\ln 1{,}05} = 7$

Lösung 9.3

Verzinsung mit einfachen Zinsen:

$K_8 = K_0 \cdot (1 + 8 \cdot i) = 10\,000 \cdot (1 + 8 \cdot 0{,}04) = 13\,200$

Verzinsung mit Zinseszins:

$i = \sqrt[n]{\dfrac{K_n}{K_0}} - 1 = \sqrt[8]{\dfrac{13\,200}{10\,000}} - 1 = 0{,}03531 \Rightarrow i = 3{,}531\,\%$

Man benötigt einen Zinssatz von 3,531 %.

Lösung 9.4

Zins pro Quartal: $\dfrac{0{,}04}{4} = 0{,}01$

$K_{2,5} = 25\,000 \cdot (1 + 0{,}01)^{2{,}5 \cdot 4} = 25\,000 \cdot 1{,}01^{10} = 27\,615{,}55$

$K_{3,75} = 25\,000 \cdot (1 + 0{,}01)^{3{,}75 \cdot 4} = 25\,000 \cdot 1{,}01^{15} = 29\,024{,}22$

$K_8 = 25\,000 \cdot (1 + 0{,}01)^{8 \cdot 4} = 25\,000 \cdot 1{,}01^{32} = 34\,373{,}52$

$i = \sqrt[n]{\dfrac{K_n}{K_0}} - 1 = \sqrt[8]{\dfrac{34\,373{,}52}{25\,000}} - 1 = 0{,}04060$

Der jährliche Zinssatz bei einer jährlichen Verzinsung mit Zinseszins (Effektivzins) beträgt somit 4,060 %.

10 Terme und Termumformungen

Grundvoraussetzung für das Lösen von Gleichungen und Ungleichungen sind Kenntnisse über Terme und Termumformungen.

10.1 Zum Termbegriff

Mathematische Terme T sind aus Zahlzeichen, Variablen, Operationszeichen und Klammern aufgebaut.

Beispiele

(a) Zahlzeichen $\hspace{5cm}$ $T_1 = 5$

(b) Kombination von Zahlzeichen $\hspace{2.5cm}$ $T_2 = 2 + 3$

$\hspace{0.6cm}$ und Operationszeichen $\hspace{3cm}$ $T_3 = 2 \cdot 3$

(c) Term mit Klammern $\hspace{4cm}$ $T_4 = 2(3 + 4)$

(d) Terme mit Variablen $\hspace{3.5cm}$ $T_5(x) = 2 + x$

$\hspace{7.5cm}$ $T_6(x) = 2 \cdot x$

$\hspace{7.5cm}$ $T_7(x) = 2(x + 1)$

$\hspace{7cm}$ $T_8(x, y) = x + x \cdot y$

Anmerkung

Hängt ein Term von einer Variablen x ab, so wird $T(x)$ geschrieben. Entsprechendes gilt für Terme mit mehreren Variablen, z. B. $T(x, y)$.

Es kann gezeigt werden, dass mit T_1, T_2 auch $T_1 + T_2$, $T_1 - T_2$, $T_1 \cdot T_2$ und, wenn $T_2 \neq 0$ ist, $T_1 : T_2$ Terme sind.

Beispiel

Aus den Termen $T_1 = 2$ und $T_2(x) = x$ lassen sich folgende Terme aufbauen:

$$T_3(x) = T_1 + T_2(x) = 2 + x$$
$$T_4(x) = T_1 - T_2(x) = 2 - x$$
$$T_5(x) = T_1 \cdot T_2(x) = 2 \cdot x$$
$$T_6(x) = T_1 : T_2(x) = 2 : x = \tfrac{2}{x}, \qquad T_2(x) \neq 0$$

$T_2(x) \neq 0$ bedeutet, dass für den Term $T_6(x)$ gilt: $x \neq 0$.

https://doi.org/10.1515/9783110726886-010

Darüber hinaus kann gezeigt werden: Werden in die Variablen eines Terms Terme eingesetzt, so ergibt sich wieder ein Term. Setzt man z. B. $T_3(x)$ in $T_5(x)$ ein, so erhält man:

$$T_5(T_3(x)) = 2(2 + x) = 4 + 2x$$

Setzt man in die Variablen eines Terms Zahlen ein, so geht ein solcher Term wieder in einen Term über, hier in ein Zahlzeichen.

10.2 Äquivalenz von Termen

Es sei $T_1(x) = 2 \cdot x + 3 \cdot x$ ein Term. Setzt man für die Variable x die Elemente der Menge $\mathbb{G} = \{1, 2, 3, 4\}$ der Reihe nach ein, so ergeben sich:

$$T_1(1) = 2 \cdot 1 + 3 \cdot 1 = 5$$
$$T_1(2) = 2 \cdot 2 + 3 \cdot 2 = 10$$
$$T_1(3) = 2 \cdot 3 + 3 \cdot 3 = 15$$
$$T_1(4) = 2 \cdot 4 + 3 \cdot 4 = 20$$

Dieselben Zahlen ergeben sich, wenn die Elemente der Menge $\mathbb{G} = \{1, 2, 3, 4\}$ in den Term $T_2(x) = 5 \cdot x$ eingesetzt werden:

$$T_2(1) = 5 \cdot 1 = 5$$
$$T_2(2) = 5 \cdot 2 = 10$$
$$T_2(3) = 5 \cdot 3 = 15$$
$$T_2(4) = 5 \cdot 4 = 20$$

Die beiden Terme $T_1(x)$ und $T_2(x)$ sind somit gleichwertig in der willkürlich gewählten Menge $\mathbb{G} = \{1, 2, 3, 4\}$, die auch als **Grundmenge** bezeichnet wird. Die Terme $T_1(x)$ und $T_2(x)$ sind äquivalent in der Grundmenge $\mathbb{G}$.

Definition 10.1
Zwei Terme T_1 und T_2 heißen in einer Grundmenge $\mathbb{G}$ **äquivalent** genau dann, wenn sie beim Einsetzen aller Elemente aus $\mathbb{G}$ jeweils in dieselbe Zahl übergehen. In diesem Fall schreibt man $T_1 = T_2$ und sagt, dass diese Gleichung in der Grundmenge $\mathbb{G}$ **allgemeingültig** ist.

Beispiel
$T_1(x) = 2x + 3x$ und $T_2(x) = 5x$ sind in $\mathbb{G} = \{1, 2, 3, 4\}$ äquivalent. Die Gleichung $2x + 3x = 5x$ ist somit in $\mathbb{G} = \{1, 2, 3, 4\}$ allgemeingültig.

Übung 10.1

(a) Sind die Terme:

$$T_1(x) = x^2 - x$$
$$T_2(x) = \tfrac{1}{2}x^3 - \tfrac{1}{2}x^2$$
$$T_3(x) = 2x - 2$$

in der Grundmenge $G = \{1, 2\}$ äquivalent?

(b) Sind die Terme:

$$T_1(x) = x^3 - 6x^2 + 11x - 6$$
$$T_2(x) = x^4 - 10x^3 + 35x^2 - 50x + 24$$

in der Grundmenge $G = \{1, 2, 3, 4\}$ äquivalent?

(c) Zeigen Sie, dass $T_1(x) = x$ und $T_2(x) = x^2$ in der Grundmenge $G_1 = \{0, 1\}$ äquivalent sind, nicht aber in der Grundmenge $G_2 = \mathbb{R}$. (Im letzten Fall reicht die Angabe eines Gegenbeispiels.)

10.3 Regeln zur Termumformung

Wenn für die Terme $T_1(x) = 2x + 3x$ und $T_2(x) = 5x$ die Grundmenge G die Menge der reellen Zahlen $\mathbb{R}$ ist, dann kann die Äquivalenz der Terme nicht mehr durch Einsetzen aller Elemente untersucht werden. Um hier die Äquivalenz der Terme nachzuweisen, werden die folgenden (auf den Rechenregeln der reellen Zahlen basierenden) Regeln zur Termumformung benutzt:

Regel 1

(a) $T_1 + T_2 = T_2 + T_1$ Kommutativgesetz für Terme (K)

     $T_1 \cdot T_2 = T_2 \cdot T_1$

(b) $(T_1 + T_2) + T_3 = T_1 + (T_2 + T_3)$ Assoziativgesetz für Terme (A)

     $(T_1 \cdot T_2) \cdot T_3 = T_1 \cdot (T_2 \cdot T_3)$

(c) $T_1 \cdot (T_2 + T_3) = T_1 \cdot T_2 + T_1 \cdot T_3$ Distributivgesetz für Terme (D)

Es ist zu beachten, dass das Distributivgesetz D nicht nur zum Umformen eines Produktes in eine Summe (Ausmultiplizieren), sondern auch umgekehrt zum Umformen einer Summe in ein Produkt (Faktorisieren) verwendet werden kann.

In dieser Form angewendet, kann die Äquivalenz der Terme $T_1(x) = 2x + 3x$ und $T_2(x) = 5x$ in $\mathbb{R}$ mithilfe des Distributivgesetzes nachgewiesen werden:

$$2x + 3x = (2 + 3)x = 5x$$

Die äquivalenten Regeln zu Termumformungen werden auch als **arithmetische Umformung** bezeichnet. Damit kann die Äquivalenz-Definition für Terme neu gefasst werden.

Definition 10.2
Zwei Terme T_1 und T_2 heißen **äquivalent** genau dann, wenn sie durch arithmetische Umformung ineinander überführbar sind.

10.4 Produktterme

Anhand von Beispielen soll das Umformen von Produkttermen unter Hinweis auf das entsprechende Gesetz gezeigt werden. Die Grundmenge für alle Variablen ist die Menge der reellen Zahlen $\mathbb{R}$.

Beispiele
(a) $5x^2(2x^3 - 3y^2)$

$$= 10x^5 - 15x^2y^2 \qquad\qquad\qquad\qquad\qquad\qquad \text{D}$$

(b) $(4x^2 - 5y^2 - 7z^2)(-xyz)$

$$= (4x^2 - 5y^2)(-xyz) + (-7z^2)(-xyz) \qquad\qquad \text{D}$$

$$= 4x^2(-xyz) + (-5y^2)(-xyz) + (-7z^2)(-xyz) \qquad \text{D}$$

$$= -4x^3yz + 5xy^3z + 7xyz^3$$

(c) $3(4x - 5y) - 13(x + 2y) - 2(6y - 6x)$

$$= 12x - 15y - 13x - 26y - 12y + 12x \qquad\qquad \text{D}$$

$$= 12x - 13x + 12x - 15y - 26y - 12y \qquad\qquad \text{K}$$

$$= (12 - 13 + 12)x - (15 + 26 + 12)y \qquad\qquad \text{D}$$

$$= 11x - 53y$$

(d) $(x - 3)(x + 7)$

$$= (x - 3)x + (x - 3)7 \qquad\qquad\qquad\qquad\qquad \text{D}$$

$$= x^2 - 3x + 7x - 21 \qquad\qquad\qquad\qquad\qquad \text{D}$$

$$= x^2 + (-3 + 7)x - 21 \qquad\qquad\qquad\qquad\qquad \text{D}$$

$$= x^2 + 4x - 21$$

Übung 10.2
Formen Sie die folgenden Produkte in Summen um und vereinfachen Sie so weit wie möglich.
(a) $5x^2(2x^2 - 3y^2)$
(b) $7x(5y + 3x) + 2y(4x + 18y) - x(36y - 16x) - 3y(x + 4y)$

(c) $(5a + 4)(7a + 7) + (3a + 2)(6a + 3)$

(d) $(a + b)(a + b) - (a + b)(a - b) + (a - b)(a - b)$

Das Distributivgesetz lässt sich ebenfalls zum Umformen einer Summe in ein Produkt verwenden.

Beispiele

(a) $7b^2 + 3b^2 = (7 + 3)b^2$ D

$\qquad\qquad = 10b^2$

(b) $x^2y + xy^2 = xy(x + y)$ D

(c) $25mn + 15mp + 20mq = 5m(5n + 3p + 4q)$ D

(d) $3x^2 + 10xy - 8y^2$

$\qquad\quad = 3x^2 + 12xy - 2xy - 8y^2$

$\qquad\quad = 3x(x + 4y) - 2y(x + 4y)$ D

$\qquad\quad = (3x - 2y)(x + 4y)$ D

Beim letzten Beispiel kommt es darauf an, den Term $10xy$ in den äquivalenten Term $12xy - 2xy$ umzuformen.

Übung 10.3

Faktorisieren Sie die folgenden Terme:

(a) $rx + 2ry - sx - 2sy$ (c) $x^2 + x^4 + x^6$

(b) $a^2x^2 - 2a^2y^2 + b^2x^2 - 2b^2y^2$ (d) $3x^2 - 5xy + 2y^2$

10.5 Binomische Formeln

Mithilfe von äquivalenten Umformungen können auch die wichtigen binomischen Formeln hergeleitet werden.

Formel 5 (Binomische Formeln)

Für alle $a, b \in \mathbb{R}$ gilt:

(1) $(a + b)^2 = a^2 + 2ab + b^2$

(2) $(a - b)^2 = a^2 - 2ab + b^2$

(3) $(a + b)(a - b) = a^2 - b^2$

Die „erste binomische Formel" lässt sich wie folgt herleiten:

$(a + b)^2 = (a + b)(a + b)$

$\qquad = (a + b)a + (a + b)b$ $\hfill$ D

$\qquad = a^2 + ba + ab + b^2$ $\hfill$ D

$\qquad = a^2 + 2ab + b^2$ $\hfill$ K, D

Für die „zweite binomische Formel" gilt entsprechend:

$(a - b)^2 = (a - b)(a - b)$

$\qquad = (a - b)a + (a - b)(-b)$ $\hfill$ D

$\qquad = a^2 - ba - ab + b^2$ $\hfill$ D

$\qquad = a^2 - 2ab + b^2$ $\hfill$ K, D

Schließlich kann für die „dritte binomische Formel" gezeigt werden:

$(a + b)(a - b) = (a + b)a + (a + b)(-b)$ $\hfill$ D

$\qquad = a^2 + ba - ab - b^2$ $\hfill$ D

$\qquad = a^2 - b^2$ $\hfill$ K, D

Beispiele

Die ersten drei Zahlenbeispiele sollen deutlich machen, dass die Formeln tatsächlich gelten. Natürlich kann die Berechnung in diesen Fällen einfacher erfolgen.

(a) $(3 + 5)^2 = 3^2 + 2 \cdot 3 \cdot 5 + 5^2 = 9 + 30 + 25 = 64$

$\qquad (3 + 5)^2 = 8^2 = 64$

(b) $(9 - 3)^2 = 9^2 - 2 \cdot 9 \cdot 3 + 3^2 = 81 - 54 + 9 = 36$

$\qquad (9 - 3)^2 = 6^2 = 36$

(c) $(6 + 4)(6 - 4) = 6^2 - 4^2 = 36 - 16 = 20$

$\qquad (6 + 4)(6 - 4) = 10 \cdot 2 = 20$

(d) $(7 + a)^2 = 49 + 14a + a^2$

(e) $(x - y)^2 = x^2 - 2xy + y^2$

(f) $(x - 5)(x + 5) = x^2 - 25$

(g) $(x^2 + y^2)(x^2 - y^2) + (x^2 + y^2)^2 + (x^2 - y^2)^2$

$\qquad = (x^4 - y^4) + (x^4 + 2x^2y^2 + y^4) + (x^4 - 2x^2y^2 + y^4)$

$\qquad = x^4 + x^4 + x^4 + 2x^2y^2 - 2x^2y^2 - y^4 + y^4 + y^4$

$\qquad = 3x^4 + y^4$

(h) Wichtig für das Lösen von quadratischen Gleichungen ist die folgende Termumformung:

$$\left(\left(x+\frac{p}{2}\right)+\sqrt{\frac{p^2}{4}-q}\right)\left(\left(x+\frac{p}{2}\right)-\sqrt{\frac{p^2}{4}-q}\right)$$

$$=\left(x+\frac{p}{2}\right)^2-\left(\sqrt{\frac{p^2}{4}-q}\right)^2$$

$$=x^2+px+\frac{p^2}{4}-\frac{p^2}{4}+q$$

$$=x^2+px+q$$

Übung 10.4

Berechnen Sie mithilfe der binomischen Formeln.

(a) $31^2=(30+1)^2$

(b) $22\cdot 18=(20+2)(20-2)$

(c) $(c+d)^2+(c-d)^2$

(d) $(t+13)(t-13)$

(e) $(\frac{2}{3}x+\frac{3}{5}y)(\frac{2}{3}x-\frac{3}{5}y)$

(f) $(2r-5a)^2-(7r+3a)^2$

(g) $(p+q+r)^2$

(h) $(x+y)^3$

Übung 10.5

Faktorisieren Sie mithilfe der binomischen Formeln.

(a) x^2+4x+4

(b) x^2-4x+4

(c) $a^2+a+\frac{1}{4}$

(d) $4x^2-4x+1$

(e) p^2-36

(f) y^2-100

(g) $1-b^4$

(h) $x^3+2x^2y+xy^2$

10.6 Bruchterme

Die meisten Schwierigkeiten macht erfahrungsgemäß das Umformen von Bruchtermen. Bei ihnen ist sorgfältig auf die Grundmenge $\mathbb{G}$ zu achten, über die ein Bruchterm definiert ist und für die eine äquivalente Umformung vorliegt.

Beispiele

(a) Für $\mathbb{G}_1=\mathbb{R}\setminus\{0\}$ sei:

$$T_1(x)=\frac{x^2}{x}$$

und für $\mathbb{G}_2=\mathbb{R}$ sei:

$$T_2(x)=x$$

Die beiden Terme lassen sich nur für die Menge $\mathbb{G}_1=\mathbb{R}\setminus\{0\}$ äquivalent umformen, nicht aber für $\mathbb{G}_2=\mathbb{R}$:

$$\frac{x^2}{x}=x,\qquad \mathbb{G}_1=\mathbb{R}\setminus\{0\}$$

(b) Für $\mathbb{G}=\mathbb{R}\setminus\{-1,2\}$ sei:

$$T_1(x)=\frac{x^2-1}{(x+1)(x-2)}$$

Der Bruchterm ist nur für reelle Zahlen definiert, für die der Nenner von null verschieden ist, d. h. $x \neq -1$ und $x \neq 2$. Für die Grundmenge $\mathbb{G} = \mathbb{R} \setminus \{-1, 2\}$ lässt sich der Term $T_1(x)$ äquivalent umformen:

$$\frac{x^2 - 1}{(x + 1)(x - 2)} = \frac{(x + 1)(x - 1)}{(x + 1)(x - 2)} = \frac{x - 1}{x - 2}$$

Die beiden Terme:

$$T_1(x) = \frac{x^2 - 1}{(x + 1)(x - 2)} \quad \text{und} \quad T_2(x) = \frac{x - 1}{x - 2}$$

sind nur in der Grundmenge $\mathbb{G} = \mathbb{R} \setminus \{-1, 2\}$ äquivalent.

(c) Für $\mathbb{G} = \{(a, b) \in \mathbb{R}^2 \mid a \neq b, \ a \neq -b\}$ gilt:

$$\begin{aligned} T(a, b) &= \frac{b}{a + b} - \frac{a}{a - b} = \frac{b(a - b)}{(a + b)(a - b)} - \frac{a(a + b)}{(a + b)(a - b)} \\ &= \frac{ba - b^2 - a^2 - ab}{a^2 - b^2} = -\frac{a^2 + b^2}{a^2 - b^2} \end{aligned}$$

(d) Für:

$$T_1(x) = \frac{x + 5}{x - 3} \quad \text{und} \quad T_2(x) = \frac{x^2 - 25}{x^2 - 3x}$$

berechnen wir:

$$\begin{aligned} T_1(x) : T_2(x) &= \frac{x + 5}{x - 3} : \frac{x^2 - 25}{x^2 - 3x} = \frac{(x + 5)(x^2 - 3x)}{(x - 3)(x^2 - 25)} \\ &= \frac{(x + 5)x(x - 3)}{(x - 3)(x - 5)(x + 5)} = \frac{x}{x - 5} \end{aligned}$$

Die beiden Terme:

$$\frac{x + 5}{x - 3} : \frac{x^2 - 25}{x^2 - 3x} \quad \text{und} \quad \frac{x}{x - 5}$$

sind in der Grundmenge $\mathbb{G} = \mathbb{R} \setminus \{-5, 0, 3, 5\}$ äquivalent. Die Grundmenge $\mathbb{R} \setminus \{-5, 0, 3, 5\}$ erklärt sich wie folgt:

Der Term $T_1(x)$ ist für $x = 3$, der Term $T_2(x)$ für $x = 0$ und $x = 3$ und der Kehrwert von $T_2(x)$ für $x = -5$ und $x = 5$ nicht definiert.

(e) Für $T_1(x) = 6x^2 + 2x - \frac{1}{2}$ und $T_2(x) = 2x + 1$ lässt sich $T_1(x) : T_2(x)$ durch **Polynomdivision** in der Grundmenge $\mathbb{G} = \mathbb{R} \setminus \{-\frac{1}{2}\}$ berechnen:

$$\begin{array}{l} (6x^2 + 2x - \tfrac{1}{2}) : (2x + 1) = 3x - \tfrac{1}{2} \\ \underline{-(6x^2 + 3x)} \\ \qquad -x - \tfrac{1}{2} \\ \qquad \underline{-(-x - \tfrac{1}{2})} \\ \qquad\qquad 0 \end{array}$$

Bei der Polynomdivision wird, ähnlich wie beim schriftlichen Dividieren, zunächst $6x^2$ durch $2x$ dividiert und das Ergebnis $3x$ auf der rechten Seite notiert. Das Ergebnis von $3x(2x+1) = 6x^2+3x$ wird unter dem Term $6x^2+2x-\frac{1}{2}$ aufgeschrieben und von diesem abgezogen. Als Ergebnis ergibt sich $-x - \frac{1}{2}$. Dann wird $-x$ durch $2x$ dividiert und das Ergebnis auf der rechten Seite notiert. Das Ergebnis von $(-\frac{1}{2})(2x + 1) = -x - \frac{1}{2}$ wird unter den Term $-x - \frac{1}{2}$ geschrieben und von diesem abgezogen. Das Ergebnis ist 0. Damit lässt sich der Term $6x^2 + 2x - \frac{1}{2}$ wie folgt faktorisieren:

$$6x^2 + 2x - \tfrac{1}{2} = (3x - \tfrac{1}{2})(2x + 1)$$

Die beiden Terme

$$\frac{6x^2 + 2x - \frac{1}{2}}{2x + 1} \qquad \text{und} \qquad 3x - \frac{1}{2}$$

sind in der Grundmenge $\mathbb{G} = \mathbb{R} \setminus \{-\frac{1}{2}\}$ äquivalent.

Übung 10.6

(a) Bestimmen Sie die Grundmenge und fassen Sie zusammen:

$$\frac{1}{x + 2} + \frac{2}{x - 1} + \frac{1}{x + 1}$$

(b) Fassen Sie in der Grundmenge $\mathbb{G} = \{(x, y) \in \mathbb{R}^2 \mid x \neq y,\ x = -y\}$ zusammen:

$$\frac{x + y}{x - y} - \frac{x - y}{x + y}$$

(c) Führen Sie in der Grundmenge $\mathbb{G} = \{(p, q) \in \mathbb{R}^2 \mid p \neq 0,\ q \neq 0,\ p \neq q\}$ die folgende Division durch:

$$(p - q)^2 : \frac{p^2 - pq}{4pq}$$

(d) In der Grundmenge $\mathbb{G} = \mathbb{R} \setminus \{3\}$ ist die Polynomdivision:

$$(x^2 - 5x + 6) : (x - 3)$$

durchzuführen.

10.7 Lösungen zu den Übungen

Lösung 10.1

(a) Da $T_1(1) = T_2(1) = T_3(1) = 0$ und $T_1(2) = T_2(2) = T_3(2) = 2$, sind die Terme $T_1(x)$, $T_2(x)$, $T_3(x)$ in $\mathbb{G} = \{1, 2\}$ äquivalent.

(b) Nein, da $T_1(4) \neq T_2(4)$.

(c) Da $T_1(0) = T_2(0)$ und $T_1(1) = T_2(1)$, sind $T_1(x)$ und $T_2(x)$ in $\mathbb{G} = \{0, 1\}$ äquivalent. Da z. B. $T_1(2) \neq T_2(2)$, sind $T_1(x)$ und $T_2(x)$ in $\mathbb{R}$ nicht äquivalent.

Lösung 10.2

(a) $10x^4 - 15x^2y^2$

(b) $37x^2 + 4xy + 24y^2$

(c) $53a^2 + 84a + 34$ (d) $a^2 + 3b^2$

Lösung 10.3
(a) $(x + 2y)(r - s)$
(b) $(a^2 + b^2)(x^2 - 2y^2)$
(c) $x^2(1 + x^2 + x^4)$
(d) $3x^2 - 3xy - 2xy + 2y^2 = 3x(x - y) - 2y(x - y) = (3x - 2y)(x - y)$

Lösung 10.4
(a) 961 (e) $\frac{4}{9}x^2 - \frac{9}{25}y^2$
(b) 396 (f) $-45r^2 - 62ra + 16a^2$
(c) $2c^2 + 2d^2$ (g) $p^2 + q^2 + r^2 + 2(pq + pr + qr)$
(d) $t^2 - 169$ (h) $x^3 + 3x^2y + 3xy^2 + y^3$

Lösung 10.5
(a) $(x + 2)^2$ (e) $(p - 6)(p + 6)$
(b) $(x - 2)^2$ (f) $(y - 10)(y + 10)$
(c) $(a + \frac{1}{2})^2$ (g) $(1 - b^2)(1 + b^2)$
(d) $(2x - 1)^2$ (h) $(x^2 + xy)(x + y) = x(x + y)^2$

Lösung 10.6
(a) $\mathbb{G} = \mathbb{R} \setminus \{-2, -1, 1\}$; $\dfrac{4x^2 + 7x + 1}{(x + 2)(x - 1)(x + 1)}$

(b) $\dfrac{4xy}{(x - y)(x + y)}$

(c) $(p - q) \cdot 4q$

(d) $(x^2 - 5x + 6) : (x - 3) = (x - 2)$
    Und somit gilt: $x^2 - 5x + 6 = (x - 2)(x - 3)$

11 Gleichungen und Ungleichungen

Beziehungen zwischen wirtschaftlichen Größen werden oft in Form von Gleichungen bzw. Ungleichungen erfasst. Ziel dieses Kapitels ist es, die Methoden zum Lösen einfacher (Un-)Gleichungen zu wiederholen. Einfach bedeutet, dass die Gleichungen bzw. Ungleichungen nur eine Unbekannte enthalten, die lediglich in erster und/oder zweiter Potenz vorkommt.

11.1 Gleichungen und Ungleichungen in der Ökonomie

Zunächst werden anhand dreier Beispiele Anwendungsmöglichkeiten von Gleichungen und Ungleichungen erläutert.

Beispiele

(a) Ein Unternehmen möchte ein neues Gut auf den Markt bringen. Die fixen Kosten betragen 450 Geldeinheiten (GE), die variablen Kosten betragen 30 GE pro Mengeneinheit (ME). Aufgrund einer Marktanalyse wird ein Stückpreis von 45 GE festgelegt. Als Kosten K in Abhängigkeit der Produktionsmenge x ergeben sich:

$$K = 30x + 450, \quad x \geq 0$$

Als Umsatz U in Abhängigkeit der Absatzmenge x erhält man:

$$U = 45x, \quad x \geq 0$$

Somit ergibt sich für den Gewinn G:

$$G = U - K$$
$$= 45x - (30x + 450)$$
$$= 15x - 450, \quad x \geq 0$$

Das Unternehmen interessiert sich für die Produktions- und Absatzmenge, bei der weder ein Gewinn noch ein Verlust erwirtschaftet wird, d. h. bei der Umsatz gleich Kosten ist. Diese kostendeckende Absatzmenge erhält man durch Lösen der Gleichung:

$$15x - 450 = 0$$

(b) Ein Unternehmen produziert ein Gut an zwei verschiedenen Standorten A und B. In Produktionsstätte A fallen variable Kosten in Höhe von 10 GE pro ME und fixe Kosten in Höhe von 500 GE an. Als Gesamtkosten K_A ergeben sich somit in Abhängigkeit der Produktionsmenge x:

$$K_A = 10x + 500, \quad x \geq 0$$

https://doi.org/10.1515/9783110726886-011

Für Produktionsstätte B berechnen sich die Gesamtkosten K_B durch:

$$K_B = 12x + 250, \quad x \geq 0$$

Bei einer Produktion von 125 ME fallen an den Standorten A und B die gleichen Kosten an, d. h.:

$$K_A = K_B = 1\,750\,\text{GE}$$

Unter 125 ME ist die Produktion am Standort B, über 125 ME an Standort A kostengünstiger. Somit führt der Vergleich der Kostenterme für Produktionsmengen zwischen 0 und 125 ME zu der Ungleichung:

$$K_A > K_B \quad \text{bzw.} \quad 10x + 500 > 12x + 250$$

Für eine Produktionsmenge größer 125 ME ergibt sich die Ungleichung:

$$K_A < K_B \quad \text{bzw.} \quad 10x + 500 < 12x + 250$$

(c) Der Flächeninhalt F_Q eines Quadrats mit Seitenlänge a berechnet sich mittels der Formel:

$$F_Q = a^2$$

Für den Flächeninhalt F_K eines Kreises mit Radius a ergibt sich:

$$F_K = \pi \cdot a^2 \quad (\pi = 3{,}141\,5\ldots)$$

Ein Vergleich der beiden Terme ergibt wegen $\pi > 1$ die Ungleichung:

$$F_Q < F_K \quad \text{bzw.} \quad a^2 < \pi \cdot a^2$$

11.2 Formen von Gleichungen und Ungleichungen

Allgemein kann der Vergleich zweier Terme T_1 und T_2 ergeben, dass:

Tab. 11.1: Vergleich zweier Terme

Vergleich	formal
T_1 und T_2 gleich sind	$T_1 = T_2$
T_1 kleiner T_2 ist	$T_1 < T_2$
T_1 kleiner oder gleich T_2 ist	$T_1 \leq T_2$
T_1 größer T_2 ist	$T_1 > T_2$
T_1 größer oder gleich T_2 ist	$T_1 \geq T_2$
T_1 ungleich T_2 ist	$T_1 \neq T_2$

Die Verbindung der beiden Terme T_1 und T_2 durch ein Gleichheitszeichen bezeichnet man als Gleichung.

Definition 11.1
Eine **Gleichung** ist die Verbindung zweier Terme T_1 und T_2 durch ein Gleichheitszeichen:

$$T_1 = T_2$$

Werden zwei Terme durch ein Ungleichheitszeichen verbunden, so erhält man eine Ungleichung.

Definition 11.2
Eine **Ungleichung** ist die Verbindung zweier Terme T_1 und T_2 durch eines der fünf Ungleichheitszeichen:

$$T_1 < T_2 \quad (T_1 \text{ kleiner } T_2)$$
$$T_1 > T_2 \quad (T_1 \text{ größer } T_2)$$
$$T_1 \leq T_2 \quad (T_1 \text{ kleiner oder gleich } T_2)$$
$$T_1 \geq T_2 \quad (T_1 \text{ größer oder gleich } T_2)$$
$$T_1 \neq T_2 \quad (T_1 \text{ ungleich } T_2)$$

Wir betrachten zunächst einige einfache Beispiele für Gleichungen und Ungleichungen.

Beispiele
(a) $3 + 2 = 5$ (c) $a^2 + b^2 = c^2$ (e) $6x^2 \geq 10 + a$
(b) $7x = 3x^2 + 2$ (d) $7x < 9$ (f) $4 + 3 \neq 6 - 2$

Werden in Gleichungen bzw. Ungleichungen Symbole $a, b, c, \ldots$ verwendet, die stellvertretend für bestimmte Zahlen stehen, so werden diese Symbole als **Konstanten** oder **Parameter** bezeichnet. Sollen Symbole $x, y, \ldots$ einen oder mehrere zunächst unbekannte Werte annehmen, so spricht man von **Variablen**.

(Un-)Gleichungen können nach ihrer Bedeutung unterschieden werden. Eine Gleichung bzw. Ungleichung kann dazu dienen, eine wahre mathematische Aussage zu formulieren, z. B.:
(1) $3 + 2 = 5$
(2) $3 < 7$
(3) $5 \geq 2$

In diesem Fall wird sie als **identische Gleichung** bzw. **identische Ungleichung** bezeichnet.

Wird eine Gleichung oder Ungleichung dazu verwendet, die Beziehung oder den Vergleich zweier veränderlichen Größen zu beschreiben, so heißt sie **Funktionsgleichung** bzw. **Funktionsungleichung**. Sie dient dazu, ökonomische Sachverhalte zu definieren oder darzustellen. Durch Einsetzen konkreter Werte für die Variablen können einzelne Größen berechnet werden.

Beispiele

(a) Eine Funktionsgleichung ist $G = U - K$, wobei G der Gewinn, U der Umsatz und K die Kosten sind. Dabei ist darauf zu achten, dass der Umsatz und die Kosten immer nicht negativ sind.

(b) Eine Funktionsungleichung ist $U \geq G$, wobei G der Gewinn und U der Umsatz sind. Die Ungleichung resultiert daraus, dass sich der Gewinn als Differenz zwischen Umsatz und Kosten ergibt.

(c) Für die Fläche eines Rechtecks gilt die Funktionsgleichung $F = a \cdot b$, wobei a und b die Seitenlängen sind. Dabei ist zu beachten, dass a und b positiv sind.

Neben den beiden bisher genannten Gleichungs- und Ungleichungsarten gibt es als dritten Typ die **Bestimmungsgleichungen** und **Bestimmungsungleichungen**. Diese enthalten neben bekannten Größen immer eine oder mehrere Variablen. Sie dienen der Ermittlung aller Werte der Variablen, für die die Bestimmungsgleichung bzw. - ungleichung eine wahre Aussage ergibt. Die Ermittlung dieser Werte wird Lösen oder Auflösen der Gleichung bzw. Ungleichung genannt. Diese Aufgabenstellung findet sich häufig in ökonomischen Fragestellungen wieder.

Beispiele

(a) Die Gleichung $5x - 12 = 3x + 48$ hat die Lösung $x = 30$.

(b) Die Gleichung $x^2 - 10x = -9$ hat die Lösungen $x_1 = 1$ und $x_2 = 9$.

(c) Die Ungleichung $3x \leq 9$ wird von allen Zahlen $x \leq 3$ gelöst.

Wir befassen uns im Folgenden nur mit Bestimmungsgleichungen und -ungleichungen und bezeichnen diese kurz als Gleichungen bzw. Ungleichungen.

11.3 Gleichungen mit einer Variablen

In diesem Abschnitt stehen Verfahren zum Lösen von Gleichungen mit einer Variablen im Mittelpunkt des Interesses. Dabei wird die Variable einheitlich mit x bezeichnet, d. h. wir betrachten eine Gleichung der allgemeinen Form:

$$T_1(x) = T_2(x)$$

Zunächst wollen wir die Begriffe Grundmenge und Lösungsmenge einführen. Unter der Grundmenge dieser Gleichung versteht man die Menge aller Werte, die für x in die Terme $T_1(x)$ und $T_2(x)$ eingesetzt werden dürfen.

Definition 11.3
Gegeben sei die Gleichung:

$$T_1(x) = T_2(x).$$

Die Menge aller Werte, die für die Variable x in die Terme $T_1(x)$ und $T_2(x)$ eingesetzt werden darf, heißt **Grundmenge** der Gleichung und wird mit $\mathbb{G}$ bezeichnet.

Als Grundmenge $\mathbb{G}$ wählen wir die reellen Zahlen ohne die Werte, die zu einer nicht definierten oder nicht sinnvollen Operation führen, z. B. Division durch null. Kann jede Zahl in $T_1(x)$ und $T_2(x)$ eingesetzt werden, so wählen wir $\mathbb{G} = \mathbb{R}$. Bei ökonomischen Anwendungen ist darauf zu achten, dass Größen wie Preise und Mengen nicht negativ sein dürfen.

Beispiele
(a) $3(x + 2) = 5x + 15$, $\quad \mathbb{G} = \mathbb{R}$
(b) In Beispiel a aus Kapitel 11.1 ergab sich die kostendeckende Absatzmenge x als Lösung der Gleichung:

$$15x - 450 = 0, \quad \mathbb{G} = \mathbb{R}_0^+$$

Die Grundmenge ergibt sich daraus, dass es sich bei x um eine Absatzmenge handelt und x somit größer oder gleich null sein muss.
(c) Gegeben sei die Gleichung:

$$\frac{3 + 7x}{x - 1} = \frac{1}{x + 4}, \quad \mathbb{G} = \mathbb{R} \setminus \{-4, 1\}$$

Die Grundmenge ergibt sich, da die Division durch null nicht definiert ist.

Die Lösungsmenge enthält alle Werte (aus der Grundmenge), für die beim Einsetzen an die Stelle der Variable x eine wahre Aussage entsteht.

Definition 11.4
Gegeben sei die Gleichung $T_1(x) = T_2(x)$ mit der Grundmenge $\mathbb{G}$. Die Menge aller Elemente x aus $\mathbb{G}$, für die beim Einsetzen die Aussage:

$$T_1(x) = T_2(x)$$

wahr ist, heißt **Lösungsmenge** und wird mit $\mathbb{L}$ bezeichnet.

Anmerkung

Die Lösungsmenge einer Gleichung $T_1(x) = T_2(x)$ ist immer eine Teilmenge der Grundmenge, d. h. es gilt $\mathbb{L} \subset \mathbb{G}$.

Beispiele

In den folgenden Beispielen lassen sich die Lösungsmengen unmittelbar ablesen.

(a) Die Gleichung $3x = 7$, $\mathbb{G} = \mathbb{R}$, hat die Lösungsmenge $\mathbb{L} = \{\frac{7}{3}\}$.

(b) Die Gleichung $3x = 3x + 1$, $\mathbb{G} = \mathbb{R}$, hat die Lösungsmenge $\mathbb{L} = \emptyset$, d. h. es gibt keine reelle Zahl, die eingesetzt zu einer wahren Aussage führt.

(c) Die Gleichung $\frac{12}{x} = 4$, $\mathbb{G} = \mathbb{R} \setminus \{0\}$, hat die Lösungsmenge $\mathbb{L} = \{3\}$.

Wir wollen uns im Folgenden ausführlich mit der Bestimmung der Lösungsmengen von Gleichungen befassen. Zum Lösen einer Gleichung werden auf beiden Seiten die gleichen Rechenoperationen mit dem Ziel durchgeführt, die Variable zu isolieren. Dabei ist es erlaubt:

(1) auf beiden Seiten der Gleichung einen Term zu addieren oder zu subtrahieren,

(2) beide Seiten der Gleichung mit einem Term ungleich null zu multiplizieren,

(3) beide Seiten der Gleichung durch einen Term ungleich null zu dividieren.

Da durch diese Termumformungen die Lösungsmenge der Gleichung nicht verändert wird, heißen sie **äquivalente Umformungen**.

Diese Vorgehensweise wird zunächst am Beispiel „linearer" Gleichungen dargestellt. Eine Gleichung $T_1(x) = T_2(x)$ mit der Grundmenge $\mathbb{G}$ heißt **linear**, wenn nach Auflösen aller Klammern und aller Brüche die Variable x nur in den Potenzen null und eins vorkommt, z. B. $3x + 2 = 5x - 7$.

Beispiel

Gegeben sei die Gleichung:

$$3(x + 4) - 7(2x - 3) = 8(x - 5), \quad \mathbb{G} = \mathbb{R}$$

Zur Bestimmung der Lösungsmenge müssen im ersten Schritt die Klammern ausmultipliziert werden. Es ergibt sich:

$$3x + 12 - 14x + 21 = 8x - 40$$

Dies wird zusammengefasst zu:

$$-11x + 33 = 8x - 40$$

Durch die Anwendung der äquivalenten Umformung „Subtraktion von 33" auf beiden Seiten erhält man:

$$-11x = 8x - 73$$

Die Subtraktion von $8x$ auf beiden Seiten führt zu:

$$-19x = -73$$

Mittels der Division durch (-19) ergibt sich:

$$x = \frac{-73}{-19} = \frac{73}{19}$$

bzw. als Lösungsmenge $\mathbb{L} = \{\frac{73}{19}\}$.

Probe:

Einsetzen in die linke Seite der Ausgangsgleichung ergibt:

$$3 \cdot \left(\frac{73}{19} + 4\right) - 7 \cdot \left(2 \cdot \frac{73}{19} - 3\right) = \frac{447}{19} - \frac{623}{19} = -\frac{176}{19}$$

Einsetzen in die rechte Seite führt zu:

$$8 \cdot \left(\frac{73}{19} - 5\right) = 8 \cdot \left(-\frac{22}{19}\right) = -\frac{176}{19}$$

Somit liefert $x = \frac{73}{19}$ eine wahre Aussage.

Enthält eine Gleichung Brüche, bei denen die Variable x im Nenner vorkommt, so sind die Brüche aufzulösen. Darüber hinaus ist bei der Grundmenge darauf zu achten, dass die Nenner nicht null werden dürfen.

Beispiel

Gegeben sei die Gleichung:

$$\frac{1}{x-1} - \frac{4}{x+1} = 0, \quad \mathbb{G} = \mathbb{R} \setminus \{-1, 1\}$$

Multipliziert man beide Seiten mit $(x + 1)$, so erhält man:

$$\frac{x+1}{x-1} - 4 = 0$$

Die Multiplikation mit $(x - 1)$ liefert:

$$(x + 1) - 4(x - 1) = 0$$

Das Auflösen der Klammern ergibt:

$$x + 1 - 4x + 4 = 0$$

Dies wird zusammengefasst zu:

$$-3x + 5 = 0$$

Addiert man auf beiden Seiten $3x$, so erhält man:

$$5 = 3x$$

Die Division durch 3 liefert:

$$x = \frac{5}{3}$$

Es ergibt sich somit die Lösungsmenge $\mathbb{L} = \{\frac{5}{3}\}$.

Die Vorgehensweise in den Beispielen entspricht dem folgenden Schema.

Regel 2 (Auflösen einer linearen Gleichung)

(1) Auflösen von Klammern und/oder Brüchen.

(2) Zusammenfassen der Ausdrücke mit x und Zusammenfassen der bestimmten Zahlen auf beiden Seiten.

(3) Äquivalente Umformung der Gleichung so, dass auf einer Seite ein Ausdruck mit x und auf der anderen Seite eine bestimmte Zahl steht.

(4) Division beider Seiten durch den Faktor vor x.

Übung 11.1

Geben Sie die Lösungsmengen der folgenden Gleichungen an:

(a) $-10x + 20 = 0$, $\mathbb{G} = \mathbb{R}$

(b) $2(x - 1) + 3(4x - 3) = 5x$, $\mathbb{G} = \mathbb{R}$

(c) $\dfrac{1}{x + 1} = 7$, $\mathbb{G} = \mathbb{R} \setminus \{-1\}$

(d) $\dfrac{2}{x - 2} = \dfrac{5}{x + 4}$, $\mathbb{G} = \mathbb{R} \setminus \{-4, 2\}$

(e) $3(x - 1) = 2(x + 2) + x - 1$, $\mathbb{G} = \mathbb{R}$

11.4 Quadratische Gleichungen

In diesem Abschnitt befassen wir uns mit „quadratischen" Gleichungen. Eine Gleichung heißt **quadratisch**, wenn nach Auflösen aller Klammern und Brüche die Variable x nur in den Potenzen null, eins und zwei vorkommt. Quadratische Gleichungen können in unterschiedlicher Form gegeben sein, z. B.:

$$x^2 + 3x - 1 = 0, \quad \mathbb{G} = \mathbb{R}$$

oder

$$3x^2 + 7 = 12 - 4x, \quad \mathbb{G} = \mathbb{R}$$

Zur Bestimmung der Lösungsmenge von quadratischen Gleichungen gibt es drei Möglichkeiten:

(1) *pq*-Formel
(2) *abc*-Formel
(3) Quadratische Ergänzung

Die *pq*-Formel wird ausführlich vorgestellt. Wenn keine Vorkenntnisse vorhanden sind, ist dies der einfachste und schnellste Weg, quadratische Gleichungen zu lösen. Alternativ können auch die beiden anderen Verfahren verwendet werden. Diese werden im Anschluss an die *pq*-Formel erläutert.

Will man eine quadratische Gleichung mit der *pq*-Formel lösen, so muss die Gleichung zunächst mittels äquivalenter Umformungen auf die **Standardform**:

$$x^2 + px + q = 0, \quad x \in \mathbb{G}$$

mit den Parametern $p, q \in \mathbb{R}$ gebracht werden.

Beispiel

Gegeben sei die Gleichung:

$$2x(x - 1) = 4(x + 2) - (2x + 2), \quad \mathbb{G} = \mathbb{R}$$

Diese wird auf die Standardform gebracht. Dazu gehen wir wie folgt vor:

$2x^2 - 2x = 4x + 8 - 2x - 2$	(*Auflösen der Klammern*)
$2x^2 - 2x = 2x + 6$	(*Zusammenfassen der Ausdrücke*)
$2x^2 - 4x - 6 = 0$	(*Subtraktion von 2x und 6*)
$x^2 - 2x - 3 = 0$	(*Division durch 2*)

Erst jetzt können wir die Parameter p und q ablesen. Im vorliegenden Fall ist $p = -2$ und $q = -3$.

Ausgehend von dieser Standardform lassen sich Lösungen durch folgende Formel ermitteln.

Formel 6 (*pq*-Formel)

Die Lösungen x_1 und x_2 der quadratischen Gleichung $x^2 + px + q = 0$ berechnen sich nach der Formel:

$$x_1 = -\frac{p}{2} + \sqrt{\left(\frac{p}{2}\right)^2 - q} \quad \text{und} \quad x_2 = -\frac{p}{2} - \sqrt{\left(\frac{p}{2}\right)^2 - q}$$

oder kurz:

$$x_{1,2} = -\frac{p}{2} \pm \sqrt{\left(\frac{p}{2}\right)^2 - q}$$

Anmerkungen

(a) Im Fall $\left(\frac{p}{2}\right)^2 > q$ gibt es zwei unterschiedliche Lösungen x_1 und x_2.

(b) Ist $\left(\frac{p}{2}\right)^2 = q$, so liefern x_1 und x_2 dieselbe Lösung.

(c) Im Fall $\left(\frac{p}{2}\right)^2 < q$ ergibt sich unter dem Wurzelzeichen eine negative Zahl, wofür – wie bekannt – die Wurzel nicht definiert ist. Dies bedeutet, dass die quadratische Gleichung keine Lösung besitzt.

Beispiele

(a) $x^2 - 2x - 3 = 0, \quad \mathbb{G} = \mathbb{R}$

$x_{1,2} = 1 \pm \sqrt{1^2 - (-3)} = 1 \pm \sqrt{4}$

$x_1 = 3, \quad x_2 = -1$

$\mathbb{L} = \{-1, 3\}$

(b) $x^2 + 4x + 4 = 0, \quad \mathbb{G} = \mathbb{R}$

$x_{1,2} = -2 \pm \sqrt{2^2 - 4} = -2 \pm \sqrt{0} = -2$

$x_1 = x_2 = -2$

$\mathbb{L} = \{-2\}$

(c) $x^2 - 3x + 7 = 0, \quad \mathbb{G} = \mathbb{R}$

$x_{1,2} = 1{,}5 \pm \sqrt{1{,}5^2 - 7} = 1{,}5 \pm \sqrt{-4{,}75}$

$\mathbb{L} = \emptyset$

Wir wollen jetzt die Lösungsmenge einer quadratischen Gleichung bestimmen, bei der die Variable x im Nenner vorkommt.

Beispiel

Gegeben sei die Gleichung:

$$\frac{x}{x+1} + \frac{x+1}{x-1} = 4, \quad \mathbb{G} = \mathbb{R} \setminus \{-1, 1\}$$

Multipliziert man beide Seiten mit $(x - 1)$, so erhält man:

$$\frac{x(x-1)}{x+1} + (x+1) = 4(x-1)$$

Die Multiplikation mit $(x + 1)$ ergibt:

$$x(x-1) + (x+1)^2 = 4(x-1)(x+1)$$

Ausmultiplizieren führt zu:

$$x^2 - x + x^2 + 2x + 1 = 4x^2 - 4$$

Nun wird die Gleichung auf die Standardform gebracht:

$2x^2 + x + 1 = 4x^2 - 4$ (*Zusammenfassen der Ausdrücke*)

$-2x^2 + x + 5 = 0$ (*Subtraktion von $4x^2$ und Addition von 4*)

$x^2 - \frac{1}{2}x - \frac{5}{2} = 0$ (*Division durch -2*)

Die Anwendung der pq-Formel liefert die Lösungen:

$$x_{1,2} = \frac{1}{4} \pm \sqrt{\left(\frac{1}{4}\right)^2 + \frac{5}{2}} = \frac{1}{4} \pm \frac{\sqrt{41}}{4}$$

Die Lösungsmenge lautet somit: $\mathbb{L} = \left\{\dfrac{1 + \sqrt{41}}{4}, \dfrac{1 - \sqrt{41}}{4}\right\}$

Zusammenfassend ergibt sich die folgende Vorgehensweise:

Regel 3 (Auflösen einer quadratischen Gleichung)

(1) Auflösen von Klammern und/oder Brüchen.

(2) Zusammenfassen der Ausdrücke mit x^2, Zusammenfassen der Ausdrücke mit x und Zusammenfassen der bestimmten Zahlen auf beiden Seiten.

(3) Äquivalente Umformung der Gleichung so, dass auf der rechten Seite null steht.

(4) Division beider Seiten durch den Faktor vor x^2.

(5) Anwendung der pq-Formel.

Alternativ zur pq-Formel kann bei quadratischen Gleichungen auch die abc-Formel verwendet werden. Diese geht von der Form:

$$ax^2 + bx + c = 0, \quad \mathbb{G} = \mathbb{R}$$

mit $a \neq 0$ aus.

Formel 7 (abc-Formel)
Die Lösungen x_1 und x_2 der quadratischen Gleichung $ax^2 + bx + c = 0$ berechnen sich für $a \neq 0$ nach der Formel:

$$x_1 = -\frac{b}{2a} + \sqrt{\left(\frac{b}{2a}\right)^2 - \frac{c}{a}} \quad \text{und} \quad x_2 = -\frac{b}{2a} - \sqrt{\left(\frac{b}{2a}\right)^2 - \frac{c}{a}}$$

Anmerkungen
Analog zur pq-Formel gilt:

(a) Im Fall $\left(\frac{b}{2a}\right)^2 > \frac{c}{a}$ gibt es zwei unterschiedliche Lösungen x_1 und x_2.

(b) Ist $\left(\frac{b}{2a}\right)^2 = \frac{c}{a}$, so liefern x_1 und x_2 dieselbe Lösung.

(c) Im Fall $\left(\frac{b}{2a}\right)^2 < \frac{c}{a}$ ergibt sich unter dem Wurzelzeichen eine negative Zahl. Dies bedeutet, dass die quadratische Gleichung keine Lösung besitzt.

(d) Im Gegensatz zur pq-Formel muss man bei der abc-Formel nicht standardisieren, dafür nimmt man aber eine komplizierter aufgebaute Formel in Kauf.

Beispiele

(a) $3x^2 + 18x - 120 = 0, \quad \mathbb{G} = \mathbb{R}$

$$x_{1,2} = -\frac{18}{6} \pm \sqrt{\left(\frac{18}{6}\right)^2 + \frac{120}{3}} = -3 \pm \sqrt{9 + 40} = -3 \pm 7$$

$x_1 = 4, \quad x_2 = -10$

$\mathbb{L} = \{-10, 4\}$

(b) $5x^2 - 10x + 5 = 0, \quad \mathbb{G} = \mathbb{R}$

$$x_{1,2} = \frac{10}{10} \pm \sqrt{\left(\frac{10}{10}\right)^2 - \frac{5}{5}} = 1 \pm \sqrt{1 - 1} = 1$$

$x_1 = x_2 = 1$

$\mathbb{L} = \{1\}$

(c) $3x^2 + 6x + 27 = 0, \quad \mathbb{G} = \mathbb{R}$

$$x_{1,2} = -\frac{6}{6} \pm \sqrt{\left(\frac{6}{6}\right)^2 - \frac{27}{3}} = -1 \pm \sqrt{1 - 9} = -1 \pm \sqrt{-8}$$

$\mathbb{L} = \emptyset$

Als dritte Methode zur Lösung quadratischer Gleichungen wird die quadratische Ergänzung an zwei Beispielen verdeutlicht. Im zweiten Beispiel wird dabei die Standardform der pq-Formel mit allgemeinen Parametern p und q gelöst, und damit gleichzeitig die pq-Formel bewiesen.

Beispiele

(a) Wir betrachten eine quadratische Gleichung in der Standardform:

$$x^2 + 4x + 3 = 0$$

Addiert man auf beiden Seiten 1, so kann die linke Seite mithilfe der ersten binomischen Formeln bearbeitet werden:

$$x^2 + 4x + 4 = 1$$

bzw.:

$$(x + 2)^2 = 1$$

Zieht man auf beiden Seiten die Wurzel, so ergibt sich:

$$x + 2 = \sqrt{1} \quad \text{oder} \quad x + 2 = -\sqrt{1}$$

Die Lösungsmenge lautet somit $\mathbb{L} = \{-1, -3\}$.

(b) Liegt die quadratische Gleichung in der Standardform:

$$x^2 + px + q = 0$$

vor, so wird zunächst auf beiden Seiten $\left(\frac{p}{2}\right)^2$ addiert und q subtrahiert. Man erhält:

$$x^2 + px + \left(\frac{p}{2}\right)^2 = \left(\frac{p}{2}\right)^2 - q$$

Die linke Seite kann mit der ersten binomischen Formel umgeformt werden:

$$\left(x + \frac{p}{2}\right)^2 = \left(\frac{p}{2}\right)^2 - q$$

Zieht man auf beiden Seiten die Wurzel, so ergibt sich:

$$x + \frac{p}{2} = \sqrt{\left(\frac{p}{2}\right)^2 - q} \quad \text{oder} \quad x + \frac{p}{2} = -\sqrt{\left(\frac{p}{2}\right)^2 - q}$$

Als Lösungen der quadratischen Gleichung erhält man:

$$x_1 = -\frac{p}{2} + \sqrt{\left(\frac{p}{2}\right)^2 - q} \quad \text{und} \quad x_2 = -\frac{p}{2} - \sqrt{\left(\frac{p}{2}\right)^2 - q}$$

Man sieht, dass die Methode der quadratischen Ergänzung zur pq-Formel führt.

Übung 11.2

Lösen Sie mit einer Methode Ihrer Wahl.

(a) $-2x^2 + 12x - 10 = 0$, $\quad G = \mathbb{R}$

(b) $x(x - 4) = 3(x + 2) - 2(x + 5)$, $\quad G = \mathbb{R}$

(c) $3x + \dfrac{30}{x + 3} = 2$, $\quad G = \mathbb{R} \setminus \{-3\}$

(d) $\dfrac{-3x + 21}{x^2 + x} = 1$, $\quad G = \mathbb{R} \setminus \{-1, 0\}$

11.5 Ungleichungen mit einer Variablen

In diesem Abschnitt werden Ungleichungen mit einer Variablen behandelt. Analog zu den Gleichungen wird die Variable mit x bezeichnet. Zunächst werden wiederum die Begriffe Grundmenge und Lösungsmenge definiert.

Definition 11.5

Gegeben sei eine Ungleichung mit den Termen $T_1(x)$ und $T_2(x)$. Die Menge aller Werte, die für die Variable x in die Terme $T_1(x)$ und $T_2(x)$ eingesetzt werden dürfen, heißt **Grundmenge** und wird mit $\mathbb{G}$ bezeichnet.

Die Menge aller Elemente aus $\mathbb{G}$, für die beim Einsetzen in die Variable x die gegebene Ungleichung eine wahre Aussage ist, heißt **Lösungsmenge** und wird mit $\mathbb{L}$ bezeichnet.

In den folgenden Beispielen lassen sich die Grundmengen und die Lösungsmengen leicht bestimmen.

Beispiele

(a) Die Gleichung $x + 1 \leq 2$, $\mathbb{G} = \mathbb{R}$, hat die Lösungsmenge:

$$\mathbb{L} = \{x \in \mathbb{R} \mid x \leq 1\} = (-\infty, 1]$$

(b) Der Gewinn G in Abhängigkeit der Absatzmenge x sei gegeben durch:

$$G = 2x - 150, \quad x \geq 0$$

Zur Ermittlung der Gewinnzone, d. h. der Absatzmengen x mit $G > 0$, ist die Lösungsmenge der folgenden Ungleichung zu bestimmen:

$$2x - 150 > 0, \quad \mathbb{G} = \mathbb{R}_0^+$$

Als Gewinnzone ergibt sich das Intervall:

$$\mathbb{L} = \{x \in \mathbb{R} \mid x > 75\} = (75, \infty)$$

(c) Die Gleichung $\frac{1}{x} > 0$, $\mathbb{G} = \mathbb{R} \setminus \{0\}$, hat die Lösungsmenge:

$$\mathbb{L} = \{x \in \mathbb{R} \mid x > 0\} = \mathbb{R}^+$$

Die Lösungsmenge einer Ungleichung bleibt bei den folgenden Rechenoperationen – äquivalente Termumformungen genannt - unverändert:

(1) Addition oder Subtraktion des gleichen Terms auf beiden Seiten
(2) Multiplikation oder Division der beiden Seiten mit einem Term größer null
(3) Multiplikation oder Division der beiden Seiten mit einem Term kleiner null

Dabei ist zu beachten, dass bei der Multiplikation oder Division mit einem Term kleiner null das Ungleichheitszeichen zu drehen ist (z. B. „<" wird zu „>"). Dies wird an folgenden Beispielen verdeutlicht.

Beispiele

(a) Wir betrachten die wahre Ungleichung:

$$3 < 7$$

Die Multiplikation beider Seiten mit 5 ergibt:

$$3 \cdot 5 < 7 \cdot 5 \quad \text{bzw.} \quad 15 < 35$$

Dies ist wieder eine wahre Aussage.

(b) Wird die Ungleichung $2 < 9$ mit (-3) multipliziert, so ergibt sich:

$$2 \cdot (-3) > 9 \cdot (-3) \quad \text{bzw.} \quad -6 > -27$$

Die Drehung des Ungleichheitszeichens stellt sicher, dass eine wahre Aussage in eine wahre Aussage umgeformt wird.

(c) Keine äquivalente Umformung ist das Multiplizieren einer Ungleichung mit null. Multipliziert man z. B. die wahre Ungleichung $4 > 2$ mit 0, so ergibt sich die falsche Aussage $0 > 0$.

Durch die Anwendung äquivalenter Termumformungen soll die Ungleichung in eine Form gebracht werden, die es ermöglicht, die Lösungsmenge zu bestimmen.

Im Folgenden werden zwei Typen von Ungleichungen behandelt, lineare und quadratische Ungleichungen. Analog zu Gleichungen heißt eine Ungleichung **linear**, wenn nach Auflösen aller Klammern und aller Brüche die Variable x nur in den Potenzen null und eins vorkommt. Sie heißt **quadratisch**, wenn x zusätzlich in zweiter Potenz vorkommt. Zunächst befassen wir uns mit Ungleichungen, die linear sind.

Beispiel

Gegeben sei die Ungleichung:

$$-8x + 2(x - 1) \leq 3(x + 2) + 10, \quad \mathbb{G} = \mathbb{R}$$

Als erstes müssen die Klammern aufgelöst und beide Seiten vereinfacht werden (Zusammenfassung der Ausdrücke mit x und Zusammenfassung der bestimmten Zahlen). Es ergibt sich:

$$-8x + 2x - 2 \leq 3x + 6 + 10$$

Zusammenfassen führt zu:

$$-6x - 2 \leq 3x + 16$$

Nun werden alle Ausdrücke mit x auf die linke Seite und alle bestimmten Zahlen auf die rechte Seite gebracht. Man erhält durch Subtraktion von $3x$:

$$-9x - 2 \leq 16$$

Die Addition von 2 liefert:

$$-9x \le 18$$

Die Division durch (−9) ergibt:

$$x \ge -2$$

Die Lösungsmenge lautet somit:

$$\mathbb{L} = \{x \in \mathbb{R} \mid x \ge -2\} = [-2, \infty)$$

Die Vorgehensweise entspricht dem folgenden Schema:

Regel 4 (Bestimmung der Lösungsmenge einer linearen Ungleichung)

(1) Auflösen von Klammern und/oder Brüchen.
(2) Zusammenfassen der Ausdrücke mit x und Zusammenfassen der bestimmten Zahlen auf beiden Seiten.
(3) Äquivalente Umformung der Ungleichung so, dass auf einer Seite ein Ausdruck mit x und auf der anderen Seite eine bestimmte Zahl steht.
(4) Division beider Seiten durch den Faktor vor x. (Wenn der Faktor negativ ist, dreht sich das Ungleichheitszeichen um!)

Enthält eine Ungleichung Brüche, so ist − wie in folgendem Beispiel ausgeführt − eine Fallunterscheidung durchzuführen.

Beispiel
Wir betrachten die Ungleichung:

$$\frac{x-2}{x+1} > 4, \quad \mathbb{G} = \mathbb{R} \setminus \{-1\}$$

Im ersten Schritt wird die Ungleichung mit $(x + 1)$ multipliziert. Das Ungleichheitszeichen dreht sich bei der Multiplikation mit negativen Zahlen um, bei der Multiplikation mit positiven Zahlen bleibt es erhalten. Daher müssen die Fälle $(x+1) > 0$ und $(x+1) < 0$ separat behandelt werden.
1. Fall: $x + 1 > 0$ $(\Leftrightarrow \ x > -1)$
Die Multiplikation mit $(x + 1)$ liefert:

$$x - 2 > 4(x + 1)$$

Aufgelöst ergibt sich:

$$x - 2 > 4x + 4$$

Zusammenfassen führt zu:

$$-3x > 6$$

Bei Division durch (-3) dreht sich das Ungleichheitszeichen um, d. h. es gilt:

$$x < -2$$

Da in diesem Fall für x nur Werte größer -1 zugelassen sind, erhält man als Lösungsmenge die leere Menge:

$$\mathbb{L}_{1.Fall} = (-\infty, -2) \cap (-1, \infty) = \emptyset$$

Analog wird der zweite Fall behandelt:

2. *Fall:* $x + 1 < 0$ $(\Leftrightarrow x < -1)$

$x - 2 < 4(x + 1)$ *(Multiplikation mit $(x + 1)$)*

$x - 2 < 4x + 4$ *(Auflösen der Klammern)*

$-3x < 6$ *(Subtraktion von $4x$ und Addition von 2)*

$x > -2$ *(Division durch -3)*

Zur Bestimmung der Lösungsmenge ist in diesem Fall zu berücksichtigen, dass $x < -1$ vorausgesetzt ist:

$$\mathbb{L}_{2.Fall} = (-\infty, -1) \cap (-2, \infty) = (-2, -1)$$

Die gesamte Lösungsmenge $\mathbb{L}$ erhält man durch die Vereinigung der beiden Lösungsmengen:

$$\mathbb{L} = \mathbb{L}_{1.Fall} \cup \mathbb{L}_{2.Fall} = \emptyset \cup (-2, -1) = (-2, -1)$$

Übung 11.3

Lösen Sie die folgenden linearen Ungleichungen:

(a) $2x \leq 6 - x$, $\quad \mathbb{G} = \mathbb{R}$

(b) $2x + 3(x + 2) > 6x + 3$, $\quad \mathbb{G} = \mathbb{R}$

(c) $\dfrac{x - 2}{x + 4} \leq 2$, $\quad \mathbb{G} = \mathbb{R} \setminus \{-4\}$

(d) $\dfrac{x + 2}{x - 2} \geq 3$, $\quad \mathbb{G} = \mathbb{R} \setminus \{2\}$

Zum Lösen einer quadratischen Ungleichung muss man die dazugehörige quadratische Gleichung lösen. Dies verdeutlicht das folgende Beispiel.

Beispiel

Ein Unternehmen produziert und vertreibt ein Gut. Dabei wird in Abhängigkeit von der Absatzmenge x der Gewinn G wie folgt erzielt:

$$G = -x^2 + 60x - 500, \quad x \geq 0$$

Will man die Gewinnzone, d. h. alle Absatzmengen x mit $G > 0$ bestimmen, so ist die folgende Ungleichung zu lösen:

$$-x^2 + 60x - 500 > 0, \quad \mathbb{G} = \mathbb{R}_0^+$$

Dazu wird zunächst die Lösungsmenge der Gleichung $-x^2 + 60x - 500 = 0$ mit $\mathbb{G} = \mathbb{R}_0^+$ bestimmt. Dadurch erhalten wir die Werte, für die der Gewinn genau den Wert null annimmt. Es ergibt sich:

$$x_1 = 50 \quad \text{und} \quad x_2 = 10$$

Wegen der Grundmenge $\mathbb{G} = \mathbb{R}_0^+$ entstehen drei Intervalle, bei denen jeweils überprüft werden muss, ob sie zur Gewinnzone oder zur Verlustzone gehören, nämlich:

$$[0, 10), \quad (10, 50) \quad \text{und} \quad (50, \infty)$$

Die Überprüfung erfolgt durch Einsetzen eines beliebigen Elements des jeweiligen Intervalls in die linke Seite der Ungleichung. Ergibt sich ein positives Ergebnis, so gehört das Intervall zur Gewinnzone, bei einen negativen Ergebnis gehört es zur Verlustzone.

Aus dem Intervall $[0, 10)$ wird $x = 0$ ausgewählt. Einsetzen in die linke Seite der Ungleichung führt zu:

$$-0^2 + 60 \cdot 0 - 500 = -500 < 0$$

Somit gehört das Intervall zur Verlustzone.

Aus dem Intervall $(10, 50)$ wählen wir $x = 20$, aus dem Intervall $(50, \infty)$ den Punkt $x = 100$ aus. Einsetzen in die linke Seite der Ungleichung liefert:

$$-20^2 + 60 \cdot 20 - 500 = 300 > 0$$

$$-100^2 + 60 \cdot 100 - 500 = -4\,500 < 0$$

Somit erhält man für Absatzmengen aus dem Intervall $(10, 50)$ einen Gewinn und für Absatzmengen aus dem Intervall $(50, \infty)$ einen Verlust. Als Gewinnzone bzw. als Lösungsmenge der quadratischen Ungleichung ergibt sich:

$$\text{Gewinnzone} = \{x \in \mathbb{R} \mid 10 < x < 50\} = (10, 50)$$

Übung 11.4

Für ein neues Gut ist der Gewinn G in Abhängigkeit der Produktions- und Absatzmenge x gegeben durch:

$$G = -2x^2 + 24x - 40, \quad x \geq 0$$

Bestimmen Sie die Gewinnzone.

11.6 Lösungen zu den Übungen

Lösung 11.1

(a) Subtrahiert man zunächst auf beiden Seiten 20 und dividiert danach durch -10, so erhält man die Lösungsmenge:

$$\mathbb{L} = \{2\}$$

(b) Nach Auflösen der Klammern, Zusammenfassen der Ausdrücke mit x und Zusammenfassen der bestimmten Zahlen ergibt sich die Gleichung:

$$14x - 11 = 5x$$

Die Subtraktion von $14x$ und die Division durch (-9) liefert die Lösungsmenge:

$$\mathbb{L} = \left\{ \frac{11}{9} \right\}$$

(c) Nach Auflösen des Bruches (Multiplikation mit $x + 1$) ergibt sich die Gleichung:

$$1 = 7(x + 1) \quad \text{bzw.} \quad 1 = 7x + 7$$

Subtrahiert man auf beiden Seiten 7 und dividiert danach durch 7, so erhält man die Lösungsmenge:

$$\mathbb{L} = \left\{ -\frac{6}{7} \right\}$$

(d) Nach Auflösen der Brüche (Multiplikation mit $x - 2$ und $x + 4$) ergibt sich die Gleichung:

$$2(x + 4) = 5(x - 2) \quad \text{bzw.} \quad 2x + 8 = 5x - 10$$

Subtrahiert man auf beiden Seiten $5x$ und 8 und dividiert man anschließend durch (-3), so erhält man die Lösungsmenge:

$$\mathbb{L} = \{6\}$$

(e) Nach Auflösen der Klammern, Zusammenfassen der Ausdrücke mit x und Zusammenfassen der bestimmten Zahlen ergibt sich die Gleichung:

$$3x - 3 = 3x + 3$$

Die Subtraktion von $3x$ ergibt die falsche Aussage:

$$-3 = 3$$

Dies hat die Lösungsmenge:

$$\mathbb{L} = \{\}$$

zur Folge.

Lösung 11.2

Das Lösen der quadratischen Gleichungen erfolgt mithilfe der pq-Formel. Dazu werden die Gleichungen zunächst auf die Standardform $x^2 + px + q = 0$ gebracht.

(a) Standardform: $x^2 - 6x + 5 = 0$

Anwendung pq-Formel: $x_{1,2} = 3 \pm \sqrt{3^2 - 5} = 3 \pm \sqrt{4}$

Lösungsmenge: $\mathbb{L} = \{1, 5\}$

(b) Standardform: $x^2 - 5x + 4 = 0$

Anwendung pq-Formel: $x_{1,2} = 2{,}5 \pm \sqrt{2{,}5^2 - 4} = 2{,}5 \pm \sqrt{2{,}25}$

Lösungsmenge: $\mathbb{L} = \{1, 4\}$

(c) Standardform: $x^2 + \frac{7}{3}x + 8 = 0$

Anwendung pq-Formel: $x_{1,2} = -\frac{7}{6} \pm \sqrt{\left(-\frac{7}{6}\right)^2 - 8} = -\frac{7}{6} \pm \sqrt{-\frac{239}{36}}$

Lösungsmenge: $\mathbb{L} = \{\}$

(d) Standardform: $x^2 + 4x - 21 = 0$

Anwendung pq-Formel: $x_{1,2} = -2 \pm \sqrt{(-2)^2 - (-21)} = -2 \pm \sqrt{25}$

Lösungsmenge: $\mathbb{L} = \{-7, 3\}$

Lösung 11.3

(a) Die Addition von x auf beiden Seiten liefert die Ungleichung:

$$3x \leq 6$$

Die Division durch 3 ergibt:

$$x \leq 2$$

Somit lautet die Lösungsmenge:

$$\mathbb{L} = \{x \in \mathbb{R} \mid x \leq 2\} = (-\infty, 2]$$

(b) Nach Auflösen der Klammern, Zusammenfassen der Ausdrücke mit x und Zusammenfassen der bestimmten Zahlen ergibt sich die Ungleichung:

$$5x + 6 > 6x + 3$$

Die Subtraktion von 6 und $6x$ ergibt:

$$-x > -3$$

Die anschließende Division durch -1 liefert:

$$x < 3$$

Somit lautet die Lösungsmenge:

$$\mathbb{L} = \{x \in \mathbb{R} \mid x < 3\} = (-\infty, 3)$$

(c) Es werden die beiden Fälle $x + 4 > 0$ und $x + 4 < 0$, d. h. $x > -4$ und $x < -4$, unterschieden.

1. Fall: $x > -4$

Die Multiplikation mit $x + 4$ ergibt:

$$x - 2 \le 2(x + 4)$$

Aufgelöst erhält man:

$$x \ge -10$$

Da jede Zahl mit der Eigenschaft $x > -4$ auch $x \ge -10$ erfüllt, gilt:

$$\mathbb{L}_{1.Fall} = \{x \in \mathbb{R} \mid x > -4\} = (-4, \infty)$$

2. Fall: $x < -4$

Die Multiplikation mit $x + 4$ ergibt nun:

$$x - 2 \ge 2(x + 4)$$

Aufgelöst erhält man:

$$x \le -10$$

Da jede Zahl mit der Eigenschaft $x \le -10$ auch $x < -4$ erfüllt, gilt:

$$\mathbb{L}_{2.Fall} = \{x \in \mathbb{R} \mid x \le -10\} = (-\infty, -10]$$

Insgesamt ergibt sich:

$$\mathbb{L} = \mathbb{L}_{1.Fall} \cup \mathbb{L}_{2.Fall} = (-4, \infty) \cup (-\infty, -10] = \mathbb{R} \setminus (-10, -4]$$

(d) Es werden die beiden Fälle $x - 2 > 0$ und $x - 2 < 0$, d. h. $x > 2$ und $x < 2$, unterschieden.

1. Fall: $x > 2$

Die Multiplikation mit $x - 2$ ergibt:

$$x + 2 \ge 3(x - 2)$$

Aufgelöst erhält man:

$$x \le 4$$

Da aber in diesem Fall $x > 2$ vorausgesetzt ist, gilt:

$$\mathbb{L}_{1.Fall} = \{x \in \mathbb{R} \mid 2 < x \le 4\} = (2, 4]$$

2. Fall: $x < 2$

Die Multiplikation mit $x - 2$ ergibt nun:

$$x + 2 \leq 3(x - 2)$$

Aufgelöst erhält man:

$$x \geq 4$$

Da keine Zahl mit der Eigenschaft $x < 2$ auch $x \geq 4$ erfüllt, gilt:

$$\mathbb{L}_{2.Fall} = \{\}$$

Insgesamt ergibt sich:

$$\mathbb{L} = \mathbb{L}_{1.Fall} \cup \mathbb{L}_{2.Fall} = (2, 4] \cup \{\} = (2, 4]$$

Lösung 11.4

Zur Bestimmung der Gewinnzone ist zunächst die folgende quadratische Gleichung zu lösen:

$$-2x^2 + 24x - 40 = 0$$

Diese hat die Lösungen:

$$x_1 = 10 \quad \text{und} \quad x_2 = 2$$

Damit sind folgende Intervalle zu untersuchen:

$$[0, 2), \quad (2, 10) \quad \text{und} \quad (10, \infty)$$

Die Überprüfung der Intervalle ergibt, dass es sich bei dem Intervall $(2, 10)$ um die Gewinnzone handelt und die beiden anderen Intervalle die Verlustzone bilden.

12 Funktionen

Für Zusammenhänge zwischen zwei Größen gibt es Anwendungen aus unterschiedlichen Bereichen. Beispielsweise wird der Zusammenhang zwischen der Seitenlänge x eines Quadrats und dessen Flächeninhalt F erklärt durch:

$$F = x^2$$

Ein anderes Beispiel liefert die Beziehung zwischen dem Radius r und dem Flächeninhalt F eines Kreises:

$$F = \pi \cdot r^2 \quad (\pi = 3{,}141\,5\ldots)$$

Die Wirtschaftswissenschaften beschäftigen sich mit den Zusammenhängen zwischen verschiedenen ökonomischen Größen, z. B. zwischen Produktionsmenge und Kosten, zwischen Absatzmenge und Gewinn, zwischen Verkaufspreis und abgesetzter Menge. Diese Beziehungen werden beobachtet oder sie lassen sich aus theoretischen Überlegungen ableiten.

Beispiel

Bei der Produktion eines Gutes wird bezüglich der Produktionsmenge und den anfallenden Kosten Folgendes beobachtet:
(a) Es können maximal 200 Mengeneinheiten (ME) des Gutes produziert werden.
(b) Auch wenn keine Mengeneinheit produziert wird, fallen Kosten in Höhe von 100 Geldeinheiten (GE) an.
(c) Daneben entstehen pro produzierter Mengeneinheit 10 GE an Kosten.
Die Kosten K in Abhängigkeit der produzierten Menge x berechnen sich somit durch $K = 10x + 100$, $0 \le x \le 200$.

Zur Quantifizierung und Analyse solcher ökonomischer Sachverhalte wird der mathematische Begriff der Funktion verwendet. Dieser Begriff wird im Folgenden auf zwei alternative Arten eingeführt, um die unterschiedlichen Anwendungsmöglichkeiten von Funktionen zu verdeutlichen.

12.1 Funktionen als spezielle Relationen

Eine Möglichkeit, Funktionen zu erklären, geht von dem Begriff der Relation aus. Relationen beschreiben Beziehungen zwischen Mengen.

Definition 12.1
Seien X und Y zwei Mengen. Eine Teilmenge R des kartesischen Produkts X × Y heißt **Relation**.

https://doi.org/10.1515/9783110726886-012

Rein formal handelt es sich bei einer Relation um eine Menge. Die folgenden Beispiele verdeutlichen, wie Relationen ökonomische Sachverhalte beschreiben können.

Beispiele

Ein Mehrproduktunternehmen produziert seine auf dem Markt absetzbaren Güter auf mehreren Maschinen. X sei die Menge aller unterschiedlichen Güter und Y die Menge aller Maschinen. Aus organisatorischen Gründen werden die Güter mit den Zahlen 1, 2, 3 durchnummeriert und die Maschinen mit Großbuchstaben A, B, C benannt. Wenn wir alle Güter-Maschinen-Kombinationen zulassen, so erhalten wir für das kartesische Produkt aus der Menge $X = \{1, 2, 3\}$ und der Menge $Y = \{A, B, C\}$:

$$X \times Y = \{(1, A), (1, B), (1, C), (2, A), (2, B), (2, C), (3, A), (3, B), (3, C)\}$$

(a) Für die Produktion gilt:

Gut	Eingesetzte Maschine
1	A
2	A
3	B

Betrachten wir diesen Sachverhalt, so wird er beschrieben durch die Relation:

$$R_1 = \{(1, A), (2, A), (3, B)\}$$

(b) Nach einer Umstellung gilt für die Produktion:

Gut	Eingesetzte Maschinen
1	entweder A oder C
2	genau eine der drei Maschinen A, B, C
3	C

Der Sachverhalt wird jetzt beschrieben durch die Relation:

$$R_2 = \{(1, A), (1, C), (2, A), (2, B), (2, C), (3, C)\}$$

Im Unterschied zur Relation R_1 hat die Relation R_2 Elemente mit gleicher erster Position. Es gibt somit Güter, die auf mehreren Maschinen gefertigt werden können, z. B. Gut 2:

$$(2, A), (2, B), (2, C) \in R_2$$

Bei der Relation R_1 gibt es zu jedem Gut genau eine Maschine. Daher wird mittels der Relation R_1 jedem $x \in X$ genau ein $y \in Y$ zugeordnet. Eine Relation mit dieser

Eigenschaft wird auch Abbildung genannt. Dabei kann es bei einer Abbildung auch vorkommen, dass unterschiedlichen $x_1, x_2 \in X$ das gleiche $y \in Y$ zugeordnet wird, z. B.:

$$(1, A), (2, A) \in R_1$$

Definition 12.2
Seien X und Y zwei Mengen. Eine **Abbildung** ist eine Relation, d. h. eine Teilmenge des kartesischen Produkts $X \times Y$, bei der jedes $x \in X$ genau einmal als erste Position eines Paares vorkommt.

In den wirtschaftswissenschaftlichen Anwendungen kommen i. d. R. quantitative Größen vor. Daher sind Abbildungen von Interesse, bei denen Y eine Teilmenge der reellen Zahlen $\mathbb{R}$ ist.

Beispiel
Im ökonomischen Ausgangsbeispiel wurde der Zusammenhang zwischen den Kosten K und der Produktionsmenge x wie folgt angegeben:

$$K = 10x + 100, \quad 0 \le x \le 200$$

Die Unternehmensleitung hat die Möglichkeit, 50, 100, 130 oder 180 ME zu produzieren. Die dazugehörigen Kosten betragen 600, 1 100, 1 400 und 1 900 GE. Zusammengefasst lassen sich die Produktionsalternativen beschreiben durch die Relation:

$$R = \{(50, 600), (100, 1\,100), (130, 1\,400), (180, 1\,900)\}$$

Dabei handelt es sich bei R um eine Teilmenge von $X \times Y$, wobei X die Menge aller möglichen Produktionsmengen und Y die Menge aller Kostengrößen ist, d. h.:

$$X = \{50, 100, 130, 180\} \quad \text{und} \quad Y = \{600, 1\,100, 1\,400, 1\,900\}$$

Da jeder Produktionsmenge eine Kostengröße zugeordnet wird, ist R eine Abbildung. Darüber hinaus ist Y eine Teilmenge der reellen Zahlen $\mathbb{R}$. Eine solche Abbildung heißt Funktion.

Definition 12.3
Seien X und Y zwei Mengen. Eine Abbildung $R \subset X \times Y$ mit $Y \subset \mathbb{R}$ heißt **Funktion.**

Eine Funktion ist also eine spezielle Abbildung und somit eine Relation.

Übung 12.1

Seien $X = \{1, 2, 3, 4, 5, 6\}$ und $Y = \{1, 3, 5, 7, 9, 11\}$ zwei Mengen. Welche der folgenden Relationen sind Funktionen?

(a) $R_1 = \{(1, 3), (2, 7), (1, 9), (5, 5)\}$

(b) $R_2 = \{(1, 9), (2, 7), (3, 5), (4, 1), (5, 1), (6, 3)\}$

(c) $R_3 = \{(4, 5), (5, 7), (6, 9), (5, 1)\}$

(d) $R_4 = \{(1, 1), (2, 1), (3, 1), (4, 1), (5, 1), (6, 1)\}$

12.2 Funktionen als spezielle Zuordnungen

Bisher wurden Funktionen als spezielle Relationen, d. h. als Teilmengen des kartesischen Produkts zweier Mengen X und Y mit $Y \subset \mathbb{R}$ definiert. Dabei kommt jedes $x \in X$ genau einmal als erste Position eines Paares vor. Eine gleichwertige Definition des Funktionsbegriffs lässt sich über das folgende Beispiel herleiten.

Beispiel

Seien $X = \{1, 2, 3, 4, 5, 6\}$ und $Y = \{1, 3, 5, 7, 9, 11\}$ zwei Mengen. Die Relation R sei gegeben durch:

$$R = \{(1, 9), (2, 7), (3, 5), (4, 1), (5, 1), (6, 3)\} \subset X \times Y$$

R ist eine Funktion, denn jedes Element aus X taucht genau einmal an erster Position auf. Anders ausgedrückt wird mittels der Relation R jedem $x \in X$ genau ein $y \in Y$ zugeordnet:

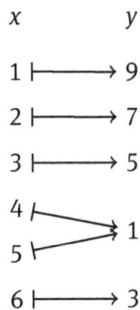

Definition 12.4

Eine **Funktion** f ist eine Vorschrift, die jedem Element einer Menge X genau ein Element der Menge $Y \subset \mathbb{R}$ zuordnet. Alternative Schreibweisen:

(a) $f : X \longrightarrow Y$

(b) $x \longmapsto f(x), x \in X, f(x) \in Y$

(c) $y = f(x), x \in X, y \in Y$

Anmerkungen

(a) Die Menge X heißt **Definitionsbereich** und wird mit D_f oder $D(f)$ oder einfach D bezeichnet.

(b) Die Menge Y heißt **Wertebereich** und wird mit W_f oder $W(f)$ oder einfach W bezeichnet.

(c) x heißt **unabhängige Variable** oder **Argument**.

(d) y bzw. $f(x)$ heißt **abhängige Variable** oder **Funktionswert**.

Bei einer Funktion besitzt also jedes Element des Definitionsbereichs einen Funktionswert. Jedoch müssen, wie im letzten Beispiel, nicht alle Elemente des Wertebereichs als Funktionswert vorkommen.

Beispiele

(a) Eine Zuordnung von X = {1, 2, 3, 4} nach Y = {2, 4, 6, 8} sei gegeben durch:

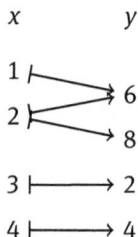

$$
\begin{array}{ll}
x & y \\
\end{array}
$$

Diese Zuordnung ist keine Funktion, da der Zahl 2 ∈ X zwei Werte 6 ∈ Y und 8 ∈ Y zugeordnet werden.

(b) Eine weitere Zuordnung von X = {1, 2, 3, 4} nach Y = {2, 4, 6, 8} sei gegeben durch:

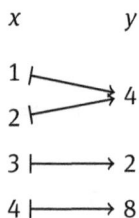

$$
\begin{array}{ll}
x & y \\
\end{array}
$$

Dies ist eine Funktion. Dabei spielt es keine Rolle, dass der Wertebereich nicht voll ausgeschöpft wird.

(c) Jeder reellen Zahl werde ihr Dreifaches zugeordnet. Die Funktion lässt sich nicht mehr durch ein Pfeildiagramm darstellen, da es unendlich viele reelle Zahlen gibt. Aus diesem Grund gibt man die Funktionsgleichung inklusive Definitionsbereich an, d. h.:

$$f(x) = 3x, \quad x \in \mathbb{R}$$

Übung 12.2

Stellen Sie die folgenden Relationen (Teilmengen von $X \times Y$) analog zu den Beispielen als Zuordnung dar. Bei welchen Relationen R_1, R_2 bzw. R_3, R_4 handelt es sich um Abbildungen, bei welchen um Funktionen? Begründen Sie Ihre Antwort.

(a) Es seien $X = \{a, b, c\}$ und $Y = \{1, 3, 5, 7\}$.

$$R_1 = \{(a, 1), (b, 5)\}$$

$$R_2 = \{(a, 5), (b, 3), (a, 1), (c, 7)\}$$

(b) Es sei $X = \{1, 2, 3\}$ und $Y = \{A, B, C, D\}$.

$$R_3 = \{(1, A), (2, C), (3, B)\}$$

$$R_4 = \{(2, B), (2, C), (3, A)\}$$

12.3 Der Definitionsbereich einer Funktion

Im Definitionsbereich einer Funktion sind alle Zahlen enthalten, die für die Variable x eingesetzt werden können. Die Wahl des Definitionsbereichs kann auf mathematischen Überlegungen oder auf den Besonderheiten des vorliegenden Sachverhalts basieren. Man unterscheidet deshalb:

(1) den mathematisch möglichen Definitionsbereich und

(2) den bezüglich der Anwendung sinnvollen Definitionsbereich.

Liegt die Anwendung im Bereich der Wirtschaftswissenschaften, so spricht man auch vom ökonomisch sinnvollen Definitionsbereich.

Beispiele

(a) Gegeben sei die Funktion:

$$f(x) = x^2, \quad x \in D_f$$

Es ist kein Bezug zu einer Anwendung formuliert worden. Der mathematisch mögliche Definitionsbereich ist $D_f = \mathbb{R}$, d. h. wenn man für x eine beliebige reelle Zahl einsetzt, so ergibt sich immer ein mathematisch sinnvolles Ergebnis.

(b) Gegeben sei die Funktion:

$$f(x) = \frac{1}{x}, \quad x \in D_f$$

Es ist ebenfalls kein Bezug zu einer Anwendung formuliert worden. Der mathematisch mögliche Definitionsbereich ist die Menge $D_f = \mathbb{R} \setminus \{0\}$, da die Division durch 0 nicht definiert ist.

(c) Gegeben sei die Funktion:

$$f(x) = \sqrt{x}, \quad x \in D_f$$

Es ist wiederum kein Bezug zu einer Anwendung formuliert worden. Der mathematisch mögliche Definitionsbereich ist die Menge $D_f = \mathbb{R}_0^+$, da die Wurzel aus einer negativen Zahl nicht definiert ist.

(d) F sei der Flächeninhalt eines Quadrats mit Seitenlänge x, d. h. $F = x^2$. Als Funktion ergibt sich:

$$F(x) = x^2, \quad x \in D_F$$

Wählt man als D_F den mathematisch möglichen Definitionsbereich (d. h. ohne Berücksichtigung des vorliegenden Sachverhalts), so ergibt sich die Menge $\mathbb{R}$. Dies ist nicht sachgerecht, da es sich bei x um die Seitenlänge eines Quadrats handelt und daher $x > 0$ gelten muss. Der sinnvolle Definitionsbereich ist also $D_F = \mathbb{R}^+$. Damit ergibt sich:

$$F(x) = x^2, \quad x \in \mathbb{R}^+$$

als Funktion, die den Zusammenhang zwischen dem Flächeninhalt und der Seitenlänge eines Quadrats beschreibt.

(e) Im ökonomischen Ausgangsbeispiel zu diesem Kapitel ergab sich als Beziehung zwischen den bei der Produktion eines Gutes angefallenen Kosten K und der produzierten Menge x:

$$K(x) = 10x + 100, \quad x \in D_K$$

Wählt man den mathematisch möglichen Definitionsbereich (ohne Berücksichtigung des vorliegenden Sachverhalts), so ergibt sich die Menge $\mathbb{R}$. Da es sich bei x aber um eine produzierte Menge handelt, ist $x \geq 0$ zwingend. Darüber hinaus unterliegt eine Produktion i. d. R. einer Kapazitätsbeschränkung. Im vorliegenden Fall können maximal 200 ME des Gutes produziert werden. Der ökonomisch sinnvolle Definitionsbereich ist somit $D_K = [0, 200]$. Es ergibt sich die Kostenfunktion:

$$K(x) = 10x + 100, \quad x \in [0, 200]$$

Übung 12.3
Geben Sie den mathematisch möglichen Definitionsbereich folgender Funktionen an.

(a) $f(x) = \dfrac{1}{x - 1}$ (b) $g(x) = \sqrt{x + 1}$ (c) $h(x) = \dfrac{x + 2}{x^2 - 4}$

12.4 Darstellungsformen von Funktionen

Funktionen können unterschiedlich dargestellt werden. Für die Wahl der Darstellung gibt es mehrere Gesichtspunkte, z. B. einfache Handhabung, Visualisierung, Übersichtlichkeit oder Erfassen von Zusammenhängen. Eine Funktion kann:

(1) tabellarisch (d. h. als Wertetabelle) oder
(2) grafisch (d. h. in einem Koordinatensystem)
dargestellt werden.

Die tabellarische Darstellung ist in der Praxis wegen ihrer einfachen Handhabung weit verbreitet (z. B. Steuertabellen, Rententabellen, . . .). Sie hat jedoch den Nachteil, dass lediglich eine Auswahl der Funktionswerte dargestellt werden kann.

Die Grafik stellt ebenfalls nur einen Ausschnitt aller möglichen Kombinationen $(x, f(x))$ von Variablen und Funktionswerten dar. Darüber hinaus kann das Ablesen von Funktionswerten ungenau sein. Dennoch ist die Darstellung von Funktionen als Graph wichtig, denn man kann Eigenschaften wie z. B. einen steigenden oder fallenden Funktionsverlauf erkennen.

Dies wird im Folgenden an zwei Beispielen erläutert.

Beispiele

(a) Die Funktion f ordne jeder reellen Zahl x ihr Quadrat zu. Somit ergibt sich als Definitionsbereich $D_f = \mathbb{R}$. Beschreibt man die Funktion mit mathematischen Symbolen, so erhält man die Funktionsgleichung:

$$f(x) = x^2, \quad x \in \mathbb{R}$$

Da Quadrate immer nicht negativ sind, ist $W_f = \mathbb{R}_0^+$ ein sinnvoller Wertebereich. Einen ersten Eindruck über die Funktion liefert eine Tabelle mit ausgesuchten Werten: Zur grafischen Darstellung der Funktion trägt man die Paare $(x, f(x))$

Tab. 12.1: Wertetabelle von $f(x) = x^2$

x	−3	−2	−1	0	1	2	3
$f(x)$	9	4	1	0	1	4	9

aus der obigen Wertetabelle in ein $(x, f(x))$-Koordinatensystem ein. Durch die Verbindung der Punkte erhält man die in Abbildung 12.1 dargestellte Grafik.

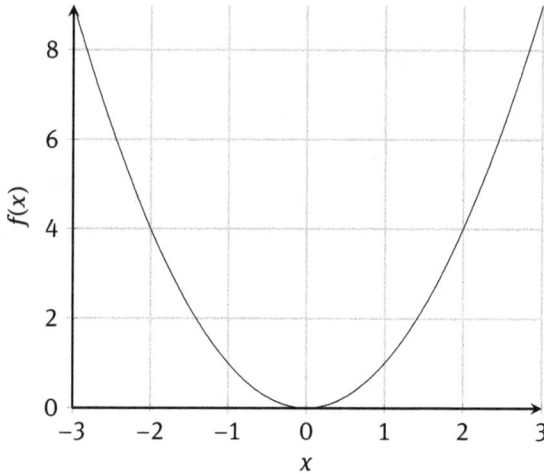

Abb. 12.1: Graph der Funktion $f(x) = x^2$, $x \in \mathbb{R}$.

(b) Gegeben sei die Kostenfunktion des Ausgangsbeispiels:

$$K(x) = 10x + 100, \quad x \in [0, 200]$$

Zur Erstellung einer Wertetabelle muss diese Kostenfunktion zunächst an ausgesuchten Stellen ausgewertet werden. Beispielsweise kann $K(60)$ bestimmt werden. Dazu wird die in der Funktionsgleichung vorkommende Variable x durch 60 ersetzt:

$$K(60) = 10 \cdot 60 + 100 = 700$$

Die gleiche Vorgehensweise liefert für $K(140)$:

$$K(140) = 10 \cdot 140 + 100 = 1\,500$$

Analog berechnen sich die restlichen Werte der folgenden Tabelle:

Tab. 12.2: Wertetabelle von $K(x) = 10x + 100$

x	0	20	40	60	80	100	120	140	160	180	200
$K(x)$	100	300	500	700	900	1 100	1 300	1 500	1 700	1 900	2 100

Wie in Beispiel (a) kann durch Einzeichnen der $(x, K(x))$-Kombinationen in ein $(x, K(x))$-Koordinatensystem eine Grafik erstellt werden (siehe Abbildung 12.2). Die fett gedruckten Punkte $(0, 100)$ und $(200, 2\,100)$ geben an, dass die Randpunkte dazu gehören.

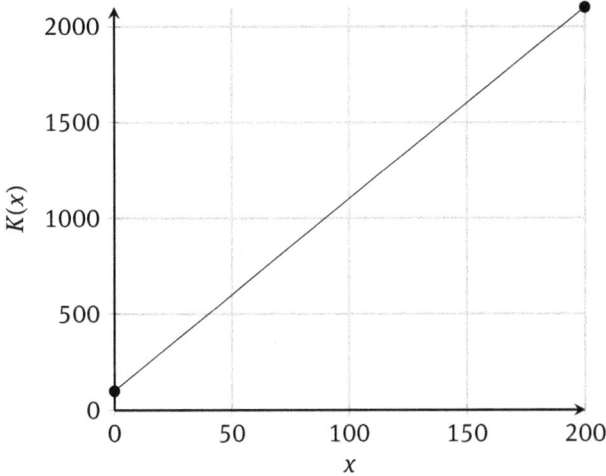

Abb. 12.2: Graph der Funktion $K(x) = 10x + 100, \quad x \in [0, 200]$.

Oft ist es von Interesse, die Variable x durch einen Term zu ersetzen. Erhöht sich im obigen Beispiel die produzierte Menge x_0 um h Einheiten auf $x_0 + h$, so gibt $K(x_0 + h)$ die neuen Kosten an:

$$K(x_0 + h) = 10 \cdot (x_0 + h) + 100 = 10x_0 + 10h + 100$$

Daraus lässt sich durch Differenzbildung $K(x_0 + h) - K(x_0)$ die Kostensteigerung bestimmen:

$$K(x_0 + h) - K(x_0) = 10h$$

Verdreifacht sich die Produktionsmenge von a auf $3a$, so ergeben sich als neue Kosten:

$$K(3a) = 10 \cdot (3a) + 100 = 30a + 100$$

Übung 12.4
Werten Sie folgende Funktionen an den Stellen $x = 0$, $x = 1$ und $x = 2$ bzw. $x = x_0 + h$ und $x = a^2$ aus. Stellen Sie die Funktionen grafisch dar.
(a) $f(x) = x^2 - x + 3, \quad x \in [-2, 3)$
(b) $g(x) = -3x + 2, \quad x \in (0, 2]$

Übung 12.5
In einem Betrieb fallen bei der Produktion eines Gutes variable Kosten in Höhe von 15 GE pro ME an. Die fixen Kosten betragen 175 GE. Aufgrund eines Vertrages mit einem Großkunden müssen mindestens 70 ME produziert werden. Die Produktionskapazität beträgt 120 ME.

(a) Bestimmen Sie den ökonomisch sinnvollen Definitionsbereich und geben Sie die Kostenfunktion an.
(b) Erstellen Sie eine Wertetabelle und zeichnen Sie den Graphen der Kostenfunktion.

Übung 12.6
Werten Sie die Funktion $f(x) = x^3$, $x \in [-2, 2)$ an den Stellen $x = 0$, $x = 1$, $x = -2$, $x = x_0 - h$ und $x = a^2$ aus. Stellen Sie die Funktion grafisch dar.

12.5 Lösungen zu den Übungen

Lösung 12.1

(a) Wegen $(1,3) \in R_1$ und $(1,9) \in R_1$ ist R_1 keine Abbildung und somit auch keine Funktion.

(b) R_2 ist eine Abbildung. Da $Y \subset \mathbb{R}$, handelt es sich um eine Funktion.

(c) Wegen $(5,7) \in R_3$ und $(5,1) \in R_3$ ist R_3 keine Abbildung und somit auch keine Funktion.

(d) R_4 ist eine Abbildung. Da $Y \subset \mathbb{R}$ ist, handelt es sich um eine Funktion.

Lösung 12.2

(a) R_1 ist keine Abbildung und somit auch keine Funktion, da $c \in X$ kein Element aus Y zugeordnet wird. Als grafische Darstellung ergibt sich:

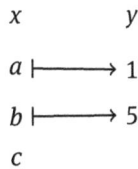

$$
\begin{array}{ll}
x & y \\
a \longmapsto & 1 \\
b \longmapsto & 5 \\
c &
\end{array}
$$

R_2 ist keine Abbildung und somit auch keine Funktion, da $a \in X$ zwei Elemente aus Y zugeordnet werden. Als grafische Darstellung ergibt sich:

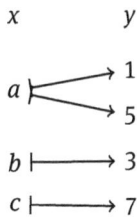

$$
\begin{array}{ll}
x & y \\
a \mathrel{\substack{\nearrow 1 \\ \searrow 5}} & \\
b \longmapsto & 3 \\
c \longmapsto & 7
\end{array}
$$

(b) R_3 und R_4 sind keine Funktionen, da Y keine Teilmenge der reellen Zahlen ist. R_3 ist jedoch eine Abbildung. Als grafische Darstellung für R_3 ergibt sich:

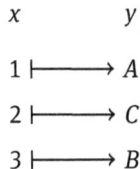

$$
\begin{array}{ll}
x & y \\
1 \longmapsto & A \\
2 \longmapsto & C \\
3 \longmapsto & B
\end{array}
$$

R_4 ist keine Abbildung. Die grafische Darstellung von R_4 hat die Gestalt:

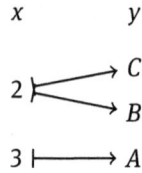

$$x \qquad y$$

$$2 \longmapsto \begin{array}{l} C \\ B \end{array}$$

$$3 \longmapsto A$$

Lösung 12.3

(a) $D = \mathbb{R} \setminus \{1\}$

(b) $D = [-1, \infty)$

(c) $D = \mathbb{R} \setminus \{-2, 2\}$

Lösung 12.4

(a) Die Auswertung an den vorgegebenen Stellen ergibt:

$$f(0) = 3,$$
$$f(1) = 3,$$
$$f(2) = 5,$$
$$f(x_0 + h) = x_0^2 + 2x_0 h + h^2 - x_0 - h + 3,$$
$$f(a^2) = a^4 - a^2 + 3$$

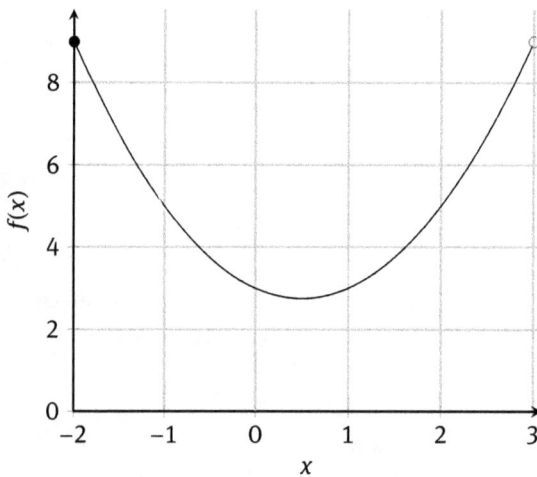

Abb. 12.3: Graph der Funktion $f(x) = x^2 - x + 3$, $x \in [-2, 3)$.

(b) Die Auswertung an den vorgegebenen Stellen ergibt:

$$g(0) = 2,$$
$$g(1) = -1,$$
$$g(2) = -4,$$
$$g(x_0 + h) = -3x_0 - 3h + 2,$$
$$g(a^2) = -3a^2 + 2$$

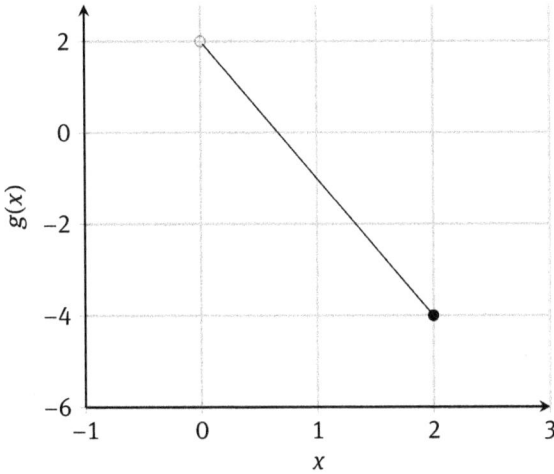

Abb. 12.4: Graph der Funktion $g(x) = -3x + 2, \quad x \in (0, 2]$.

Lösung 12.5

(a) $K(x) = 15x + 175, \quad x \in [70, 120]$

(b) Um den Graph zeichnen zu können, stellen wir eine Wertetabelle auf:

Tab. 12.3: Wertetabelle von $K(x) = 15x + 175$

x	70	80	90	100	110	120
$K(x)$	1 225	1 375	1 525	1 675	1 825	1 975

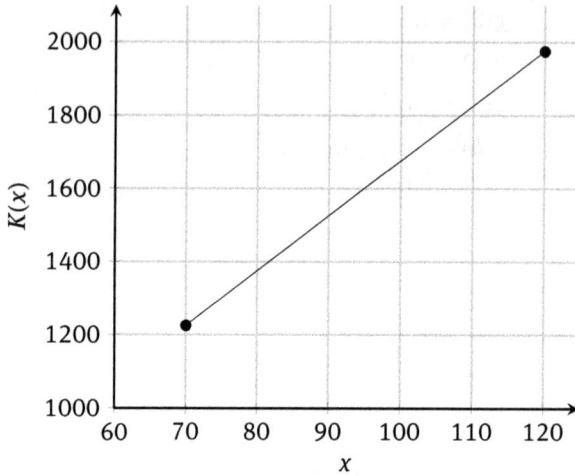

Abb. 12.5: Graph der Funktion $K(x) = 15x + 175$, $x \in [70, 120]$.

Lösung 12.6

Die Auswertung an den vorgegebenen Stellen ergibt:

$$f(0) = 0,$$
$$f(1) = 1,$$
$$f(-2) = -8,$$
$$f(x_0 - h) = x_0^3 - 3x_0^2 h + 3x_0 h^2 - h^3,$$
$$f(a^2) = a^6$$

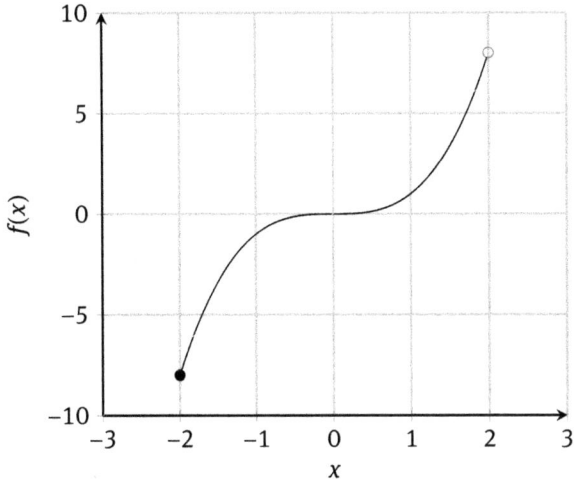

Abb. 12.6: Graph der Funktion $f(x) = x^3$, $x \in [-2, 2)$.

13 Nachtest

13.1 Aufgaben

Aufgaben zu Kapitel 2 (Rechnen mit reellen Zahlen)

Aufgabe 2.1
Schreiben Sie die Summanden einzeln auf und berechnen Sie anschließend die Summen.

(a) $\displaystyle\sum_{j=2}^{5} \frac{3}{j-1}$

(b) $\displaystyle\sum_{k=1}^{4} \left(k - \frac{1}{k}\right)$

(c) $\displaystyle\sum_{i=1}^{2} \sum_{j=1}^{2} \frac{i+j}{i \cdot j}$

(d) $\displaystyle\sum_{k=0}^{2} \sum_{j=3}^{5} \frac{k \cdot j}{k+1}$

(e) $\displaystyle\prod_{i=1}^{4} \frac{i}{i+1}$

(f) $\displaystyle\prod_{k=1}^{4} \left(\frac{k}{4} - \frac{1}{2}\right)$

Aufgabe 2.2
Berechnen Sie ohne Taschenrechner.

(a) $\dbinom{9}{7} : \dbinom{3}{2}$

(b) $\dbinom{18}{5} : \dbinom{13}{5}$

(c) $\dbinom{7}{3} : \dbinom{7}{4}$

(d) $\dbinom{118}{0} \cdot \dbinom{16}{3} : \dbinom{16}{13}$

(e) $\displaystyle\sum_{j=0}^{4} \dbinom{5}{j+1}$

(f) $\displaystyle\sum_{k=1}^{4} \left(\dbinom{4}{k} \cdot \frac{1}{k}\right)$

Aufgaben zu Kapitel 3 (Aussagenlogik)

Aufgabe 3.1
Betrachten Sie die Aussagen:

A : „In Abhängigkeit von der abgesetzten Menge x beträgt der Gewinn $G(x) = -2x^2 + 16x - 30$."

B : „Beträgt die abgesetzte Menge x zwischen drei und fünf Mengeneinheiten, so wird kein Verlust gemacht."

und geben Sie jeweils den Wahrheitsgehalt der Implikationen $A \Rightarrow B$ und $B \Rightarrow A$ an.

https://doi.org/10.1515/9783110726886-013

Aufgabe 3.2

Gehen Sie von der ökonomischen Gleichung:

$$\text{Gewinn} = \text{Umsatz} - \text{Kosten}$$

aus. Betrachten Sie ferner die Aussagen:

U : Die Umsätze der Güter P_1 und P_2 sind gleich.

K : Die Kosten der Güter P_1 und P_2 sind gleich.

G : Die Gewinne der Güter P_1 und P_2 sind gleich.

Geben Sie den Wahrheitsgehalt folgender Aussagen an:

(a) $U \wedge K \Rightarrow G$

(b) $G \Rightarrow U \wedge K$

Aufgabe 3.3

Betrachten Sie die Behauptungen:

$$A : x \leq 0$$
$$B : (2 + x)^3 \geq 2 + 3x$$

und geben Sie den Wahrheitsgehalt der Implikation $A \Rightarrow B$ an.

Aufgabe 3.4

Betrachten Sie die Behauptungen:

$$A : 4x^2 - 20x + 25 = 0$$
$$B : x = 2{,}5$$

und geben Sie den Wahrheitsgehalt der Implikation $A \Rightarrow B$ an.

Aufgabe 3.5

Betrachten Sie die Behauptungen:

$$A : x \text{ ist eine positive reelle Zahl}$$
$$B : x + \frac{4}{x} \geq 4$$

und geben Sie den Wahrheitsgehalt der Implikation $A \Rightarrow B$ an.

Aufgabe 3.6
Zeigen Sie mithilfe von Wahrheitstabellen, dass die Äquivalenz:

$$(A \lor B) \land C \quad \Leftrightarrow \quad (A \land C) \lor (B \land C)$$

wahr ist.

Aufgaben zu Kapitel 4 (Mengenlehre)

Aufgabe 4.1
Welche der folgenden Mengendarstellungen sind richtig, welche falsch?
(a) $\{a, b, c\}$ (c) $\{m, e, n, g, e\}$ (e) $\{\frac{1}{2}, \frac{2}{4}, \frac{3}{6}, \ldots\}$
(b) $\{a, b, b, a\}$ (d) $\{\}$ (f) $\{x \mid x \in \mathbb{N} \;\land\; x \le 3\}$

(g) $\boxed{1\ 2\ 3}$

Aufgabe 4.2
Es sei $M = \{1, 2, 3, 4\}$. Zählen Sie die Elemente der folgenden Mengen auf:
(a) $M_1 = \{x \mid x$ ist gerade $\land\ x \in M\}$
(b) $M_2 = \{x \mid x$ ist ungerade $\land\ x \in M\}$
(c) $M_3 = \{x \mid x$ ist Primzahl $\land\ x \in M\}$
(d) $M_4 = \{x \mid x < 3 \land\ x \in M\}$
(e) $M_5 = \{x \mid x$ ist durch 3 teilbar $\land\ x \in M\}$
(f) $M_6 = \{x \mid x$ ist durch 5 teilbar $\land\ x \in M\}$
Hinweis: Eine **Primzahl** ist eine natürliche Zahl (größer eins), die ohne Rest nur durch eins und sich selbst teilbar ist.

Aufgabe 4.3
Es seien $M, M_1, \ldots, M_6$ die in Aufgabe 4.2 angegebenen Mengen. Welche der folgenden Aussagen sind wahr, welche falsch?
(a) $M_5 \subset M_3$ (d) $M \setminus M_1 = M_2$ (g) $M_6 \setminus M_5 = M_6$
(b) $M_3 \setminus M_4 = M_5$ (e) $M_2 \setminus M = M_6$ (h) $M_5 \setminus M_6 = M_5$
(c) $M_1 \cup M_2 = M$ (f) $M_2 \cap M_3 = M_5$ (i) $M_1 \cap M_3 \ne M_3 \cap M_5$

Aufgabe 4.4
Schreiben Sie die folgenden Mengen mithilfe einer beschreibenden Form (charakteristischen Eigenschaft):

(a) $M_7 = \{2, 3, 5, 7, 11, 13, 17, \ldots\}$ (c) $M_9 = \{1, 2, 3, \ldots, 8, 9, 10\}$
(b) $M_8 = \{2, 4, 6, 8, 10, \ldots\}$ (d) $M_{10} = \{1, 2, 3, \ldots\}$

Aufgabe 4.5

M_7, M_8, M_9 und M_{10} seien die in Aufgabe 4.4 angegebenen Mengen. Bestimmen Sie:

(a) $M_7 \cap M_8$ (g) $M_7 \cup M_8$ (m) $M_7 \setminus M_8$
(b) $M_7 \cap M_9$ (h) $M_7 \cup M_9$ (n) $M_7 \setminus M_9$
(c) $M_7 \cap M_{10}$ (i) $M_7 \cup M_{10}$ (o) $M_7 \setminus M_{10}$
(d) $M_8 \cap M_9$ (j) $M_8 \cup M_9$ (p) $M_8 \setminus M_9$
(e) $M_8 \cap M_{10}$ (k) $M_8 \cup M_{10}$ (q) $M_8 \setminus M_{10}$
(f) $M_9 \cap M_{10}$ (l) $M_9 \cup M_{10}$ (r) $M_9 \setminus M_{10}$

Aufgabe 4.6

Welche der folgenden Aussagen sind wahr, welche falsch?

(a) $1 \in \mathbb{N}$ (d) $1 \in \mathbb{R}$ (g) $\frac{2}{3} \notin \mathbb{Q}$ (j) $\sqrt{2} \notin \mathbb{N}$
(b) $1 \notin \mathbb{Z}$ (e) $\frac{2}{3} \notin \mathbb{N}$ (h) $\frac{2}{3} \notin \mathbb{R}$ (k) $\sqrt{2} \in \mathbb{Q}$
(c) $1 \in \mathbb{Q}$ (f) $\frac{2}{3} \in \mathbb{Z}$ (i) $\sqrt{2} \in \mathbb{N}$ (l) $\sqrt{2} \in \mathbb{R}$

Aufgabe 4.7

Bestimmen Sie die folgenden Mengen:

(a) $\mathbb{Z} \setminus \mathbb{N}$ (c) $\mathbb{Z} \cap \mathbb{N}$ (e) $\mathbb{Z} \setminus \mathbb{N}_0$ (g) $\mathbb{R} \cup \mathbb{Q}$
(b) $\mathbb{N} \setminus \mathbb{Z}$ (d) $\mathbb{Z} \cup \mathbb{N}$ (f) $\mathbb{N}_0 \setminus \mathbb{N}$ (h) $\mathbb{R} \setminus \mathbb{Q}$

Aufgabe 4.8

Es seien:

$A = \{x \in \mathbb{R} \mid 0 \leq x \leq 2\} = [0, 2]$
$B = \{x \in \mathbb{R} \mid 1 \leq x \leq 3\} = [1, 3]$
$C = \{y \in \mathbb{R} \mid -1 \leq y \leq 1\} = [-1, 1]$

Bestimmen Sie:

(a) $A \cap B$ (c) $A \setminus B$ (e) $A \times C$ (g) $C \times B$
(b) $A \cup B$ (d) $B \setminus A$ (f) $C \times A$ (h) $B \times C$

Aufgabe 4.9

Wir haben drei Mengen:

$$M = \text{Menge aller Kunden}$$
$$A = \text{Menge aller Kunden, die Produkt I kaufen}$$
$$B = \text{Menge aller Kunden, die Produkt II kaufen}$$

Geben Sie für die folgenden Mengen die Mengen-Schreibweise an: Die Menge der Kunden, die

(a) sowohl Produkt I als auch Produkt II kaufen.

(b) mindestens eines der beiden Produkte kaufen.

(b) genau eines der beiden Produkte kaufen.

(d) höchstens eines der beiden Produkte kaufen.

(e) nur Produkt I, aber nicht Produkt II kaufen.

(f) weder Produkt I noch Produkt II kaufen.

(g) nicht Produkt I kaufen.

Aufgaben zu Kapitel 5 (Abzählmethoden)

Aufgabe 5.1

Falls der Ausdruck erklärt ist, berechnen Sie:

(a) $\binom{9}{0}$ (b) $\binom{9}{8}$ (c) $\binom{9}{5}$ (d) $\binom{9}{4}$ (e) $6!$ (f) $\binom{4}{9}$

Aufgabe 5.2

Aus einer Gruppe von fünf Dozenten werden für eine Klausur drei Aufsichten benötigt. Wie viele Zusammenstellungen für das Aufsichtsteam sind möglich?

Aufgabe 5.3

Sie kaufen zwei blaue und zwei rote Sofakissen. Wie viele Möglichkeiten gibt es, diese vier Sofakissen in einer Reihe anzuordnen?

Aufgabe 5.4

Für eine Bachelorarbeit müssen aus einer Gruppe von sechs Dozenten ein Erst-

Gutachter und ein Zweit-Gutachter benannt werden. Wie viele Möglichkeiten der Prüfer-Wahl gibt es?

Aufgabe 5.5
Eine Studentin möchte in der letzten Woche vor ihrem Urlaub noch dreimal ein Fitness-Studio besuchen. Wie viele verschiedene Einteilungen gibt es für die drei geplanten Besuche, wenn die Studentin
(a) auch mehrmals am Tag ins Fitness-Studio geht?
(b) nur einmal am Tag in das Fitness-Studio geht?

Aufgabe 5.6
Damit in einem Unternehmen die Produktion auch an den Wochenenden ohne Unterbrechung weiterlaufen kann, übernehmen Ingenieurin A und Ingenieur B Wochenendbereitschaften. An jedem Wochenende wird jeweils einer der beiden für diese Aufgabe eingeteilt. Für die kommenden acht Wochenenden soll dazu ein Dienstplan erstellt werden. Wie viele verschiedene Dienstpläne:
(a) kann es insgesamt geben?
(b) bei denen die Ingenieurin A alle Wochenendbereitschaften übernimmt, kann es insgesamt geben?
(c) bei denen die Ingenieurin A genau 75 % aller Wochenendbereitschaften übernimmt, kann es insgesamt geben?
(d) bei denen die Ingenieurin A mindestens 75 % aller Wochenendbereitschaften übernimmt, kann es insgesamt geben?
(e) bei denen die Ingenieurin A höchstens 75 % aller Wochenendbereitschaften übernimmt, kann es insgesamt geben?

Aufgaben zu Kapitel 6 (Potenzen)

Aufgabe 6.1
Berechnen Sie erst ohne und anschließend mit dem Taschenrechner.
(a) $30\,000 \cdot 16\,000\,000$
(b) $7\,000 \cdot 0,004$
(c) $\dfrac{17^3 \cdot 18^4 \cdot 19^3}{18^5 \cdot 19^2 \cdot 17^3}$
(d) $(12,5)^2 \cdot 8^2 \cdot 3,17 \cdot 10^{-4}$
(e) $\left(\dfrac{10^8 \cdot 10^9}{10^{14}} \right)^2$
(f) $4\,000\,000^3$

Aufgabe 6.2

Geben Sie die entsprechenden Beträge in Milliarden an.

(a) $47{,}3 \cdot 10^7$

(b) $139 \cdot 10^8$

(c) $0{,}745 \cdot 10^9$

(d) $0{,}745\,6 \cdot 10^{12}$

(e) $2\,170 \cdot 10^6$

(f) $3{,}4 \cdot 10^5$

Aufgabe 6.3

Die Regierung eines Landes plant die CO_2-Abgabe von $0{,}025$ GE je Kilowattstunde. Im Folgenden werden die Auswirkungen auf eine Kommune mit einem jährlichen Stromverbrauch von $0{,}985$ Milliarden Kilowattstunden betrachtet.

(a) Wie hoch ist die finanzielle Zusatzbelastung aller Einwohner aufgrund der CO_2-Abgabe?

(b) Wie hoch ist die Zusatzbelastung in Millionen GE, wenn auf die CO_2-Abgabe die Mehrwertsteuer in Höhe von $19\,\%$ aufgeschlagen wird?

Aufgaben zu Kapitel 7 (Wurzeln)

Aufgabe 7.1

Berechnen Sie erst ohne und anschließend mit dem Taschenrechner.

(a) $\left(\sqrt[3]{81} \cdot \sqrt[3]{\frac{1}{3}} \right)^2$

(b) $\sqrt[6]{64} \cdot \sqrt[3]{64} \cdot \sqrt{64}$

(c) $(4^3 \cdot \sqrt[4]{16})^{\frac{1}{7}}$

(d) $\dfrac{\sqrt[3]{12{,}5} \cdot \sqrt[3]{10}}{\sqrt[5]{\frac{1}{32}} \cdot \sqrt[3]{32} \cdot 5}$

(e) $\sqrt[3]{\sqrt[4]{1\,000\,000\,000\,000}}$

(f) $\sqrt{81^{\frac{1}{2}}} \cdot \sqrt[3]{8^2} \cdot (12^{0{,}5})^2$

Aufgabe 7.2

Berechnen Sie erst ohne und anschließend mit dem Taschenrechner.

(a) $6 \cdot 81^{-\frac{1}{4}}$

(b) $5 \cdot 125^{-\frac{1}{3}}$

(c) $-27^{-\frac{1}{3}}$

(d) $1\,000\,000^{-\frac{1}{6}}$

(e) $1\,000\,000^{-\frac{1}{3}} \cdot \sqrt[4]{\frac{1}{10\,000}}$

(f) $-\sqrt[9]{10^0} \cdot \dfrac{\sqrt[3]{48} \cdot \sqrt[4]{243}}{\sqrt[4]{3} \cdot \sqrt[3]{6}}$

Aufgaben zu Kapitel 8 (Logarithmen)

Aufgabe 8.1
Berechnen Sie auf vier Nachkommastellen gerundet:

(a) $\log_{17}(83\,521)$

(b) $\log_{17}(70\,000)$

(c) $\dfrac{\ln 2}{\ln 1,08}$

(d) $\ln(\frac{2}{1,08})$

(e) $\ln(2) - \ln(1,08)$

(f) $\ln(53)$

(g) $\ln(e)$

(h) $\ln(e^{20})$

(i) $\ln(e^0)$

(j) $e^{\ln(17)}$

(k) $e^{\ln(58)}$

Aufgabe 8.2
Geben Sie die Grundmenge $\mathbb{G}$ und die Lösungsmenge $\mathbb{L}$ an:

(a) $\log_{10}(2x + 3) = 0$

(b) $\log_{10}(\frac{x}{2} - 0,4) = -1$

(c) $\log_{10} \sqrt{x + 1} = 1$

(d) $\log_{10} \sqrt{x^2 + 1} = 0,5$

Aufgabe 8.3
Der Wert eines Kapitals K steigt jährlich um 6 %. Nach wie vielen Jahren hat sich der Wert verdreifacht?

Aufgabe 8.4
Für welches x gilt:

(a) $\log_2(4x - 1) = 4$

(b) $\log_{10}(x - 1)^2 = \log_{10} 9$

(c) $3^{-x} = 243$

Aufgaben zu Kapitel 9 (Zinsrechnung)

Aufgabe 9.1

Vervollständigen Sie die folgende Tabelle und gehen Sie dabei von einer linearen Verzinsung aus.

K_0	n	i	Z_k; $k = 1, \dots, n$	K_n	K_2
100,00	5	0,025			
	7	0,040		64,00	
	4	0,025	5,00		
1 000,00	4			1 120,00	
500,00	5		25,00		
2 000,00		0,020		2 120,00	

Aufgabe 9.2

Vervollständigen Sie die folgende Tabelle und gehen Sie dabei von einer jährlichen Verzinsung mit Zinseszins aus.

K_0	n	i	Z_3	K_n	K_2
100,00	5	0,025			
	7	0,040		64,00	
	4	0,025	5,00		
1 000,00	4			1 120,00	
2 000,00		0,020		2 122,42	

Aufgabe 9.3

Ein Unternehmen werden drei Investitionsalternativen angeboten. Die Investitionssumme beträgt jeweils 100 000 GE, die Laufzeit zehn Jahre.

Investitionsalternative 1   Die Investitionssumme unterliegt einer jährlichen Verzinsung mit Zinseszins bei einem Zins von 4 % p. a.

Investitionsalternative 2   Die Investitionssumme unterliegt einer quartalsweisen Verzinsung mit Zinseszins bei einem Zins von 3,95 % p. a.

Investitionsalternative 3   Die Investitionssumme unterliegt einer monatlichen Verzinsung mit Zinseszins bei einem Zins von 3,92 % p. a.

Für welche Investitionsalternative entscheidet sich das Unternehmen? Vergleichen Sie zur Beantwortung dieser Frage, das Endkapital nach zehn Jahren. Berechnen Sie für die drei Investitionsalternativen den Effektivzins.

Aufgaben zu Kapitel 10 (Terme und Termumformungen)

Aufgabe 10.1
Formen Sie die folgenden Terme in einfachere Terme um:
(a) $(4x + 3y) - (2x - y)$
(b) $28\frac{7}{9}x - (5\frac{1}{4}y + 7\frac{2}{9}x - 3\frac{1}{2}y)$
(c) $4,8r + (3,4s - 2,7r + 14,5t) - 4,3t - (12,2r - 13,6s)$

Aufgabe 10.2
Formen Sie die Produktterme in äquivalente Summenterme um:
(a) $3a^2(4b + 9a)$
(b) $(2x + 2)(5 - x)$
(c) $(3a^2b)^2(2a^2 - 3b)$
(d) $(-21x^3z)(3x^2 - 2z^2) - 7x^2y(13xz^2 - 9y^2z)$
(e) $(3x - 2)(6x + 3) - (5x - 4)(7x - 3)$

Aufgabe 10.3
Faktorisieren Sie die folgenden Summen:
(a) $x^2 - y^2$
(b) $x^6 + x^4 - x^2$
(c) $3ab - bc - ab + 3bc$
(d) $x^3 - 2x^2 + 2x^2y - 4xy + xy^2 - 2y^2$

Aufgabe 10.4
Formen Sie mithilfe der binomischen Formeln in äquivalente Terme um:
(a) $(a + b)^2$
(b) $(-\frac{1}{3}x - \frac{1}{2}y)^2$
(c) $(x + y + z)^2$
(d) $(3x + y)(3x - y) - (3x - y)^2$

Aufgabe 10.5

Faktorisieren Sie die Terme mithilfe der binomischen Formeln:

(a) $x^2 + 4x + 4$

(b) $a^2 - 400$

(c) $b^2 - 16b + 64$

(d) $1 - c^2$

(e) $x^2 - 7x + \frac{49}{4}$

Aufgabe 10.6

(a) Welche der Bruchterme sind in der Grundmenge $\mathbb{G} = \mathbb{R} \setminus \{-1, 0, 1\}$ äquivalent?

$$T_1(x) = \frac{x(x-1)}{x} \qquad T_2(x) = \frac{x^2 - x}{x} \qquad T_3(x) = x - 1$$

$$T_4(x) = \frac{x^2 - 1}{x + 1} \qquad T_5(x) = \frac{x^2 - 1}{x - 1}$$

(b) Welche der Bruchterme sind in der Grundmenge $\mathbb{G} = \mathbb{R} \setminus \{-1, 0\}$ äquivalent?

$$T_1(x) = \frac{x - 2}{x} \qquad T_2(x) = \frac{x^2 - x - 2}{x^2 + x}$$

$$T_3(x) = \frac{x^2 - 2x}{x^2}$$

Aufgabe 10.7

Vereinfachen Sie die folgenden Terme:

(a) $\mathbb{G} = \{(x, y) \in \mathbb{R}^2 \mid x \neq 2, \, y \neq 3, \, y \neq -3\}$

$$\frac{x^2 - 4}{9 - y^2} \cdot \frac{3y + y^2}{x^2 - 4x + 4}$$

(b) $\mathbb{G} = \{(u, v) \in \mathbb{R}^2 \mid u \neq v\}$

$$\frac{u^2 - uv}{2} : (u - v)$$

(c) $\mathbb{G} = \mathbb{R} \setminus \{-3, 0, 3\}$

$$\frac{x^2 - 9}{x^2 - 3x} : \frac{4x + 12}{x^2 + 3}$$

Aufgabe 10.8

Formen Sie die folgenden Terme so um, dass die Nenner gleichnamig sind. Fassen Sie dann die Ergebnisse zusammen.

(a) $G = \mathbb{R} \setminus \{0\}$

$$\frac{3}{x^2} + \frac{2}{x} - \frac{5}{x^3}$$

(b) $G = \{(a, b) \in \mathbb{R}^2 \mid a \neq -b, \ a \neq b\}$

$$\frac{a}{a + b} - \frac{a + b}{a - b}$$

(c) $G = \mathbb{R} \setminus \{-3, 3\}$

$$\frac{x + 3}{x^2 - 6x + 9} + \frac{x - 3}{x^2 + 6x + 9} - \frac{3x}{x^2 - 9}$$

Aufgabe 10.9
Vereinfachen Sie die folgenden Terme:
(a) $G = \mathbb{R} \setminus \{2\}$

$$(x^2 + x - 6) : (x - 2)$$

(b) $G = \mathbb{R} \setminus \{-4\}$

$$(x^4 - 16) : (x^2 + 4)$$

(c) $G = \mathbb{R} \setminus \{-1; 1\}$

$$(3x^4 + 4x^3 - 10x^2 - 4x + 7) : (x^2 - 1)$$

Aufgaben zu Kapitel 11 (Gleichungen und Ungleichungen)

Lösen Sie die folgenden Gleichungen und Ungleichungen. Geben Sie die jeweiligen Grundmengen an.

Aufgabe 11.1

(a) $x - \dfrac{7}{5} = \dfrac{3}{2}$

(b) $4(x - 1) = 3x + 5$

(c) $2(x + 5) - 9(x + 1) = 4(2 - x)$

Aufgabe 11.2

(a) $x - 1 > 2$

(d) $3(x + 1) \geq 4(x - 2)$

(b) $\dfrac{-3x}{5} < \dfrac{6}{7}$

(e) $3(2x + 4) \leq 6x + 12$

(c) $\dfrac{1}{6} - 5x \leq \dfrac{-2}{3}$

(f) $(x - 1)(x + 2) < x(x + 1) - 3$

Aufgabe 11.3

(a) $26 - (22x - (30 - 6x)) = 38$

(b) $24 - (6 - (30 - x)) = 0$

(c) $3x = 2x - 6 - (8x - 14)$

Aufgabe 11.4

(a) $3x - (7 - (5 - 4x)) - (x - 8) > 0$

(b) $(x - 5)(x - 15) > x(x - 45)$

(c) $(8 - x)^2 + 19 \leq (x - 9)^2$

Aufgabe 11.5

(a) $\dfrac{x}{2} + 3 = 5 - \dfrac{x}{4}$

(b) $\dfrac{x + 3}{6} - x = \dfrac{4x + 6}{9} - 4$

(c) $\dfrac{4}{x} = \dfrac{6}{x + 2}$

(d) $\dfrac{x + 5}{x - 7} = 3 - \dfrac{x + 1}{x - 7}$

Aufgabe 11.6

(a) $\dfrac{2 + 5x}{3} \geq \dfrac{4 + 7x}{4}$

(b) $\dfrac{x + 1}{x - 1} \geq 0$

(c) $\dfrac{x - 3}{x + 2} < 5$

(d) $\dfrac{x + 3}{2x - 8} > 0$

Aufgabe 11.7

(a) $x^2 - 2x - 15 = 0$

(b) $48x - 160 - 4x^2 = 0$

(c) $x(x - 2) = 4(x + 2) + x$

(d) $x^2 + 6x = 0$

(e) $x(x - 2) = 4(4 + x)$

Aufgabe 11.8

Für ein Gut ergeben sich die Kosten K in Abhängigkeit der Produktionsmenge x durch:

$$K = 3x^2 + 4x + 180, \quad x \in [0, 50]$$

Am Markt wird ein Preis von 100 GE pro ME erzielt. Bestimmen Sie die Gewinnzone.

Aufgaben zu Kapitel 12 (Funktionen)

Aufgabe 12.1
F sei der Flächeninhalt eines Kreises und r dessen Radius. Stellen Sie den Zusammenhang zwischen F und r als Funktion dar und geben Sie den Definitionsbereich an.

Aufgabe 12.2
Bei der Produktion eines Gutes wird bezüglich der Produktionsmenge und den anfallenden Kosten Folgendes beobachtet:
(a) Es können maximal 500 ME produziert werden.
(b) Zur Belieferung eines für die Existenz des Unternehmens entscheidenden Kunden sind mindestens 200 ME zu produzieren.
(c) Unabhängig von der Produktionsmenge fallen Kosten (Fixkosten) in Höhe von 120 GE an.
(d) Daneben entstehen pro produzierter Mengeneinheit 20 GE an Kosten.
Stellen Sie den Zusammenhang zwischen den Kosten K und der produzierten Menge x als Funktion dar und geben Sie den Definitionsbereich an.

Aufgabe 12.3
Gegeben seien die Funktionen:

$$f(x) = x^2 - 4, \quad x \in \mathbb{R}, \quad \text{und} \quad g(x) = \sqrt{x}, \quad x \in [0, \infty)$$

(a) Werten Sie die Funktionen f und g an den Stellen $0, 1, 4, 9, a^2, z^2 + 1, x_0 + h$ aus.
(b) Stellen Sie die Funktionen f und g grafisch dar.

Aufgabe 12.4
Gegeben sei die Funktion:

$$f(x) = \begin{cases} x^2 & \text{für } x \in (-\infty, 0], \\ 5 & \text{für } x \in (0, 1), \\ 3 & \text{für } x = 1, \\ 2x & \text{für } x \in (1, \infty). \end{cases}$$

Werten Sie die Funktion an den Stellen $-1, 0, \frac{1}{2}, 1$ und 5 aus.

12.2 Lösungen

Lösungen zu den Aufgaben zu Kapitel 2 (Rechnen mit reellen Zahlen)

Lösung 2.1

(a) $3 + \dfrac{3}{2} + \dfrac{3}{3} + \dfrac{3}{4} = 6\dfrac{1}{4}$

(b) $(1 - 1) + (2 - \dfrac{1}{2}) + (3 - \dfrac{1}{3}) + (4 - \dfrac{1}{4}) = 7\dfrac{11}{12}$

(c) $\dfrac{2}{1} + \dfrac{3}{2} + \dfrac{3}{2} + \dfrac{4}{4} = 6$

(d) $(0 + 0 + 0) + (\dfrac{3}{2} + \dfrac{4}{2} + \dfrac{5}{2}) + (\dfrac{6}{3} + \dfrac{8}{3} + \dfrac{10}{3}) = 14$

(e) $\dfrac{1}{2} \cdot \dfrac{2}{3} \cdot \dfrac{3}{4} \cdot \dfrac{4}{5} = \dfrac{1}{5}$

(f) $(-\dfrac{1}{4}) \cdot 0 \cdot \dfrac{1}{4} \cdot \dfrac{1}{2} = 0$

Lösung 2.2

(a) 12 (b) 6,7 (c) 1 (d) 1

(e) $\dbinom{5}{1} + \dbinom{5}{2} + \dbinom{5}{3} + \dbinom{5}{4} + \dbinom{5}{5} = 31$

(f) $\dbinom{4}{1} \cdot 1 + \dbinom{4}{2} \cdot \dfrac{1}{2} + \dbinom{4}{3} \cdot \dfrac{1}{3} + \dbinom{4}{4} \cdot \dfrac{1}{4} = 4 + 3 + \dfrac{4}{3} + \dfrac{1}{4} = 8\dfrac{7}{12}$

Lösungen zu den Aufgaben zu Kapitel 3 (Aussagenlogik)

Lösung 3.1
Die Implikation $A \Rightarrow B$ ist wahr, die Implikation $B \Rightarrow A$ ist falsch.

Lösung 3.2
(a) Die Implikation $U \wedge K \Rightarrow G$ ist wahr, denn wenn sowohl Umsätze als auch Kosten der Güter P_1 und P_2 gleich sind, müssen auch die Gewinne der Güter P_1 und P_2 gleich sein.

(b) Die Implikation $G \Rightarrow U \wedge K$ ist falsch. Betragen z. B. die Umsätze von P_1 fünf Geldeinheiten und die Kosten von P_1 zwei Geldeinheiten, so beträgt der Gewinn von P_1 drei Geldeinheiten. Ein Gewinn von drei Geldeinheiten erzielt aber auch P_2, wenn der Umsatz von P_2 vier Geldeinheiten beträgt und die Kosten von P_2 eine Geldeinheit betragen.

Lösung 3.3

Die Implikation $A \Rightarrow B$ ist falsch, denn z. B. für $x = -5$ ist A wahr, jedoch B falsch, denn es gilt:

$$(2 + x)^3 = (2 - 5)^3 = (-3)^3 = -27 < -13 = 2 - 15 = 2 + 3x$$

Lösung 3.4

Die Implikation $A \Rightarrow B$ ist wahr, denn ist A wahr, so gilt aufgrund der pq-Formel:

$$x = 2,5 \pm \underbrace{\sqrt{6,25 - 6,25}}_{=0}$$

Somit besitzt die Gleichung die Lösung $x = 2,5$.

Lösung 3.5

$A \Rightarrow B$ wahr, denn es gilt:

$$
\begin{aligned}
& 4 \leq x + \tfrac{4}{x} && \big| -4 \\
\Leftrightarrow \quad & 0 \leq x - 4 + \tfrac{4}{x} && \big| \cdot x \quad (\text{da } x > 0 \text{ ist}) \\
\Leftrightarrow \quad & 0 \leq (x - 2)^2 = x^2 - 4x + 4
\end{aligned}
$$

Lösung 3.6

Die Wahrheitstabelle ergibt:

Tab. 3.1: Wahrheitstabelle zu Aufgabe 3.6

A	w	w	f	f	w	w	f	f
B	w	f	w	f	w	f	w	f
C	w	w	w	w	f	f	f	f
$A \vee B$	w	w	w	f	w	w	w	f
$(A \vee B) \wedge C$	w	w	w	f	f	f	f	f
$A \wedge C$	w	w	f	f	f	f	f	f
$B \wedge C$	w	f	w	f	f	f	f	f
$(A \wedge C) \vee (B \wedge C)$	w	w	w	f	f	f	f	f
$(A \vee B) \wedge C \Leftrightarrow (A \wedge C) \vee (B \wedge C)$	w	w	w	w	w	w	w	w

Lösungen zu den Aufgaben zu Kapitel 4 (Mengenlehre)

Lösung 4.1

(a) richtig   (c) falsch   (e) falsch   (g) richtig

(b) falsch   (d) richtig   (f) richtig

Lösung 4.2

(a) $M_1 = \{2, 4\}$ (c) $M_3 = \{2, 3\}$ (e) $M_5 = \{3\}$

(b) $M_2 = \{1, 3\}$ (d) $M_4 = \{1, 2\}$ (f) $M_6 = \{\}$

Lösung 4.3

(a) wahr   (d) wahr   (g) wahr

(b) wahr   (e) wahr   (h) wahr

(c) wahr   (f) wahr   (i) wahr

Lösung 4.4

(a) $M_7 = \{x \mid x \text{ ist Primzahl}\}$

(b) $M_8 = \{x \mid x \in \mathbb{N} \ \wedge \ x \text{ ist gerade}\}$

(c) $M_9 = \{x \mid x \in \mathbb{N} \ \wedge \ x \leq 10\}$

(d) $M_{10} = \{x \mid x \text{ ist natürliche Zahl}\}$

Lösung 4.5

(a) $M_7 \cap M_8 = \{2\}$

(d) $M_8 \cap M_9 = \{2, 4, 6, 8, 10\}$

(b) $M_7 \cap M_9 = \{2, 3, 5, 7\}$

(e) $M_8 \cap M_{10} = M_8$

(c) $M_7 \cap M_{10} = M_7$

(f) $M_9 \cap M_{10} = M_9$

(g) $M_7 \cup M_8 = \{2, 4, 6, 8, 10, \ldots, 3, 5, 7, 11, 13, 17, \ldots\}$

(h) $M_7 \cup M_9 = \{1, 2, 3, 4, 5, 6, 7, 8, 9, 10, 11, 13, 17, \ldots\}$

(i) $M_7 \cup M_{10} = M_{10}$

(j) $M_8 \cup M_9 = \{1, 2, 3, 4, 5, 6, 7, 8, 9, 10, 12, 14, 16, \ldots\}$

(k) $M_8 \cup M_{10} = M_{10}$

(o) $M_7 \setminus M_{10} = \{\}$

(l) $M_9 \cup M_{10} = M_{10}$

(p) $M_8 \setminus M_9 = \{12, 14, 16, \ldots\}$

(m) $M_7 \setminus M_8 = \{3, 5, 7, 11, 13, 17, \ldots\}$

(q) $M_8 \setminus M_{10} = \{\}$

(n) $M_7 \setminus M_9 = \{11, 13, 17 \ldots\}$

(r) $M_9 \setminus M_{10} = \{\}$

Lösung 4.6

(a) wahr

(d) wahr

(g) falsch

(j) wahr

(b) falsch

(e) wahr

(h) falsch

(k) falsch

(c) wahr

(f) falsch

(i) falsch

(l) wahr

Lösung 4.7

(a) $\mathbb{Z} \setminus \mathbb{N} = \{\ldots, -3, -2, -1, 0\}$

(e) $\mathbb{Z} \setminus \mathbb{N}_0 = \{\ldots, -3, -2, -1\}$

(b) $\mathbb{N} \setminus \mathbb{Z} = \{\}$

(f) $\mathbb{N}_0 \setminus \mathbb{N} = \{0\}$

(c) $\mathbb{Z} \cap \mathbb{N} = \mathbb{N}$

(g) $\mathbb{R} \cup \mathbb{Q} = \mathbb{R}$

(d) $\mathbb{Z} \cup \mathbb{N} = \mathbb{Z}$

(h) $\mathbb{R} \setminus \mathbb{Q} = \{x \mid x \text{ ist irrational}\}$

Lösung 4.8

(a) $A \cap B = [1, 2]$

(c) $A \setminus B = [0, 1)$

(b) $A \cup B = [0, 3]$

(d) $B \setminus A = (2, 3]$

(e) $A \times C = \{(x, y) \mid x \in [0, 2] \ \wedge \ y \in [-1, 1]\}$

(f) $C \times A = \{(y, x) \mid y \in [-1, 1] \ \wedge \ x \in [0, 2]\}$

(g) $C \times B = \{(y, x) \mid y \in [-1, 1] \ \wedge \ x \in [1, 3]\}$

(h) $B \times C = \{(x, y) \mid x \in [1, 3] \ \wedge \ y \in [-1, 1]\}$

Lösung 4.9

(a) $A \cap B$

(b) $A \cup B$

(c) $(A \cap \overline{B}) \cup (\overline{A} \cap B)$

(d) $\overline{A} \cup \overline{B}$

(e) $A \cap \overline{B}$

(f) $\overline{A} \cap \overline{B}$

(g) $\overline{A}$

Lösungen zu den Aufgaben zu Kapitel 5 (Abzählmethoden)

Lösung 5.1

(a) $\binom{9}{0} = 1$

(b) $\binom{9}{8} = 9$

(c) $\binom{9}{5} = 126$

(d) $\binom{9}{4} = 126$

(e) $6! = 720$

(f) Der Ausdruck $\binom{4}{9}$ ist nicht erklärt, da die untere Zahl $k = 9$ größer als die obere Zahl $n = 4$ ist.

Lösung 5.2

Ziehen von $k = 3$ Dozenten aus $n = 5$ Dozenten $D_1, \ldots, D_5$ ohne Zurücklegen ohne Berücksichtigung der Reihenfolge ergibt:

$$\binom{n}{k} = \binom{5}{3} = \frac{5!}{3!\, 2!} = 10 \text{ Möglichkeiten}$$

Lösung 5.3

1. Lösungsweg:

Ein blaues Sofakissen identifizieren wir mit der Zahl Eins, ein rotes Sofakissen identifizieren wir mit der Zahl Zwei. D. h. unter den insgesamt $n = 4$ Elementen gibt es zwei Sorten und von jeder Sorte genau zwei Elemente, $n_1 = 2$ und $n_2 = 2$. Jetzt suchen wir nach der Anzahl der Permutationen des Tupels $(1, 1, 2, 2)$. Insgesamt gibt es sechs mögliche Vertauschungen:

$$\frac{n!}{n_1! \cdot n_2!} = \frac{4!}{2! \cdot 2!} = 6$$

2. Lösungsweg:
Für die Positionen der Einsen ziehen wir aus aus $n = 4$-elementigen Menge { 1. Position, 2. Position, 3. Position, 4. Position } $k = 2$ Elemente ohne Zurücklegen und ohne Berücksichtigung der Reihenfolge; also gibt es:

$$\binom{n}{k} = \binom{4}{2} = 6 \text{ Möglichkeiten.}$$

Lösung 5.4

Die Dozenten bezeichnen wir wieder mit $D_1, \ldots, D_6$. Dann müssen wir aus der $n = 6$-elementigen Menge $\{D_1, D_2, D_3, D_4, D_5, D_6\}$ $k = 2$ Elemente ziehen ohne Zurücklegen (der Erst-Gutachter darf nicht gleichzeitig der Zweit-Gutachter sein) und mit Berücksichtigung der Reihenfolge (um zwischen Erst- und Zweit-Gutachter unterscheiden zu können). Also gibt es:

$$\frac{n!}{(n-k)!} = \frac{6!}{(6-2)!} = \frac{6!}{4!} = 5 \cdot 6 = 30 \text{ Möglichkeiten.}$$

Lösung 5.5

(a) Aus den Wochentagen $W_1, \ldots, W_7$ sind drei Tage mit Zurücklegen und ohne Berücksichtigung der Reihenfolge zu ziehen. Also gibt es:

$$\binom{n+k-1}{k} = \binom{7+3-1}{3} = \binom{9}{3} = \frac{9!}{3! \cdot 6!} = 84 \text{ Möglichkeiten.}$$

(b) Aus den Wochentagen $W_1, \ldots, W_7$ sind drei Tage ohne Zurücklegen und ohne Berücksichtigung der Reihenfolge zu ziehen. Also gibt es:

$$\binom{n}{k} = \binom{7}{3} = \frac{7!}{3! \cdot 4!} = 35 \text{ Möglichkeiten.}$$

Lösung 5.6

(a) $n^k = 2^8 = 256$

   Es gibt somit 256 verschiedene Dienstpläne für diese acht Wochenenden.

(b) Es gibt nur einen möglichen Dienstplan, bei dem die Ingenieurin A alle Bereitschaftsdienste übernimmt.

(c) 75 % von acht Diensten sind sechs Dienste

$$\binom{n}{k} = \binom{8}{6} = 56$$

   Somit gibt es 56 verschiedene Dienstpläne.

(d) Mindestens sechs Dienste, das bedeutet: sechs oder sieben oder acht Dienste

$$\binom{8}{6} + \binom{8}{7} + \binom{8}{8} = 56 + 8 + 1 = 65$$

Es gibt 65 verschiedene Dienstpläne.

(e) Höchstens sechs Dienste, das bedeutet: alle Dienste, aber nicht sieben Dienste und auch nicht acht Dienste

$$256 - 8 - 1 = 247$$

Es gibt 247 verschiedene Dienstpläne.

Lösungen zu den Aufgaben zu Kapitel 6 (Potenzen)

Lösung 6.1
(a) $48 \cdot 10^{10}$

(b) 28

(c) $\frac{19}{18}$

(d) 3,17

(e) 10^6

(f) $(4 \cdot 10^6)^3 = 64 \cdot 10^{18}$

Lösung 6.2
(a) 0,473 Milliarden

(b) 13,9 Milliarden

(c) 0,745 Milliarden

(d) 745,6 Milliarden

(e) 2,17 Milliarden

(f) 0,000 34 Milliarden

Lösung 6.3
(a) $985 \cdot 0,025$ Millionen GE = 24,625 Millionen GE

(b) $24,625 \cdot 0,19$ Millionen GE = 4,678 75 Millionen GE

gesamt: 29,303 75 Millionen GE

Lösungen zu den Aufgaben zu Kapitel 7 (Wurzeln)

Lösung 7.1

(a) $\left(\sqrt[3]{27}\right)^2 = 3^2 = 9$

(b) $64^{\frac{1}{6}+\frac{1}{3}+\frac{1}{2}} = 64^1 = 64$ oder $2 \cdot 4 \cdot 8 = 64$

(c) $(64 \cdot 2)^{\frac{1}{7}} = \sqrt[7]{128} = 2$

(d) $\dfrac{\sqrt[3]{125}}{5} = 1$

(e) $\left((10^{12})^{\frac{1}{4}}\right)^{\frac{1}{3}} = (10^{12})^{\frac{1}{12}} = 10$

(f) $\sqrt{9} \cdot \sqrt[3]{64} \cdot 12 = 12^2 = 144$

Lösung 7.2

(a) $\dfrac{6}{\sqrt[4]{81}} = \dfrac{6}{3} = 2$

(b) $\dfrac{5}{\sqrt[3]{125}} = 1$

(c) $-\dfrac{1}{\sqrt[3]{27}} = -\dfrac{1}{3}$

(d) $(10^6)^{-\frac{1}{6}} = 10^{-1} = \dfrac{1}{10}$

(e) $(10^6)^{-\frac{1}{3}} \cdot (10^{-4})^{\frac{1}{4}} = 10^{-2} \cdot 10^{-1} = 10^{-3}$

(f) $-1 \cdot \sqrt[3]{\dfrac{48}{6}} \cdot \sqrt[4]{\dfrac{243}{3}} = -1 \cdot 2 \cdot 3 = -6$

Lösungen zu den Aufgaben zu Kapitel 8 (Logarithmen)

Lösung 8.1

(a) $\log_{17}(83\,521) = 4$

(b) $\log_{17}(70\,000) = \frac{\ln 70\,000}{\ln 17} \approx 3{,}937\,7$

(c) $\frac{\ln 2}{\ln 1{,}08} \approx 9{,}006\,5$

(d) $\ln\left(\frac{2}{1{,}08}\right) \approx 0{,}616\,2$

(e) $\ln(2) - \ln(1{,}08) \approx 0{,}616\,2$

(f) $\ln(53) \approx 3{,}970\,3$

(g) $\ln(e) = 1$

(h) $\ln(e^{20}) = 20$

(i) $\ln(e^0) = \ln(1) = 0$

(j) $e^{\ln(17)} = 17$

(k) $e^{\ln(58)} = 58$

Lösung 8.2

(a) Für x aus der Grundmenge $\mathbb{G} = (-1{,}5; \infty)$ gilt:

$$\log_{10}(2x + 3) = 0$$
$$\Leftrightarrow \quad 2x + 3 = 10^0 = 1$$
$$\Leftrightarrow \quad x = -1$$

d. h. $\mathbb{L} = \{-1\}$.

(b) Für x aus der Grundmenge $\mathbb{G} = (0,8; \infty)$ gilt:

$$\log_{10}\left(\tfrac{x}{2} - 0,4\right) = -1$$
$$\Leftrightarrow \quad \tfrac{x}{2} - 0,4 = 10^{-1} = 0,1$$
$$\Leftrightarrow \quad \tfrac{x}{2} = 0,5$$
$$\Leftrightarrow \quad x = 1$$

d. h. $\mathbb{L} = \{1\}$.

(c) Für x aus der Grundmenge $\mathbb{G} = (-1; \infty)$ gilt:

$$\log_{10}\sqrt{x + 1} = 1$$
$$\Leftrightarrow \quad \sqrt{x + 1} = 10$$
$$\Rightarrow \quad x + 1 = 100$$
$$\Leftrightarrow \quad x = 99$$

d. h. $\mathbb{L} = \{99\}$.

(d) Für x aus der Grundmenge $\mathbb{G} = \mathbb{R}$ gilt:

$$\log_{10}\sqrt{x^2 + 1} = 0,5$$
$$\Leftrightarrow \quad \sqrt{x^2 + 1} = \sqrt{10}$$
$$\Rightarrow \quad x^2 + 1 = 10$$
$$\Leftrightarrow \quad x = -3 \quad \text{oder} \quad x = 3$$

d. h. $\mathbb{L} = \{-3; 3\}$.

Lösung 8.3

Nach n Jahren soll sich das Kapital K verdreifacht haben:

$$K \cdot 1,06^n = 3 \cdot K$$
$$\Leftrightarrow \quad n = \frac{\ln 3}{\ln 1,06} = 18,8541\ldots$$

Nach 19 Jahren hat sich das Kapital verdreifacht.

Lösung 8.4

(a) $\log_2(4x - 1) = 4 \quad \Leftrightarrow \quad 2^4 = 4x - 1$

$\qquad\qquad\qquad\quad \Leftrightarrow \quad 16 = 4x - 1$

$\qquad\qquad\qquad\quad \Leftrightarrow \quad 17 = 4x$

$\qquad\qquad\qquad\quad \Leftrightarrow \quad x = \frac{17}{4}$

(b) $\log_{10}(x - 1)^2 = \log_{10} 9 \quad \Leftrightarrow \quad (x - 1)^2 = 9$

$\qquad\qquad\qquad\qquad\qquad\quad \Leftrightarrow \quad x - 1 = \pm 3$

$\qquad\qquad\qquad\qquad\qquad\quad \Leftrightarrow \quad x = -2 \quad \text{oder} \quad x = 4$

(c) $\dfrac{1}{3^x} = 243 \quad \Leftrightarrow \quad 3^x = \dfrac{1}{243}$

$\qquad\qquad\quad \Leftrightarrow \quad \ln(3^x) = \ln\left(\dfrac{1}{243}\right) = \ln(1) - \ln(243) = -\ln(243)$

$\qquad\qquad\quad \Leftrightarrow \quad x \cdot \ln(3) = -\ln(243)$

$\qquad\qquad\quad \Leftrightarrow \quad x = -\dfrac{\ln(243)}{\ln(3)} = -\dfrac{5{,}4930\ldots}{1{,}0986\ldots} = -5$

Lösungen zu den Aufgaben zu Kapitel 9 (Zinsrechnung)

Lösung 9.1

Zeile 1:

$$Z_k = 100 \cdot 0{,}025 = 2{,}50$$

$$K_5 = 100 \cdot (1 + 5 \cdot 0{,}025) = 112{,}50$$

$$K_2 = 100 \cdot (1 + 2 \cdot 0{,}025) = 105{,}00$$

Zeile 2:

$$64 = K_7 = K_0 \cdot (1 + 7 \cdot 0{,}04) = K_0 \cdot 1{,}28 \Leftrightarrow K_0 = 50{,}00$$

$$Z_k = 50 \cdot 0{,}04 = 2{,}00$$

$$K_2 = 50 \cdot (1 + 2 \cdot 0{,}04) = 54{,}00$$

Zeile 3:

$$5 = Z_k = K_0 \cdot 0{,}025 \Leftrightarrow K_0 = 200{,}00$$

$$K_4 = 200 \cdot (1 + 4 \cdot 0{,}025) = 220{,}00$$

$$K_2 = 200 \cdot (1 + 2 \cdot 0{,}025) = 210{,}00$$

Zeile 4:

$$1\,120 = K_4 = 1\,000 \cdot (1 + 4 \cdot i) \Leftrightarrow 1 + 4 \cdot i = 1,12 \Leftrightarrow 4 \cdot i = 0,12 \Leftrightarrow i = 0,03$$

$$Z_k = 1\,000 \cdot 0,03 = 30,00$$

$$K_2 = 1\,000 \cdot (1 + 2 \cdot 0,03) = 1\,060,00$$

Zeile 5:

$$25 = Z_k = 500 \cdot i \Leftrightarrow i = 0,05$$

$$K_5 = 500 \cdot (1 + 5 \cdot 0,05) = 625,00$$

$$K_2 = 500 \cdot (1 + 2 \cdot 0,05) = 550,00$$

Zeile 6:

$$2\,120 = K_n = 2\,000 \cdot (1 + n \cdot 0,02) \Leftrightarrow 1 + n \cdot 0,02 = 1,06 \Leftrightarrow n = 3$$

$$Z_k = 2\,000 \cdot 0,02 = 40,00$$

$$K_2 = 2\,000 \cdot (1 + 2 \cdot 0,02) = 2\,080,0$$

Lösung 9.2
Zeile 1:

$$Z_3 = 100 \cdot 1,025^2 \cdot 0,025 = 2,63$$

$$K_5 = 100 \cdot 1,025^5 = 113,14$$

$$K_2 = 100 \cdot 1,025^2 = 105,06$$

Zeile 2:

$$64 = K_7 = K_0 \cdot 1,04^7 \Leftrightarrow K_0 = 48,63$$

$$Z_3 = 48,63 \cdot 1,04^2 \cdot 0,04 = 2,10$$

$$K_2 = 48,63 \cdot 1,04^2 = 52,60$$

Zeile 3:

$$5 = Z_3 = K_0 \cdot 1,025^2 \cdot 0,025 \Leftrightarrow K_0 = 190,36$$

$$K_4 = 190,36 \cdot 1,025^4 = 210,12$$

$$K_2 = 190,36 \cdot 1,025^2 = 200,00$$

Zeile 4:

$$i = \sqrt[4]{\frac{1\,120}{1\,000}} - 1 = 0,0287$$

$$Z_3 = 1\,000 \cdot 1,0287^2 \cdot 0,0287 = 30,37$$

$$K_2 = 1\,000 \cdot 1,0287^2 = 1\,058,22$$

Zeile 5:

$$n = \frac{\ln(2\,122,42) - \ln(2\,000)}{\ln(1,02)} = 3$$

$$Z_3 = 2\,000 \cdot 1,02^2 \cdot 0,02 = 41,62$$

$$K_2 = 2\,000 \cdot 1,02^2 = 2\,080,80$$

Lösung 9.3

(1) Investitionsalternative 1:

Endkapital: $K_{10} = 100\,000 \cdot 1,04^{10} = 148\,024,43$

Der Effektivzins ergibt sich unmittelbar mit 0,04.

(2) Investitionsalternative 2:

Endkapital: $K_{10} = 100\,000 \cdot \left(1 + \frac{0,0395}{4}\right)^{40} = 148\,151,09$

Effektivzins: $\sqrt[10]{\frac{148\,151,09}{100\,000}} - 1 = 0,04009$

(3) Investitionsalternative 3:

Endkapital: $K_{10} = 100\,000 \cdot \left(1 + \frac{0,0392}{12}\right)^{120} = 147\,899,25$

Effektivzins: $\sqrt[10]{\frac{147\,899,25}{100\,000}} - 1 = 0,03991$

Somit entscheidet sich das Unternehmen für Investitionsalternative 2, da hier das Endkapital nach zehn Jahren und der Effektivzins am höchsten sind.

Lösungen zu den Aufgaben zu Kapitel 10 (Terme und Termumformungen)

Lösung 10.1

(a) $2x + 4y$ (b) $21\frac{5}{9}x - 1\frac{3}{4}y$ (c) $-10{,}1r + 17s + 10{,}2t$

Lösung 10.2

(a) $12a^2b + 27a^3$

(b) $-2x^2 + 8x + 10$

(c) $18a^6b^2 - 27a^4b^3$

(d) $-63x^5z + 42x^3z^3 - 91x^3yz^2 + 63x^2y^3z$

(e) $-17x^2 + 40x - 18$

Lösung 10.3

(a) $(x - y)(x + y)$ (b) $x^2(x^4 + x^2 - 1)$ (c) $2b(a + c)$

(d) $x^2(x - 2) + 2xy(x - 2) + y^2(x - 2) = (x + y)^2(x - 2)$

Lösung 10.4

(a) $a^2 + 2ab + b^2$

(b) $\frac{1}{9}x^2 + \frac{1}{3}xy + \frac{1}{4}y^2$

(c) $x^2 + y^2 + z^2 + 2xy + 2xz + 2yz$

(d) $6xy - 2y^2$

Lösung 10.5

(a) $(x + 2)^2$

(b) $(a - 20)(a + 20)$

(c) $(b - 8)^2$

(d) $(1 - c)(1 + c)$

(e) $\left(x - \frac{7}{2}\right)^2$

Lösung 10.6

(a) Die Terme $T_1(x)$, $T_2(x)$, $T_3(x)$ und $T_4(x)$ sind in $G = \mathbb{R} \setminus \{-1, 0, 1\}$ äquivalent. Sie sind sogar in der Grundmenge $\mathbb{R} \setminus \{-1, 0\}$ äquivalent.

(b) Die Terme $T_1(x)$, $T_2(x)$ und $T_3(x)$ sind in $G = \mathbb{R} \setminus \{-1, 0\}$ äquivalent. Für jedes x aus der Grundmenge G gilt:

$$T_2(x) = \frac{x^2 - x - 2}{x^2 + x} = \frac{(x - 2)(x + 1)}{x(x + 1)} = \frac{x - 2}{x}$$

$$T_3(x) = \frac{x^2 - 2x}{x^2} = \frac{x(x - 2)}{x^2} = \frac{x - 2}{x}$$

Lösung 10.7

(a) $\dfrac{y(x+2)}{(3-y)(x-2)}$ (b) $\dfrac{u}{2}$ (c) $\dfrac{x^2+3}{4x}$

Lösung 10.8

(a) $\dfrac{3x+2x^2-5}{x^3}$ (b) $\dfrac{-3ab-b^2}{a^2-b^2}$

(c) $\dfrac{(x+3)^3+(x-3)^3-3x(x^2-9)}{(x^2-9)^2}$

Lösung 10.9

(a) $(x^2+x-6):(x-2)=x+3$

(b) $(x^4-16):(x^2+4)=x^2-4$

(c) $(3x^4+4x^3-10x^2-4x+7):(x^2-1)=3x^2+4x-7$

Lösungen zu den Aufgaben zu Kapitel 11 (Gleichungen und Ungleichungen)

Lösung 11.1

(a) $\mathbb{L}=\left\{\frac{29}{10}\right\}$ (b) $\mathbb{L}=\{9\}$ (c) $\mathbb{L}=\left\{-\frac{7}{3}\right\}$

Lösung 11.2

(a) $\mathbb{L}=\{x\in\mathbb{R}\mid x>3\}$ (d) $\mathbb{L}=\{x\in\mathbb{R}\mid x\leq 11\}$

(b) $\mathbb{L}=\left\{x\in\mathbb{R}\mid x>-\frac{10}{7}\right\}$ (e) $\mathbb{L}=\mathbb{R}$

(c) $\mathbb{L}=\left\{x\in\mathbb{R}\mid x\geq\frac{1}{6}\right\}$ (f) $\mathbb{L}=\emptyset$

Lösung 11.3

(a) $\mathbb{L}=\left\{\frac{9}{14}\right\}$ (b) $\mathbb{L}=\{48\}$ (c) $\mathbb{L}=\left\{\frac{8}{9}\right\}$

Lösung 11.4

(a) $\mathbb{L} = \{x \in \mathbb{R} \mid x < 3\}$

(b) $\mathbb{L} = \{x \in \mathbb{R} \mid x > -3\}$

(c) $\mathbb{L} = \{x \in \mathbb{R} \mid x \leq -1\}$

Lösung 11.5

(a) $\mathbb{L} = \{\frac{8}{3}\}$

(b) $\mathbb{L} = \{3\}$

(c) $\mathbb{L} = \{4\}$

(d) $\mathbb{L} = \{27\}$

Lösung 11.6

(a) $\mathbb{L} = \{x \in \mathbb{R} \mid x \leq -4\}$

(b) $\mathbb{L} = \{x \in \mathbb{R} \mid x \leq -1 \text{ oder } x > 1\}$

(c) $\mathbb{L} = \{x \in \mathbb{R} \mid x < -3,25 \text{ oder } x > -2\}$

(d) $\mathbb{L} = \{x \in \mathbb{R} \mid x > 4 \text{ oder } x < -3\}$

Lösung 11.7

(a) $\mathbb{L} = \{-3, 5\}$

(b) $\mathbb{L} = \emptyset$

(c) $\mathbb{L} = \{-1, 8\}$

(d) $\mathbb{L} = \{-6, 0\}$

(e) $\mathbb{L} = \{-2, 8\}$

Lösung 11.8

Der Gewinn ergibt sich als $G = -3x^2 + 96x - 180$. Als Gewinnzone ergibt sich das Intervall $(2, 30)$.

Lösungen zu den Aufgaben zu Kapitel 12 (Funktionen)

Lösung 12.1

$F(r) = \pi \cdot r^2, \quad r \in (0, \infty)$

Lösung 12.2

$K(x) = 20x + 120, \quad x \in [200, 500]$

Lösung 12.3

(a) Die Auswertung der beiden Funktionen an den vorgegebenen Stellen ergibt:

$$f(0) = 0^2 - 4 = -4 \qquad\qquad g(0) = \sqrt{0} = 0$$

$$f(1) = 1^2 - 4 = -3 \qquad\qquad g(1) = \sqrt{1} = 1$$

$$f(4) = 4^2 - 4 = 12 \qquad\qquad g(4) = \sqrt{4} = 2$$

$$f(9) = 9^2 - 4 = 77 \qquad\qquad g(9) = \sqrt{9} = 3$$

$$f(a^2) = (a^2)^2 - 4 = a^4 - 4 \qquad\qquad g(a^2) = \sqrt{a^2} = |a|$$

$$f(z^2 + 1) = (z^2 + 1)^2 - 4 \qquad\qquad g(z^2 + 1) = \sqrt{z^2 + 1}$$

$$f(x_0 + h) = (x_0 + h)^2 - 4 \qquad\qquad g(x_0 + h) = \sqrt{x_0 + h}$$

(b) Um die Funktion f zeichnen zu können, stellen wir eine Wertetabelle auf:

Tab. 12.2: Wertetabelle von $f(x) = x^2 - 4$

x	−2	−1	0	1	2
$f(x)$	0	−3	−4	−3	0

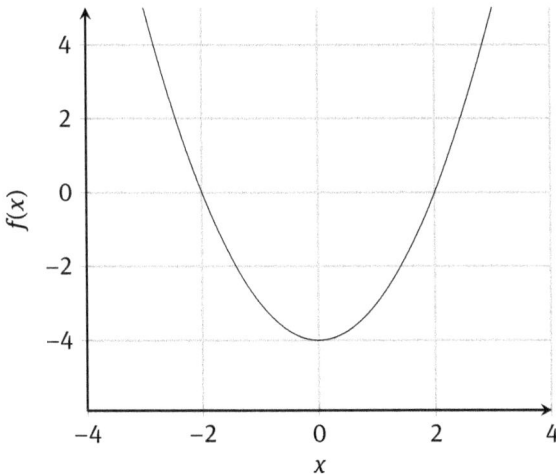

Abb. 12.1: Graph der Funktion $f(x) = x^2 - 4,\ x \in \mathbb{R}$.

.

Um die Funktion g zeichnen zu können, stellen wir eine Wertetabelle auf:

Tab. 12.3: Wertetabelle von $g(x) = \sqrt{x}$

x	0	1	4	9
$g(x)$	0	1	2	3

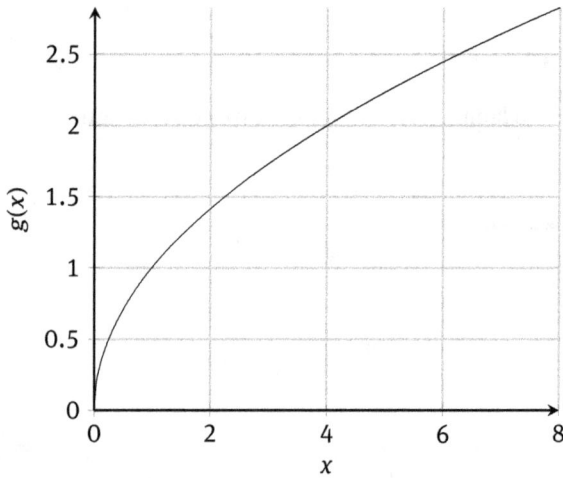

Abb. 12.2: Graph der Funktion $g(x) = \sqrt{x}$, $x \in [0, \infty)$.

Lösung 12.4

Die Auswertung an den vorgegebenen Stellen ergibt:

$f(-1) = (-1)^2 = 1$ $f(0) = 0^2 = 0$ $f(\frac{1}{2}) = 5$

$f(1) = 3$ $f(5) = 2 \cdot 5 = 10$

Stichwortverzeichnis

https://doi.org/10.1515/9783110726886-014

www.ingramcontent.com/pod-product-compliance
Lightning Source LLC
Chambersburg PA
CBHW061812210326
41599CB00034B/6977